魏書

北齊 魏收 撰

第三册

卷三〇至卷五〇（傳）

中華書局

魏書卷三十

列傳第十八

王建 安同 樓伏連 丘堆 娥清 劉尼 奚眷

車伊洛 宿石 來大千 周幾 豆代田 周觀

閭大肥 尉撥 陸眞 呂洛拔

王建，廣寧人也。祖姑爲平文后，生昭成皇帝。伯祖豐，以帝舅貴重。豐子支，尚昭成女，甚見親待。建少尚公主。登國初，爲外朝大人，與和跋等十三人迭典庶事，參與計謀。太祖幸濡源，遣建使慕容垂，辭色高亢，垂壯之。還爲左大夫。〔一〕建兄回，諸子多不順法，建具以狀聞，回父子伏誅。其謹直如此。從征伐諸國，破二十餘部，以功賜奴婢數十口，雜畜數千。從征衞辰，破之，賜僮隸五千戶，〔二〕爲中部大人。

從破慕容寶於參合陂。太祖乘勝將席卷南夏，於是簡擇俘衆，有才能者留之，其餘欲悉給衣糧遣歸，令中州之民咸知恩德。乃召羣臣議之。建曰：「慕容寶覆敗於此，國內虛空，圖之爲易。今獲而歸之，無乃不可乎？且縱敵生患，不如殺之。」太祖謂諸將曰：「若從建言，吾恐後南人創乂，絕其向化之心，非伐罪弔民之義。」諸將咸以建言爲然，建又固執，乃坑之。太祖既而悔焉。

後從征慕容寶，拜冠軍將軍。幷州既平，車駕東出井陘，命建率五萬騎先驅啓路。車駕次常山，諸郡皆降，惟中山、鄴、信都三城不下。乃遣衞王儀南攻鄴，建攻信都，衆各五萬。建等攻城六十餘日不能克，士卒多傷。太祖乃自中山幸信都，慕容寶冀州刺史慕容鳳夜踰城走，信都降。車駕幸鉅鹿，破慕容寶於栢肆塢，遂進圍中山。寶棄城走和龍，城內無主，百姓惶惑，東門不閉。太祖將夜入乘城，據守其門。建貪而無謀，意在虜獲，恐士卒肆掠，盜亂府庫，請俟天明，太祖乃止。是夜，徒河人共立慕容普驎爲主，遂閉門固守。太祖乃悉衆攻之，連日不拔。使人登巢車臨城，招其衆曰：「慕容寶捐城奔走，汝曹百姓將爲誰守？何不識天命，取死亡也？」皆曰：「羣小無知，但復恐如參合之衆，故求全月日之命耳。」太祖聞之，顧視建而唾其面。中山平，賜建爵濮陽公。烏丸庫傉官鳴聚黨爲寇，〔三〕詔建討平之。遷太僕，徙爲眞定公，加散騎常侍、冀青二州刺史。卒，陪葬金陵。

初，建兄豆居以建功賜爵即丘侯，無子，建以子斤襲兄爵。太宗初，給事中，任職用事。轉大長秋。世祖征赫連昌，遣斤部造攻具。進爵淮南公，加平北將軍。時幷州胡酋田卜謀反誅，餘衆不安，遣斤鎭慮虒以撫慰之。〔四〕斤綏靜胡魏，甚收聲稱。劉義隆遣將到彥之寇河南，世祖西征赫連定，以斤爲衞兵將軍，鎭蒲坂。關隴平，斤徙鎭長安，假節、鎭西將軍。斤遂驕矜，不順法度，信用左右，調役百姓，民不堪之，南奔漢川者數千家。而委罪於雍州刺史陽文祖、秦州刺史任延明。世祖召問二人，各以狀對。世祖知爲斤所誣，遣宜陽公伏樹覆按虛實，得數十事。遂斬斤以徇。

建孫度，太宗時爲虎牢鎭監軍。世祖卽位，徵拜殿中給事，遷尙書。從征赫連昌，討蠕蠕，並有功，賜爵濟陽公，加散騎常侍、平南將軍。詔度率五千騎與叔孫建合擊劉義隆兗州刺史竺靈秀於湖陸，大破之。後出鎭長安，假節，都督秦、涇、梁、益、雍五州諸軍事，開府。卒，謚曰莊。

子安都，襲，降爵爲侯。世祖拜爲太子庶子，出爲鄯善鎭將。高宗時，爲內都大官。卒，子買得襲。

建曾孫樹，以善射有寵於顯祖，爲內侍長。稍遷尙書，賜爵歷陽侯，加龍驤將軍、員外常侍。出爲平西將軍、涇州刺史。卒。

安同，遼東胡人也。其先祖曰世高，漢時以安息王侍子入洛。歷魏至晉，避亂遼東，遂家焉。父屈，仕慕容暐，爲殿中郎將。苻堅滅暐，屈友人公孫眷之妹沒入苻氏宮，出賜劉庫仁爲妻。庫仁貴寵之。同因隨眷商販，見太祖有濟世之才，遂留奉侍。性端嚴明惠，好長者之言。

登國初，太祖徵兵於慕容垂，事在窟咄傳。同頻使稱旨，遂見寵異，以爲外朝大人，與和跋等出入禁中，迭典庶事。太祖班賜功臣，同以使功居多，賜以妻妾及隸戶三十，馬二匹，羊五十口，加廣武將軍。

從征姚平於柴壁，姚興悉衆救平，太祖乃增築重圍以拒興。同進計曰：「臣受遣詣絳督租，見汾東有蒙坑，東西三百餘里，徑路不通。姚興來，必從汾西，乘高臨下，直至柴壁。如此，則寇內外勢接，重圍難固，不可制也。宜截汾曲爲南北浮橋，乘西岸築圍。西圍旣固，賊至無所施其智力矣。」從之。興果視平屠滅而不能救。以謀功，賜爵北新侯，加安遠將軍。詔同送姚興將越騎校尉唐小方等於長安。

清河王紹之亂，太宗在外，使夜告同，令收合百工伎巧，衆皆響應奉迎。太宗卽位，命同與南平公長孫嵩並理民訟。又詔與肥如侯賀護持節循察并定二州及諸山居雜胡、丁零，宣詔撫慰，問其疾苦，糾舉守宰不法。同至并州，表曰：「竊見并州所部守宰，多不奉法。又刺史擅用御府鍼工古彤爲晉陽令，交通財賄，共爲姦利。請案律治罪。」太宗從之，於是郡國肅然。同東出井陘，至鉅鹿，發衆四戶一人，欲治大嶺山，通天門關，又築塢於宋子，以鎭靜郡縣。護疾同得衆心，因此使人告同築城聚衆，欲圖大事。太宗以同擅徵發於外，檻車徵還，召羣官議其罪。皆曰：「同擅興事役，勞擾百姓，宜應窮治，以肅來犯。」太宗以同雖專命，而本在爲公，意無不善，釋之。

世祖監國，臨朝聽政，以同爲左輔。太宗征河南，拜同右光祿大夫。世祖出鎭北境，同與安定王彌留鎭京師。世祖卽位，進爵高陽公，拜光祿勳。尋除征東大將軍、冀青二州刺史。同長子屈，〔五〕太宗時典太倉事，盜官粳米數石，欲以養親。同大怒，奏求戮屈，自劾不能訓子，請罪。太宗嘉而恕之，遂詔長給同粳米。其公清奉法，皆此類也。

同在官明察，長於校練，家法修整，爲世所稱。及在冀州，年老，頗殖財貨，大興寺塔，爲百姓所苦。神䴥二年卒。追贈高陽王，謚曰恭惠。

屈子陽烈，散騎侍郎，賜爵北新子。

屈弟原，雅性矜嚴，沉勇多智略。太宗時爲獵郎，出監雲中軍事。時赫連屈丐犯河西，原以數十騎擊之，殺十餘人。太宗以原輕敵，違節度，加其罪責。然知原驍勇，遂任以爲將，鎭守雲中。寬和愛下，甚得衆心。蠕蠕屢犯塞，原輒摧破之。以功賜爵武原侯，加鲁兵將軍。

世祖卽位，徵拜駕部尙書。車駕征蠕蠕大檀，分軍五道並進，大檀驚駭北遁。遷尙書左僕射，河間公，加侍中、征南大將軍。從征赫連昌，入其城而還。車駕北伐，蠕蠕遁走。世祖聞東部高車在巳尼陂，人畜甚衆，將遣襲之。諸將皆以爲難，世祖不從。遣原與侍中古弼率萬騎討之，大獲而還。車駕征昌黎，原與建寧王崇屯于漠南以備蠕蠕。

原在朝無所比周，然恃寵驕恣，多所排抑。爲子求襄城公盧魯元女，魯元不許。原告其罪狀，事相連逮，歷時不決。原懼不勝，遂謀爲逆，事洩伏誅。臨刑上疏曰：「臣聞聖不獨明而治，鼎不單足而立，是以熒火之光，猶增日月之曜。先臣同，往因聖運，歸身太祖，竭誠勠力，立効於險難之中。臣以頑闇，忝備股肱。陛下恩育，委以朝政，思展微誠，仰報恩澤。而魯元姦佞，構成貝錦，天威遂加，合門俱戮。此乃命也，非臣之枉。但魯元外類忠貞，內懷姦詐，而陛下任以腹心，恐釁發肘腋。臣與魯元生爲怨人，死爲讎鬼，非以私故，謗毀魯元。不復眷眷，披露誠款。」

原弟頡，頡弟聰，爲內侍。聰弟蓬，爲龍驤將軍、給事黄門侍郎，賜爵廣宗侯。原兄弟外節儉，而內實積聚，及誅後，籍其財至數萬。

頡，辯慧多策略，最有父風。太宗初，爲內侍長，令察舉百僚。糾刺姦慝，無所回避。嘗告其父陰事，太宗以爲忠，特親寵之。

宜城王奚斤，自長安追擊赫連昌，至于安定，頡爲監軍侍御史。斤以馬多疫死，士衆乏糧，乃深壘自固。遣太僕丘堆等督租於民間，爲昌所敗。昌遂驕矜，日來侵掠，芻牧者不得出，士卒患之。頡進計曰：「本奉詔誅賊，今乃退守窮城，若不爲賊殺，當以法誅。進退安有生路？而王公諸將，晏然無謀，將何以報恩塞責。」斤曰：「今若出戰，則馬力不足，以步擊騎，終無捷理。當須京師救騎至，然後步陳擊於內，騎兵襲其外。所謂萬全之計也。」頡曰：「今猛寇遊逸於外，而吾等兵疲力屈，士有飢色，不一決戰，則死在旦夕，何救兵之可待也！等死，當戰死，寧可坐受困乎？」斤猶以馬爲辭。頡曰：「今兵雖無馬，但將帥所乘，足得二百騎。頡請募壯勇出擊之，就不能破，可以折其鋭。且昌狷而無謀，每好挑戰，衆皆識之。若伏兵奄擊，昌可擒也。」斤猶難之。頡乃陰與尉眷等謀，選騎待焉。昌來攻壘，頡出應之。昌於陳前自接戰，軍士識昌，爭往赴之。會天大風揚塵，晝昏，衆亂，昌退。頡等追擊，昌馬蹶而墜。頡擒昌，送於京師。世祖大悅，拜頡建節將軍，賜爵西平公，代堆統攝諸軍。斤恥功不在己，輕追昌弟定於平涼，敗績。定將復入長安，詔頡鎮蒲坂以拒之。世祖以兵少，乃攝河南三鎮北渡。彥之遂列守南岸，至于衡關。〔六〕世祖西征赫連定，以頡爲冠軍將軍，督諸軍擊彥之。彥之遣將姚縱夫渡河攻冶坂，頡督諸軍擊之，斬首三千餘級，投水者甚衆。遂濟河，攻洛陽，拔之，擒義隆將二十餘人，斬首五千級。進攻虎牢，虎牢潰，義隆司州刺史尹沖墜城死。又與琅邪王司馬楚之平滑臺，擒義隆將朱脩之、李元德及東郡太守申謨，俘獲萬餘人。乃振旅還京師。

神𪊨四年卒。贈征南大將軍、儀同三司，進爵爲王，謚曰襄。頡爲將，善綏士衆，及卒，義隆士卒降者，無不歎惜。

同弟賭，太宗時爲樂陵太守。卒。

長子國，位至冠軍將軍，賜爵北平侯，杏城鎮將。

國弟難，有巧思。陽平王杜超督諸將擊劉義隆，難參征南軍事，以功表爲清河太守。世祖時，諸將頻征和龍，皆以難爲長史。鑿山堙谷，省力兼功。遷給事中。從駕南征，造浮橋於河，以功賜爵清河子。卒。

子平城，襲爵。官至虞曹令。爲乙渾所殺。

樓伏連，代人也。世爲酋帥。伏連忠厚有器量，年十三，襲父位，領部落。太祖初，從破賀蘭部。又從平中山，爲太守，斬逆賊張翹。從征姚平於柴壁，以功賜爵安邑侯。太祖時，爲晉兵將軍、并州刺史。伏連招誘西河胡曹成等七十餘人，襲殺赫連屈孑吐京護軍及其守士三百餘人，并擒叛胡阿度支等二百餘家。太宗嘉之，拜成等將軍，賜爵列侯。徵伏連爲內都大官。世祖卽位，進爲廣陵公，轉衞尉，徙光祿勳。世祖征蠕蠕，伏連留鎭京師，進爵爲王，加平南大將軍。又除假節、督河西諸軍、鎭西大將軍，出鎭統萬。眞君十年薨，謚曰恭王。

子眞，襲，降爵爲公。從世祖征伐有功，官至散騎常侍、尙書、安北將軍。徙爲湘東公。從征涼州，還，卒於路。謚曰莊公。

子干，襲，降爵爲侯。

眞次弟大拔，歷位尙書、散騎常侍、征西將軍，賜爵永平侯。高祖初，爲中都大官。卒，贈平東將軍、定州刺史，謚曰康。

子禀，字法生，襲。拜太子宮門大夫，稍遷趙郡太守。更滿還京，除冠軍將軍、城門校尉。出爲征虜將軍、平城鎮將。遷朔州刺史，仍本將軍。入爲衞尉少卿。卒，年五十八。贈撫軍將軍、恒州刺史。

子貴宗，武定中，伏波將軍、開府水曹參軍。

伏連兄孫安文。從征平涼有功，賜爵覇城男，加虎威將軍。後遷三郎幢將。卒。高祖初，以其子毅貴，追贈安東將軍、冀州刺史、陽平公，諡曰定。

毅，歷位內外，稍遷殿中尚書、散騎常侍，賜爵常山公，加安南將軍。遷尚書右僕射。以擒反人梁衆保，加侍中，本官如故。後例降爲侯。出除使持節、鎮東將軍、定州刺史。時太極殿成，將行考室之禮，引集羣臣，而雪不克饗。高祖曰：「朕經始正殿，功構初成，將集百僚，考行大禮。然同雲仍結，霏雪驟零，將由寡昧，未能仰答天心。此之不德，咎竟焉在？卿等宜各陳所懷，以匡不逮。」毅稽首對曰：「雪霜風雨，天地之常；夏霖冬霰，四時恒節。今隆冬雪降，固是其時。又禮云『雨沾服失容，則廢』，禮自古而然，不足爲異。」高祖曰：「昔劉秀將濟，呼沱爲之冰合。但朕德謝古人，不能仰感天意故也。」

後轉都督涼河二州、鄯善鎮諸軍事，涼州刺史。車駕南伐，毅表諫曰：「伏承六軍雲動，問罪荆揚，弔民淮表，一同甌越。但臣愚見，私竊未安。何者？京邑新遷，百姓易業，公私草創，生途索然。兼往歲弗稔，民多飢饉，二三之際，嗟惋易興。天道悠長，宜遵養時晦，願抑赫斯，以待後日。」詔曰：「時不自來，因人則合。今年人事，殊非昔歲。守株之唱，便可停也。陽九利涉，豈卿所知也。」

太和二十一年卒。賜錢二十萬，布二百匹。

丘堆，代人也。美容儀，以忠謹親侍。太宗即位，拾遺左右，稍遷散騎常侍。與叔孫建等討滅山胡。劉裕泝河西伐，詔堆與建自河內次枋頭以備寇盜。姚泓旣滅，堆留鎭幷州。赫連屈丐遣三千騎寇河西，堆自幷州與游擊將軍王洛生擊走之。以功賜爵爲侯。世祖監國臨朝，堆與太尉穆觀等爲右弼。世祖卽位，進爵臨淮公，加鎭西將軍。徙爲太僕。

世祖征赫連昌，堆與常山王素督步兵三萬人爲後繼。昌戰敗南奔，世祖遣堆與宗正娥清率五千騎略地關右。昌貳城守將堅守不下，堆與清攻拔之。詔堆班師，宜城王奚斤表留堆等進平昌，許之。堆、斤合軍與昌相拒擊。士馬乏糧，堆與義兵將軍封禮督租於民間，士卒暴掠，爲昌所襲，敗績。堆將數百騎還城。斤追擊赫連定，留堆守輜重。斤爲定所擒，堆聞而棄甲走長安，復將高涼王禮棄守東走蒲坂。世祖大怒，遣西平公安頡斬堆。延和初，詔曰：「堆，國之肺腑，勳著先朝，西征喪師，遂從軍法。國除祀絕，朕甚愍之。可賜其子跋爵淮陵侯，加安遠將軍。」後征蓋吳，戰沒。

子麟，襲爵。歷位駕部令。出爲瑕丘鎭將、假平南將軍、東海公。遷東兗州刺史，卒官。

娥清，代人也。少有將略，累著戰功。稍遷振威將軍。劉裕遣將朱超石寇平原，至畔城遁還。清與長孫道生追之，至河，獲其將楊豐。還，拜給事黄門侍郎。先是，徒河民散居三州，頗爲民害。詔清徙之平城。清善綏撫，徙者如歸。太宗南巡幸鄴，以清爲中領軍將軍，與宋兵將軍周幾等渡河略地。至湖陸，高平民屯聚林藪，拒射官軍，清等因誅數千家，虜獲萬餘口。賜爵須昌侯。清與幾等遂鎭枋頭。世祖初，清自枋頭還京師，假征南將軍，進爲東平公。蠕蠕大檀徙居漠南，清與平陽王長孫翰從東道出長川討之，大獲而還。轉宗正卿。尋從征蠕蠕。又從平統萬，遂與奚斤追赫連昌至安定，與昌相持。及安頡擒昌，昌弟定西走，斤追之。清欲尋水而往，斤不從，遂與斤俱爲定所擒。世祖克平涼，乃得還。後詔清鎭幷州，討山胡白龍於西河，斬白龍父及其將帥，遂屠其城。遷平東將軍，與古弼等東討馮文通。以不急戰，文通奔高麗，檻車徵，黜爲門卒。遂卒於家。

子延，官至員外散騎常侍，賜爵南平公。

劉尼，代人也。本姓獨孤氏。曾祖敦，有功於太祖，爲方面大人。父婁，冠軍將軍，卒贈幷州刺史。尼少壯健，有膂力，勇果善射，世祖見而善之，拜羽林中郎，賜爵昌國子，加振威將軍。

宗愛旣殺南安王余於東廟，祕之，惟尼知狀。尼勸愛立高宗。愛自以負罪於景穆，聞而驚曰：「君大癡人，皇孫若立，豈忘正平時事乎？」尼曰：「若爾，今欲立誰？」愛曰：「待還宮，擢諸王子賢者而立之。」尼懼其有變，密以狀告殿中尙書源賀，賀時與尼俱典兵宿衞。仍共南部尙書陸麗謀曰：「宗愛旣立南安，還復殺之。今不能奉戴皇孫，以順民望，社稷危矣。將欲如何？」麗曰：「唯有密奉皇孫耳。」於是賀與尙書長孫渴侯嚴兵守衞，尼與麗迎高宗於苑中。麗抱高宗於馬上，入京城。尼馳還東廟，大呼曰：「宗愛殺南安王，大逆不道。皇孫已登大位，有詔，宿衞之士皆可還宮。」衆咸唱萬歲。賀及渴侯登執宗愛、賈周等，勒兵而入，奉高宗於宮門外，入登永安殿。以尼爲內行長，進爵建昌侯。遷散騎常侍、安南將軍。

又進爵東安公。尋遷尚書右僕射，加侍中，進封爲王。出爲征南將軍、定州刺史。在州清慎，然率多酒醉，治日甚少。徵爲殿中尚書，加侍中、特進。高宗末，遷司徒。顯祖卽位，以尼有大功於先朝，彌加尊重，賜別戶三十。皇興四年，車駕北征，帝親誓衆，而尼昏醉，兵陳不整。顯祖以其功重，特恕之，免官而已。延興四年薨。

子社生，襲爵。世宗時，寧朔將軍、步兵校尉。熙平初卒。贈龍驤將軍、朔州刺史，謚曰克。

奚眷，代人也。少有將略。太祖時有戰功。太宗時爲尚書、假安南將軍、虎牢鎭將，爲寇所憚。世祖初，爲中軍、都曹尚書，復鎭虎牢，賜爵南陽公，加使持節、侍中、都督豫洛二州河內諸軍事、鎭南將軍、開府。尋徙鎭長安。世祖幸美稷，眷受詔督諸軍，共討山胡白龍于西河，破之，屠其城，斬首數千級，虜其妻子而還。世祖平姑臧，遣眷討沮渠牧犍弟私署張掖太守宜得。宜得奔酒泉，酒泉太守無諱與宜得奔高昌。獲其二城。後沮渠天周復據酒泉，眷討平之，虜男女四千餘人。世祖征蠕蠕，以眷爲尚書，督偏將出別道，詔會鹿渾海。

眷與中山王辰等諸大將俱後期，斬于都南。爵除。

車伊洛，焉者胡也。世爲東境部落帥，恒修職貢。世祖録其誠款，延和中，授伊洛平西將軍，封前部王，賜絹一百匹，綿一百斤，繡衣一具，金帶靴帽。伊洛大悦，規欲歸闕。沮渠無諱斷路，伊洛與無諱連戰，破之。時無諱卒，其弟安周奪無諱子乾壽兵，規領部曲。伊洛前後遣使招喻，乾壽等率戶五百餘家來奔，伊洛送之京師。又招喻李寶弟欽等五十餘人，送詣敦煌。伊洛又率部衆二千餘人伐高昌，討破焉者東關七城，虜獲男女二百人，駝千頭，馬千匹。以金一百斤奉獻。

先是，伊洛征焉耆，留其子歇守城，而安周乘虛引蠕蠕三道圍歇，幷遣使謂歇曰：「爾父已投大魏，爾速歸首，當賜爾爵號。」歇固守，連戰。久之，外無救援，爲安周所陷，走奔伊洛。伊洛收集遺散一千餘家，歸焉者鎮。世祖嘉之。正平元年，詔伊洛曰：「歇年尚幼，能固守城邑，忠節顯著，朕甚嘉之。可遣歇詣闕。」伊洛令歇將弟波利等十餘人赴都。

正平二年，伊洛朝京師，賜以妻妾、奴婢、田宅、牛羊，拜上將軍，王如故。興安二年卒。贈鎮西大將軍、秦州刺史，謚曰康王。賜綿絹雜綵五百匹，衣二十七襲。葬禮依盧魯元故事。

歐襲爵。皇興末，拜使持節、平西將軍、豫州刺史。延興三年卒，子伯主襲爵。

波利，天安二年拜立節將軍，樂官侯。皇興三年卒，兄子洛都襲爵。

宿石，朔方人也，赫連屈孑弟文陳之曾孫也。天興二年，文陳父子歸闕，太祖嘉之，以宗女妻焉，賜奴婢數十口，拜爲上將軍。祖若豆根，太宗時賜姓宿氏，襲上將軍。父沓干，世祖時虎賁幢將。從征平涼有功，拜虎威將軍、侍御郎，賜爵漢安男。轉中散，遷給事，兼領工曹。從駕討和龍，以功賜奴婢十七戶。眞君四年，從駕討蠕蠕，戰沒。世祖悼惜之，詔求沓干子。時石年甫十一，引見，以幼聽歸。年十三，襲爵，擢爲中散。從駕至江，拜宣威將軍。興光中，遷侍御史，拜中壘將軍，進爵蔡陽子，典宜官曹。遷內行令。從幸苑內，遊獵，石於高宗前走馬，道峻，馬倒殞絕，久之乃蘇。由是御馬得制。高宗嘉之，賜綿一百斤，帛五十匹，駿馬一匹，改爵義陽子。嘗從獵，高宗親欲射虎。石叩馬而諫，引高宗至高原上。後虎騰躍殺人。詔曰：「石爲忠臣，鞚馬切諫，免虎之害。後有犯罪，宥而勿坐。」賜駿馬一匹。尙上谷公主，拜駙馬都尉。天安初，遷散騎常侍、吏部尙書，進爵太山公，爲北中道都大將。〔七〕延興元年卒。追贈太原王，謚曰康。葬禮依盧魯元故事。太和初，子俔襲爵。比部侍御。

來大千，〔八〕代人也。父初眞，從太祖避難吒候山，參創業之功，官至後將軍，武原侯，與在八議。大千驍果，善騎射，爲騎都尉。永興初，襲爵，遷中散。至於朝賀之日，大千常著御鎧，盤馬殿前，朝臣莫不嗟歎。遷內幢將，典宿衞禁旅。大千用法嚴明，上下齊肅。嘗從太宗校獵，見虎在高巖上，大千持矟直前刺之，應手而死。太宗嘉其勇壯，又爲殿中給事。世祖踐祚，與襄城公盧魯元等七人俱爲常侍，持仗侍衞，晝夜不離左右。從討赫連昌，共長孫道生與賊交戰。道生馬倒，爲賊所擊，大千馳救，賊衆散走。大千扶道生上馬，遂得免。從討蠕蠕，戰功居多。遷征北大將軍，賜爵廬陵公，鎭雲中，兼統白道軍事。闕賊北叛，大千前後追擊，莫不平殄。延和初，車駕北伐，大千爲前鋒，大破虜軍。世祖以其壯勇，數有戰功，兼悉北境險要，詔大千巡撫六鎭，以防寇虜。經略布置，甚得事宜。後吐京胡反，以大千爲都將討平之。在吐京卒，喪還，停於平城南。世祖出，還，見而問之，左右以對，世祖悼歎者良久。詔曰：「大千忠勇盡節，功在可嘉，今聽喪入殯城內。」贈司空，謚曰莊公。

子丘頽，襲爵。降爲晉興侯。拜安遠將軍。從駕到江，進右將軍。和平中，遷中散，轉相曹都典奉事。皇興四年卒。贈寧南將軍、陳留公，謚曰簡。子葷襲爵。

丘頽弟提，官至監御曹給事，冠軍將軍，兗州刺史，濮陽侯。太和十年卒。

周幾，代人也。父千，有功太祖之世，賜爵順陽侯。坐事死。幾少以善騎射爲獵郎。太宗卽位，〔九〕爲殿中侍御史，掌宿衞禁兵，斷決稱職。遷左民尙書。神瑞中，并州飢民遊食山東，詔幾領衆鎭博陵之魯口以安集之。泰常初，白澗、行唐民數千家負嶮不供輸稅，幾與安康子長孫道生宣示禍福，逃民遂還。于時郡縣斬叛胡翟猛雀於林慮山，猛雀遺種竄於行唐及襄國。幾追討，盡誅之。後爲寧朔將軍，拒司馬德宗將劉裕於南，破毛德祖於土樓。以功賜爵交阯侯。世祖以幾有智勇，遣鎭河南，威信著于外境。幾常嫌奚斤等綏撫關中失和，百姓不附。每至言論，形於聲色。斤等憚焉。進號宋兵將軍。率洛州刺史于栗磾以萬人襲陝城，卒于軍，軍人無不歎惜之。歸葬京師。追贈交阯公，謚曰桓。

子步，襲爵。卒。

子安國，襲爵。太和中，討蠕蠕，失利，伏法。爵除。

豆代田，代人也。太宗時以善騎射爲內細射。從攻虎牢，詔代田登樓射賊，矢不虛發。與奚斤前鋒先入，擒劉義隆將毛德祖幷長史、司馬三人。以功遷內三郎。從討赫連昌，乘勝追賊，入其宮門，門閉，代田踰宮而出。世祖壯之，拜勇武將軍。後從駕平昌，以戰功賜奴婢十五口，黃金百斤，銀百斤。神䴥中，討蠕蠕，賜爵關中侯。從討平涼，擊破赫連定，得奚斤等。世祖以定妻賜之，詔斤膝行授酒於代田。敕斤曰：「全爾身命者，代田功也。」改爵井陘侯，加散騎常侍、右衞將軍，領內都幢將。從討和龍，戰功居多，遷殿中尚書，賜奴婢六十口。以前後軍功，進爵長廣公，加平東將軍。從駕南討。轉太子太保。出爲統萬鎮大將。興安中卒。贈侍中、安東大將軍、長廣王，謚曰恭。

子求周，爲內三郎。從駕到江，賜爵五等子。又進爵爲侯。後襲父爵。爲吏部尚書。皇興二年卒。贈征北大將軍、長廣王，謚曰簡。子多侯襲爵。

周觀，代人也。驍勇有膂力，每在軍陣，必應募先登。以功進爲軍將長史，尋轉軍將。

擊赫連屈丐有功，賜爵安川子，遷北鎮軍將。世祖卽位，從討蠕蠕。以軍功進爲都副將，鎮雲中。神䴥中，又討蠕蠕，大獲，增爵爲侯。從征平涼，進爵金城公，遷爲都將。從破離石胡，加散騎常侍。轉高平鎮將。觀善撫士卒，號有威名。眞君初，詔觀統五軍西討禿髮保周於張掖。徙其民數百家，將置於京師，至武威，輒與諸將私分之。世祖大怒，黜觀爲金城侯，改授內都大官。出除平南將軍、秦州刺史，復爵金城公。撫馭失和，民薛永宗聚衆於汾曲以叛。觀討永宗，爲流矢所中。世祖幸蒲坂，觀聞帝至，驚怖而起，瘡重遂卒。世祖怒，絕其爵。

子豆，初爲三郎，遷軍將。卒于長樂太守。

閭大肥，蠕蠕人也。太祖時，與其弟大埿倍頤率宗族歸國。太祖善之，尙華陰公主，賜爵其思子。與其弟並爲上賓，入八議。太宗卽位，進大肥爲內都大官，增爵爲侯。神瑞中，爲都將，討越勤部於跋那山，大破之。泰常初，復爲都將，領禁兵討蠕蠕，獲其大將莫孤渾。假大肥宜城王，奚斤之攻虎牢也，大肥與娥淸領十二軍出中道，略地高平、金鄉，東至泰山。使持節、安陽公，鎮撫陳汝。世祖初，復與奚斤出雲中白道討大檀，破之。還爲內都大官。

出除使持節、冀青二州刺史，假滎陽公。尋徵還，位特進。復出爲冀青二州刺史。尋入爲內都大官。從討赫連昌，以功授滎陽公。公主薨，復尙濩澤公主。又爲都將，擊大檀，大破之。還至渴侯山，遂討東部高車於巳尼陂。又征平涼，並有功。世祖將拜大肥爲王，遇疾卒。追贈中山王。子賀，早卒。

大肥弟麟，襲爵。出爲仇池鎭將。卒，無子。弟鳳，襲爵。高宗時爲內都大官，出爲鎭南將軍、肆州刺史。卒，無子，爵除。

尉撥，代人也。父那，濮陽太守。撥爲太學生，募從兗州刺史羅忸擊賊於陳汝，有功，賜爵介休男。從討和龍，遷虎賁帥，轉千人軍將。又從樂平王丕討和龍。除涼州軍將，擊吐谷渾，獲其人一千餘落。後吐谷渾小將率三百餘落來降，尋復亡叛，撥率騎追之，盡獲而還。以功進爵爲子。〔一〇〕遷晉昌鎭將，綏懷邊民，甚著稱績。入爲知臣監。出爲杏城鎭將，在任九年，大收民和，山民一千餘家、上郡徒各、盧水胡八百餘落，盡附爲民。高宗以撥清平有惠績，賜以衣服。顯祖卽位，爲北征都將。復爲都將，南攻懸瓠，破劉彧將朱湛之水軍三千人，拜懸瓠鎭將，加員外散騎常侍，進爵安城侯。顯祖嘉其聲效，復賜衣服。轉平南將軍、北豫州刺史。後洛州民田智度聚黨謀逆。詔撥乘傳發豫州兵與洛州刺史丘頓擊之，獲智度，送京師。撥卒，贈冠軍將軍，謚敬侯。

陸眞，代人也。父洛侯，秦州長史。眞少善騎射。世祖初，以眞膂力過人，拜內三郎。數從征伐，所在摧鋒陷陳，前後以功屢受賞賜。眞君中，從討蠕蠕，以功賜爵關內侯。後攻懸瓠，登樓臨射城中，弦不虛發。劉義隆將王玄謨衆數萬人寇滑臺，眞從世祖討之。夜與數人乘小船突玄謨軍，入城撫慰，登城，巡行賊營中，乃還渡河。至明，玄謨敗走。從駕至江，眞再破賊軍，拜建武將軍、石城子。還攻盱眙，眞功居多。遷給事中，典太倉事。

高宗卽位，拜冠軍將軍，進爵都昌侯。遷散騎常侍，選部尙書。時丁零數千家寇竊幷定，眞與幷州刺史乞伏成龍自樂平東入，與定州刺史許崇之併力討滅。從駕巡東海，以眞爲寧西將軍。尋遷安西將軍、長安鎭將，假建平公。胡賊帥賀略孫聚衆千餘人叛于石樓。眞擊破之，殺五百餘人。是時，初置長蛇鎭，眞率衆築城，未訖，而氐豪仇傉檀等反叛，氐民咸應，其衆甚盛。眞擊平之，殺四千餘人，卒城長蛇而還。

東平王道符反于長安，殺雍州刺史魚玄明，關中草草。以眞爲長安鎭將，賜爵河南公。長安兵民，素伏威信，眞到，撫慰之，皆怡然安靜。咸陽民趙昌受劉或署龍驤將軍，扇動鄠、盩厔二縣，聚黨數百人據赤谷以叛。眞與雍州刺史劉邈討平之，昌單騎走免。後鄠縣民王稚兄弟，聚二千餘人，招引趙昌。始平、石安、池陽、靈武四縣人皆應之，衆至五千，據治谷堡。時詔南郡王李惠等領步騎六千討昌。眞以大軍未至，慮昌滋蔓，與雍州刺史劉邈討昌。昌出營拒戰，眞擊破之，斬昌及賊首三千餘級，傳首京師，幷誅其黨與七百餘人，獲男女一千餘口。雍州民夷，莫不震伏。在鎭數年，甚著威稱。延興二年卒。歸葬京師，謚曰烈。

子延，字契胡提，頗有氣幹，襲爵河南公。累遷歷長安鎭將，拜安南將軍、濟州刺史。例降，改封汝陽侯。京兆王愉爲徐州刺史，以延爲愉府司馬，帶彭城內史。正始初，除武川鎭將。入除太僕卿。都督沃野、武川、懷朔三鎭諸軍事、安北將軍、懷朔鎭大將，加散騎常侍。正光初，拜金紫光祿大夫，復除太僕卿。受使綏慰秀容，爲牧子所害。

弟什夤，太府卿、平東將軍、光祿大夫。建義初，拜都官尙書。卒於平南將軍、光祿大夫。

呂洛拔，代人也。曾祖渴侯，昭成時率戶五千歸國。祖肥，濮陽太守。父西知，世祖時爲西部長、滎陽公。洛拔以壯勇知名，高宗末爲平原鎭都將。劉彧徐州刺史薛安都歸誠，請援。詔遣尉元率衆救之，洛拔隨元入彭城。彧將張永遣將王茂之領兵五千向武原，援其運車。元遣洛拔率騎詣武原擊之。格戰二日，手殺九人，奪賊運車一百餘乘，牛一百五十頭。仍共擊張永，大敗之。賜爵成武侯，加建義將軍。年五十六，卒。

長子文祖，顯祖以其勳臣子，補龍牧曹奏事中散。以牧產不滋，坐徙於武川鎭。後文祖以舊語譯注皇誥，辭義通辯，超授陽平太守。未拜，轉爲外都曹奏事中散。後坐事伏法。

史臣曰：仁人之言，必有博利。參合之役，威罰實行，蓋王建之罪歟？安同異類之人，智識入用，任等時俊，當有由哉。頡擒赫連昌，摧義隆衆，遂爲名將，未易輕也。樓伏連、丘堆、娥淸，俱以壯勇，征伐四克。劉尼忠國翼主，豈徒驍猛之用乎？奚眷將略致位，不能以功名自終。車伊洛自遠宅心，異凡戎矣。宿石等並忠勤勇略，有將帥之才，自致靑雲，豈徒然也。

校勘記

〔一〕還爲左大夫　諸本「左」下衍「右」字，今據北史卷二〇王建傳，册府卷三五二四一八二頁、卷三八一四五二六頁、卷九四三一一一〇八頁删。

〔二〕賜僮隸五千戶　册府卷三八一四五二六頁「千」作「十」。按魏初賜奴婢、隸戶一般是數十戶，從未有這樣大的數字，如同卷安同「賜隸戶三十」，劉尼「賜別戶三十」，宿石「賜奴婢十七戶」。「千」字當是「十」之訛。

〔三〕烏丸庫傉官鳴聚黨爲寇　諸本「庫傉官鳴」作「庫侲宮鳴」。按卷二太祖紀天興元年三月記「漁陽羣盜庫傉官韜聚衆反」，七月又記「漁陽羣盜庫傉官韜復聚黨爲寇，詔冠軍將軍王建討平之」。卷一一三官氏志：「庫褥官氏，後改爲庫氏。」「庫傉官」是烏丸姓，「傉」或作「褥」，作「辱」。這裏「侲宮」二字顯爲「傉官」之訛，今改正。其名，紀作「韜」，可能一人二名，也可能是二人；今不改。

〔四〕遣斤鎮慮虒以撫慰之　諸本「慮虒」倒作「虒慮」。按「慮虒」漢縣。卷一〇六上地形志上肆州永安郡驢夷條云：「二漢屬太原，曰『慮虒』，晉罷，太和十年復，改。」此時縣尙未復改，承用廢縣舊名。今乙正。

〔五〕同長子屈　百衲本卷末有宋人校語云：「同父名屈，同長子又名屈，同雖胡人，祖孫不應同名。」諸本無此校語，殿本入考證，却不說明是宋人語。按「屈」是音譯，祖孫同名是常事。

〔六〕至于衡關　通鑑卷一一一（三八一九頁）「衡」作「潼」。卷二五崔浩傳、卷三七司馬楚之傳敍此事都作「潼關」，册府卷三五三（四一八六頁）又作「衞關」。按寰宇記卷二九華陰縣潼關條引三輔記：「潼關本名衡關，河水自龍門衡激至華山東，故以名之。」元和志卷二潼關條亦云：「河在關內，南流衝激關山，因謂之『衝關』。」潼，廣韵亦讀尺容切，與「衝」音義俱同。知「潼關」亦名「衝關」。這裏「衡」與册府「衞」字都是「衝」字之訛。

〔七〕爲北中道都大將　北史卷二五宿石傳「北」下有「征」字，按此字不應省，當是此傳脫去。

〔八〕來大千　北史卷二五本傳「千」作「干」。

〔九〕太宗即位　諸本「太宗」作「太祖」，北史卷二五周幾傳作「明元」。張森楷云：「上已云『父千，有功太祖之世』，則此不應復云『太祖即位』，『祖』當是『宗』之誤。」按張說是，今據北史改。

〔一〇〕以功進爵爲子　諸本脫「爵」字，今據北史卷二五尉撥傳、册府卷三五三（四一八八頁）補。

魏書卷三十一

列傳第十九

于栗磾

于栗磾，代人也。能左右馳射，武藝過人。登國中，拜冠軍將軍，假新安子。後與寧朔將軍公孫蘭領步騎二萬，潛自太原從韓信故道開井陘路，襲慕容寶於中山。既而車駕後至，見道路修理，大悅，卽賜其名馬。及趙魏平定，太祖置酒高會，謂栗磾曰：「卿卽吾之黥彭。」大賜金帛，進假新安公。太祖田於白登山，見熊將數子，顧謂栗磾曰：「卿勇幹如此，寧能搏之乎？」對曰：「天地之性，人爲貴。若搏之不勝，豈不虛斃一壯士。自可驅致御前，坐而制之。」尋皆擒獲。太祖顧而謝之。永興中，關東羣盜大起，西河反叛。栗磾受命征伐，所向皆平，卽以本號留鎭平陽。轉鎭遠將軍，河內鎭將，賜爵新城男。栗磾撫導新邦，甚有威惠。

劉裕之伐姚泓也，栗磾慮其北擾，遂築壘於河上，親自守焉。禁防嚴密，斥候不通。裕甚憚之，不敢前進。裕遺栗磾書，遠引孫權求討關羽之事，假道西上，題書曰「黑矟公麾下」。栗磾以狀表聞，太宗許之，因授黑矟將軍。栗磾好持黑矟以自標，裕望而異之，故有是語。奚斤之征虎牢也，栗磾別率所部攻德宗河南太守王涓之於金墉，涓之棄城遁走。遷豫州刺史，將軍如故，進爵新安侯。洛陽雖歷代所都，久爲邊裔，城闕蕭條，野無煙火。栗磾刊闢榛荒，勞來安集。德刑既設，甚得百姓之心。太宗南幸盟津，謂栗磾曰：「河可橋乎？」栗磾曰：「杜預造橋，遺事可想。」乃編次大船，構橋於冶坂。六軍既濟，太宗深歎美之。

世祖之征赫連昌，敕栗磾與宋兵將軍、交趾侯周幾襲陝城。昌弘農太守曹達不戰而走。乘勝長驅，仍至三輔。進爵爲公，加安南將軍。平統萬，遷蒲坂鎮將。時弘農、河內、上黨三郡賊起，栗磾討之。轉虎牢鎮大將，加督河內軍。尋遷使持節、都督兗相二州諸軍事、〔一〕鎮南將軍、枋頭都將。又爲外都大官，平刑折獄，甚有聲稱。卒，年七十五。賜東園祕器、朝服一具、衣一襲。贈太尉公。

栗磾自少治戎，迄于白首，臨事善斷，所向無前。加以謙虛下士，刑罰不濫。世祖甚悼惜之。

子洛拔，襲爵。少以功臣子，拜侍御中散。有姿容，善應對，恭愼小心。世祖甚加愛寵，因賜名焉。車駕征討，恒在侍衞，擢領監御曹事。從征涼州，旣平，賜奴婢四十口，轉監御曹令。恭宗之在東宮，厚加禮遇，洛拔以恭宗雖則儲君，不宜逆自結納，恒畏避屏退，左轉領候宮曹事。頃之，襲爵。出爲使持節、散騎常侍、寧東將軍、和龍鎭都大將、營州刺史。以治有能名，進號安東將軍。又爲外都大官。會隴西屠各王景文等恃險竊命，私署王侯，高宗詔洛拔與南陽王惠壽督四州之衆討平之，徙其惡黨三千餘家於趙魏。轉拜侍中、殿中尙書。遷尙書令，侍中如故。在朝祇肅，百僚憚之。太安四年卒，時年四十四。洛拔有六子。

長子烈，善射，少言，有不可犯之色。少拜羽林中郎，遷羽林中郎將。延興初，敕領寧光宮宿衞事。遷屯田給納。

太和初，秦州刺史尉洛侯，雍州刺史、宜都王目辰，長安鎭將陳提等，貪殘不法，烈受詔案驗，咸獲贓罪，洛侯、目辰等皆致大辟，提坐徙邊。仍以本官行秦雍二州事。遷司衞監，總督禁旅。從幸中山，車駕還次肆州，司空苟頽表沙門法秀誌惑百姓，潛謀不軌，詔烈與吏部尙書𨶮丞祖馳驛討之。會秀已平，轉左衞將軍，賜爵昌國子。遷殿中尙書，賜帛三千匹。

于時高祖幼沖，文明太后稱制，烈與元丕、陸叡、李沖等各賜金策，許以有罪不死。加散騎常侍，遷前將軍，進爵洛陽侯。尋轉衞尉卿。從駕南征，加鎮南將軍。

及遷洛陽，人情戀本，多有異議，高祖問烈曰：「卿意云何？」烈曰：「陛下聖略淵遠，非愚管所測。若隱心而言，樂遷之與戀舊，唯中半耳。」高祖曰：「卿既不唱異，卽是同，深感不言之益。宜且還舊都，以鎮代邑。」敕留臺庶政，一相參委。車駕幸代，執烈手曰：「宗廟至重，翼衞不輕，卿當祗奉靈駕，時遷洛邑。朕以此事相託顧，非不重也。」烈與高陽王雍奉遷神主於洛陽，高祖嘉其勳誠，遷光祿卿。

十九年，大選百僚，烈子登引例求進。烈表曰：「臣上或近臣，下不決引一人，疑而恩出分外，冀荷榮祿。當今聖明之朝，理應謙讓，而臣子登引人求進，是臣素無教訓，請乞黜落。」高祖曰：「此乃有識之言，不謂烈能辨此。」乃引見登，詔曰：「朕今創禮新邑，明揚天下，卿父乃行謙讓之表，而有直士之風，故進卿爲太子翊軍校尉。」又加烈散騎常侍，封聊城縣開國子，食邑二百戶。

及穆泰、陸叡謀反舊京，高祖幸代，泰等伏法。賜烈及李沖璽書，述金策之意。語在陸叡傳。是逆也，代鄉舊族，同惡者多，唯烈一宗，無所染預。高祖嘉其忠操，益器重之。歎曰：「元儼決斷威恩，深自不惡，然而爲臣盡忠猛決，不如烈也。」爾日烈在代都，必卽斬其五三元首耳。烈之節概，不謝金日磾也。」

詔除領軍將軍。以本官從征荆沔，加鼓吹一部。高祖謂彭城王勰曰：「烈先朝舊德，智勇兼有，軍之大計，宜共參決。」宛鄧既平，車駕還洛，論功加散騎常侍、金紫光祿大夫。二十三年，蕭寶卷遣其太尉陳顯達入寇馬圈，高祖輿疾赴之，執烈手曰：「都邑空虛，維捍宜重。可鎭衞二宮，以輯遠近之望。」顯達破走，高祖崩於行宮，彭城王勰總一六軍，祕諱而返，稱詔召世宗會駕魯陽。以烈留守之重，密報凶問。烈處分行留，神色無變。

世宗卽位，寵任如前。咸陽王禧爲宰輔，權重當時，曾遣家僮傳言於烈曰：「須舊羽林虎賁執仗出入，領軍可爲差遣。」烈曰：「天子諒闇，事歸宰輔，領軍但知典掌宿衞，有詔不敢違，理無私給。」奴惘然而返，傳烈言報禧。禧復遣謂烈曰：「我是天子兒，天子叔，元輔之命，與詔何異？」烈厲色而答曰：「向者亦不道王非是天子兒、叔。若是詔，應遣官人，所由遣私奴索官家羽林，〔二〕烈頭可得，羽林不可得！」禧惡烈剛直，遂議出之，乃授使持節、散騎常侍、征北將軍、恒州刺史。烈不願藩授，頻表乞停，輒優答弗許。烈乃謂彭城王勰曰：「殿下忘先帝南陽之詔乎？而逼老夫乃至於此。」遂以疾固辭。

世宗以禧等專擅，潛謀廢之。會二年正月礿祭，〔三〕三公並致齋於廟，世宗夜召烈子忠謂曰：「卿父忠允貞固，社稷之臣。明可早入，當有處分。」忠奉詔而出。質明，烈至，世宗詔曰：「諸父慢怠，漸不可任，今欲使卿以兵召之，卿其行乎？」烈對曰：「老臣歷奉累朝，頗以幹勇賜識。今日之事，所不敢辭。」乃將直閤已下六十餘人，宣旨召咸陽王禧、彭城王勰、北海王詳，衞送至于帝前。諸公各稽首歸政。以烈爲散騎常侍、車騎大將軍、領軍，進爵爲侯，增邑三百戶，并前五百戶。自是長直禁中，機密大事，皆所參焉。

太尉、咸陽王禧謀反也，武興王楊集始馳於北邙以告。時世宗從禽於野，左右分散，直衞無幾，倉卒之際，莫知計之所出。乃敕烈子忠馳覘虛實。烈時留守，已處分有備，因忠奏曰：「臣雖朽邁，心力猶可，此等猖狂，不足爲慮。願緩蹕徐還，以安物望。」世宗聞之，甚以慰悅。及駕還宮，禧已遁逃。詔烈遣直閤叔孫侯將虎賁三百人追執之。

順后既立，以世父之重，彌見優禮。八月，暴疾卒，時年六十五。世宗舉哀於朝堂，給東園第一祕器，朝服一具，衣一襲；賜錢二百萬，布五百匹；贈使持節、侍中、大將軍、太尉公、雍州刺史；追封鉅鹿郡開國公，增邑五百戶，并前千戶。烈有五子。

長子祚，字萬年。太和中，爲中散，稍遷恒州別駕。襲父爵。除假節、振威將軍、沃野鎭將，貪殘多所受納。坐免官，以公還第。卒，贈平州刺史。

祚子若，襲爵。多酒過，爲叔父景所撾殺。子順襲。卒，子馥襲。

祚弟忠，字思賢，本字千年。弱冠拜侍御中散。文明太后臨朝，刑政頗峻，侍臣左右，多以微譴得罪。忠朴直少言，終無過誤。太和中，授武騎侍郎，因賜名登。轉太子翊軍校尉。

世宗卽位，遷長水校尉。尋除左右郎將，〔四〕領直寢。元禧之謀亂也，車駕在外，變起倉卒，未知所之。忠進曰：「臣世蒙殊寵，乃心王室。臣父領軍，付留守之重計，防遏有在，必無所慮。」世宗卽遣忠馳騎觀之，而烈分兵嚴備，果如所量。世宗還宮，撫背曰：「卿差强人意。」賜帛五百匹。又曰：「先帝賜卿名登，誠爲美稱，朕嘉卿忠款，今改卿名忠。旣表貞固之誠，亦所以名實相副也。」

父憂去職。未幾，起復本官。遷司空長史。于時太傅、錄尚書、北海王詳親尊權重，將作大匠王遇多隨詳所欲而給之。後因公事，忠於詳前謂遇曰：「殿下國之周公，阿衡王室，所須材用，自應關旨，何至阿諛附勢，損公惠私也。」遇旣不寧，詳亦慚謝。遷征虜將軍，餘如故。以平元禧功，封魏郡開國公，食邑九百戶。尋遷散騎常侍，兼武衞將軍。每以鯁氣正辭，爲北海王詳所忿，面責忠曰：「我憂在前見爾死，不憂爾見我死時也。」忠曰：「人生於世，自有定分，若應死於王手，避亦不免；若其不爾，王不能殺。」詳因忠表讓之際，密勸世宗以忠爲列卿，令解左右，聽其讓爵。於是詔停其封，優進太府卿。

正始二年秋，詔忠以本官使持節、兼侍中，爲西道大使，刺史、鎭將贓罪顯暴者，以狀申聞，守令已下，便卽行決。與撫軍將軍、尚書李崇分使二道。忠劾幷州刺史高聰贓罪二百餘條，論以大辟。還，除平西將軍、華州刺史。遭繼母憂，不行。服闋，授安北將軍、相州刺史。又爲衞尉卿、河南邑中正。詔忠與吏部尚書元暉、度支尚書元匡、河南尹元萇等推定代方姓族。高肇忌其爲人，欲密出之，乃言於世宗，稱中山要鎭，作捍須才，以忠器能，宜居其位。於是出授安北將軍、定州刺史。世宗旣而悔之，復授衞尉卿，領左衞將軍、恒州大中正。密遣中使詔曰：「自比股肱褫落，心膂無寄。方任雖重，比此爲輕。故輟茲外任，委以內務。當勤夙無怠，稱朕所寄也。」延昌初，除都官尚書，加平南將軍，領左衞、中正如故。又加散騎常侍。嘗因侍宴，賜之劍杖，舉酒屬忠曰：「卿世秉貞節，故恒以禁衞相委。昔以卿行忠，賜名曰忠。今以卿才堪禦侮，以所御劍杖相賜。循名取義，意在不輕。其出入周旋，恒以自防也。」忠頓首陳謝。遷侍中、領軍將軍，忠面陳讓云：「臣無學識，不堪兼文武之任。」世宗曰：「當今學識有文者不少，但心直不如卿。欲使卿劬勞於下，我當無憂於上。」

及世宗崩，夜中與侍中崔光遣右衞將軍侯剛迎肅宗於東宮而卽位。忠與門下議，以肅宗幼年，未親機政；太尉、高陽王雍屬尊望重，宜入居西柏堂，省決庶政；任城王澄明德茂親，可爲尚書令，總攝百揆。奏中宮，請卽敕授。御史中尉王顯欲逞姦計，與中常侍、給事中孫伏連等厲色不聽，寢門下之奏。宮闕侍中、黃門，但牒六輔姓字齎來。孫伏連等密欲矯太后令，以高肇錄尙書事，顯與高猛爲侍中。忠卽於殿中收顯殺之。

忠既居門下，又總禁衞，遂秉朝政，權傾一時。初，太和中軍國多事，高祖以用度不足，百官之祿四分減一。忠既擅權，欲以惠澤自固，乃悉歸所減之祿，職人進位一級。舊制：天下之民絹布一匹之外，各輸綿麻八兩。忠悉以與之。忠白高陽王雍，自云世宗本許優轉。雍憚忠威權，便順其意，加忠車騎大將軍。忠自謂新故之際，有安社稷之功，諷動百僚，令加己賞。於是太尉雍、淸河王懌、廣平王懷難違其意，議封忠常山郡開國公，食邑二千戶。百僚咸以爲然。忠又難於獨受，乃諷朝廷，同在門下者皆加封邑。尙書左僕射郭祚、尙書裴植以忠權勢日盛，勸雍出忠。忠聞之，逼有司誣奏其罪。郭祚有師傅舊恩，裴植擁地入國，忠並矯詔殺之。朝野憤怨，莫不切齒，王公已下，畏之累跡。又欲殺高陽王雍，侍中崔光固執，乃止，遂免雍太尉，以王還第。自此之後，詔命生殺，皆出於忠。

既尊靈太后爲皇太后，居崇訓宮，忠爲儀同三司、尙書令、領崇訓衞尉，侍中、領軍如故。靈太后臨朝，解忠侍中、領軍、崇訓衞尉，止爲儀同、尙書令，加侍中。忠爲令旬餘，靈太后引門下侍官于崇訓宮，問曰：「忠在端右，聲聽何如？」咸曰：「不稱厥位。」乃出忠使持節、都督冀定瀛三州諸軍事、征北大將軍、冀州刺史。太傅淸河王等奏曰：「竊惟先帝升遐之初，皇上登極之始，四海謐然，宇內晏清。至於奉迎乘輿，侍衞省闥，斯乃臣子之常節，職司之恒理，不容以此爲功，妄開井邑。臣等前議所以廣建茅土者，正以畏迫威權，苟免暴戾故也。是以中議之際，以十三日夜入爲無勳，唯以拒違矯令，抑黜姦回，微可褒敍。以前侍中臣忠總攝文武，侍中臣光久在樞密，讚同其意，故唯賞二人。今尚書臣昭等無涯上訴，奉敕重議。案王顯陰結姦徒，志爲不逞；高肇遠同凶逆，遙搆禍端。無將之罪，事合洿戮。而忠等徵罪，唯以厥身，不至孥戮，又出罪人，窮治不盡。案律準憲，事在不輕。暨皇上纂曆，聖后別宮，母子隔異，温凊道絕，皆忠等之咎。過方厥勳，功微罪重。又忠專權之後，擅殺樞納，輒廢宰輔，令朝野駭心，遠近怪愕。功過相除，悉不合賞。請悉追奪。」靈太后從之。

熙平元年春，御史中尉元匡奏曰：「臣聞事主不以幽貞革心，奉上不以趣捨虧節。是以倚秦宮而慟哭，復楚之功已多；陟盧龍而樹勳，廣魏之勳不淺。而申包避賞，君子於是義之；田疇拒命，良史所以稱美。竊唯宮車晏駕，天人位易，正是忠臣孝子致節之秋。前領軍將軍臣忠不能砥礪名行，自求多福，方因矯制，擅相除假，清官顯職，歲月隆崇。臣等在蕃之時，乃心家國，書誚往來，憤氣成疢。傷禮敗德，臣忠卽主。謹案臣忠世以鴻勳盛德，受遇累朝，出入承明，左右機近。幸國大災，肆其愚戇，專擅朝命，無人臣之心。裴郭受寃於既往，宰輔黜辱於明世。又自矯旨爲儀同三司、〔五〕尚書令、領崇訓衞尉，原其此意，便欲無上自處。旣事在恩後，宜加顯戮。請御史一人、令史一人，就州行決。崔光與忠雖同受召，〔六〕而謂光旣儒望，朝之禮宗，攝心虛遠，不關世務。但忠以光意望崇重逼光，〔七〕光若不同，又有危禍。伏度二聖欽明，深垂昭恕。而自去歲正月十三日世宗晏駕以後，八月一日皇太后未親覽以前，諸有不由階級而權臣用命，或發門下詔書，或由中書宣敕，擅相拜授者，已經恩宥，正可免其叨竊之罪。旣非時望，朝野所知，冒階而進者，並求追奪。」靈太后令曰：「直繩所糾，實允朝憲。但忠事經肆宥，又蒙特原，無宜追罪。餘如奏。」又詔曰：「忠以往年大諱之際，開崇邑土，然酬庸理乖，有司執奪。豈宜一謬，棄其餘勳也。但忠厥任禁要，誠節皎然，宜褒錫山河，以安厥望。可靈壽縣開國公，邑五百戶。」

初，世宗崩後，高太后將害靈太后。劉騰以告侯剛，剛以告忠。忠請計於崔光，光曰：「宜置胡嬪於別所，嚴加守衞，理必萬全，計之上者。」忠等從之，具以此意啓靈太后，太后意乃安。故太后深德騰等四人，並有寵授。忠以毁之者多，懼不免禍，願還京師，欲自營救。靈太后不許。二年四月，除尚書右僕射，加侍中，將軍如故。

神龜元年三月，復儀同三司，疾病未拜，見裴郭爲祟。忠自知必死，表曰：「先帝錄臣父子一介之誠，昭臣家世奉公之節，故申之以婚姻，重之以爵祿，至乃位亞三槐，秩班九命。自大明利見之始，百官總己之初，臣復得猥攝禁戎，緝寧內外，斯誠社稷之靈，兆民之福，臣何力之有焉。但陛下以叡明御宇，皇太后以聖善臨朝，衽席不遺，簪屨弗棄，復乃寵窮出內，榮遍宮闈，〔八〕外牧兩河，入參百揆。顧服知妖，省躬識戾。而臣將慎靡方，致茲痾疢。自去秋苦痢，纏綿迄今，藥石備嘗，日增無損。又今年已來，力候轉惡，微喘緒息，振復良難。鴻慈未酬，伏枕涕咽。臣薄福無男，遺體莫嗣，貪及餘生，謹陳宿抱。臣先養亡第四弟第二子司徒掾永超爲子，猶子之念實切於心，乞立爲嫡，傳此山河。」靈太后令曰：「于忠表如此。既誠勳宜錄，又無子可矜。臨危所祈，不容致奪，可特聽如請，以彰殊效。」忠薨，年五十七。給東園祕器、朝服一具、衣一襲、錢二十萬、布七百匹、蠟三百斤，贈侍中、司空公。有司奏：「太常少卿元端議，忠剛直猛暴，專戇好殺，案謚法剛強理直曰『武』，怙威肆行曰『醜』，宜謚武醜公。太常卿元脩義議，忠盡心奉上，剪除凶逆，依謚法除僞寧眞曰『武』，夙夜恭事曰『敬』，謚武敬公。二卿不同。」事奏，靈太后令曰：「可依正卿議。」

于氏自曾祖四世貴盛，一皇后，四贈三公，領軍、尚書令，三開國公。〔九〕忠性多猜忌，不交勝己，唯與直閤將軍章初瓌、千牛備身楊保元爲斷金之交。李世哲求寵於忠，私以金帛寶貨事初瓌、保元，初瓌、保元談之，遂被賞愛，引爲腹心。忠擅權昧進，爲崇訓之由，皆世哲計也。忠後妻中山王尼須女，微解詩書，靈太后臨朝，引爲女侍中，賜號范陽郡君。

永超名翻，襲爵。尋卒。

子世衡，襲。齊受禪，例降。

忠弟景，字百年。自司州從事，稍遷步兵校尉、寧朔將軍、高平鎮將。坐貪殘受納，爲御史中尉王顯所彈，會赦免。忠薨後，景爲武衞將軍。謀廢元叉，叉黜爲征虜將軍、懷荒鎮將。及蠕蠕主阿那瓌叛亂，鎮民固請糧廩，而景不給。鎮民不勝其忿，遂反叛。執縛景及其妻，拘守別室，皆去其衣服，令景著皮裘，妻著故絳襖。其被毀辱如此。月餘，乃殺之。

烈弟敦，自中散遷驍騎將軍。景明中，假節，行幷州事，除征虜將軍、恒州刺史。卒官，贈使持節、平北將軍、恒州刺史。

子昕，員外郎，直後，主衣都統，揚烈將軍，懷朔、武川鎮將，中散大夫。孝昌中，使蠕蠕，與阿那瓌擒逆賊破洛汗聽明、出六斤等。轉輔國將軍、北中郎將、恒州大中正。又遷撫軍將軍、衞尉卿。出爲鎮東將軍，殷、恒州刺史。還拜征東將軍，領左右。天平中卒。贈都督冀定州諸軍事、衞將軍、尚書僕射、儀同三司，謚曰文恭。

長子揚仁。武定中，勃海太守。

揚仁弟叉羅，字仲綱。中軍將軍、光州刺史。

叉羅弟子榮，魯郡太守。

敦弟果，嚴毅直亮，有父兄之風。自中散稍遷光祿大夫，守尚書，賜爵武城子。太和中，歷朔、華、幷、恒四州刺史。

子礫，襲。太子舍人、通直散騎常侍。卒，贈右將軍、洛州刺史，謚曰哀。

子暉，征東將軍、金紫光祿大夫。

暉弟道揚，儀同開府諮議參軍。

礫弟祇，卒於司徒掾。贈鎭遠將軍、朔州刺史，謚曰悼。

祇子元伯，中散大夫。

果弟勁，事在外戚傳。

勁弟須，中散。遷長水校尉，稍遷武衞將軍、太府卿、鎭南將軍、肆州刺史。卒，贈侍中、車騎大將軍、尙書右僕射、儀同三司。闕冀州長史。卒，贈征南將軍、燕州刺史，謚曰武。

子翊，太尉從事中郎、燕州刺史。

子長文，字士端。武定中，尙書考功郎。

須弟文仁，太中大夫。

史臣曰：魏定中原，于栗磾有武功於三世。兼以虛己下物，罰不濫加，斯亦諸將所希矣。拔任參內外，以著能名。烈氣概沉遠，受任艱危之際，有柱石之質，殆禦侮之臣。忠以骾朴見親，乘非其據，遂擅威權，生殺自己。苟非女主之世，何以全其門族？其不誅滅，抑天幸也。

校勘記

〔一〕都督兗相二州諸軍事　諸本「相」作「桓」。按魏無「桓州」。下列官銜又有「枋頭都將」，枋頭在相州，「桓」字訛，今改正。

〔二〕所由遣私奴索官家羽林　御覽卷四二八一九七〇頁「所由」作「何由」。按「所由」常見於唐代文書，指主管的官吏，魏時罕見，疑作「何由」是。

〔三〕會二年正月礿祭　諸本「礿」作「初」。按卷二一上咸陽王禧傳、卷二一下彭城王勰傳都作「礿祭」。通鑑卷一四四四四八二頁也作「礿祭」。「礿」是皇帝春祭宗廟之名，「初」乃形訛，今改正。

〔四〕尋除左右郎將　北史卷二三于忠傳、御覽卷二四〇一一三八頁「右」作「中」。按「左右郎將」乃左中郎將和右中郎將的合稱，疑作「左中郎將」是。

〔五〕又自矯旨爲儀同三司　諸本「矯」下脫「旨」字，今據北史卷二三于忠傳、册府卷五一九六二〇六頁補。

〔六〕崔光與忠雖同受召　册府同上卷頁「召」作「詔」。按崔光與于忠同在門下，上文說忠「乃諷朝廷，同在門下者皆加封邑」，所以說「雖同受詔」。據傳文和卷六七崔光傳別無「同受召」的事。疑「召」字爲「詔」之訛。

〔七〕但忠以光意望崇重逼光　册府同上卷頁「意望」作「聲望」，「逼光」下有「爲助」二字。按文義作「聲望」較長，「逼光」下有二字語意也較完足，疑此傳訛脫。但如傳文亦可通，今不改。

〔八〕榮逼宮闈　諸本「闈」訛「閨」，今據册府卷八六三一〇二五二頁改。

〔九〕于氏自曾祖四世貴盛一皇后四贈三公領軍尙書令三開國公　北史卷二三于栗磾附于勁傳後作「自栗磾至勁，累世貴盛，一皇后，四贈公，三領軍，二尙書令，三開國公」。本書于勁在卷八三下外戚傳下，外戚傳以北史補，故傳後語與北史同。按這句話本當在忠傳後，北史移在勁傳後，實誤，別見卷八三下校記。這裏「領軍」和「尙書令」上脫去數目字。疑「三公」二字誤倒，當同北史作「四贈公，三領軍」，「尙書令」上脫「二」字。

魏書卷三十二

列傳第二十

高湖　崔逞　封懿

高湖，字大淵，勃海蓨人也。漢太傅裒之後。〔一〕祖慶，慕容垂司空。父泰，吏部尚書。湖少機敏，有器度，與兄韜俱知名於時，雅爲鄉人崔逞所敬異。少歷顯職，爲散騎常侍。登國十年，垂遣其太子寶來伐也，湖言於垂曰：「魏，燕之與國。彼有內難，此遣赴之；此有所求，彼無違者。和好多年，行人相繼。往求馬不得，遂留其弟，曲在於此，非彼之失。政當敦修舊好，乂寧國家，而復令太子率衆遠伐。且魏主雄略，兵馬精强，險阻艱難，備嘗之矣。太子富於春秋，意果心銳，輕敵好勝，難可獨行。兵凶戰危，願以深慮。」言頗切厲。垂怒，免湖官。既而寶果敗於參合。寶立，乃起湖爲征虜將軍、燕郡太守。寶走和龍，兄弟交爭，湖見其衰亂，遂率戶三千歸國。太祖賜爵東阿侯，加右將軍，總代東諸部。世祖時，除寧西將軍、涼州鎮都大將，鎮姑臧，甚有惠政。年七十，卒。贈鎮西將軍、秦州刺史，謚曰敬。有四子。

第三子謐，字安平，有文武才度。天安中，〔二〕以功臣子召入禁中，除中散，專典秘閣。肅勤不倦，高宗深重之，拜祕書郎。謐以墳典殘缺，奏請廣訪羣書，大加繕寫。由是代京圖籍，莫不審正。顯祖之御寧光宮也，謐恒侍講讀，拜蘭臺御史。尋轉治書，掌攝內外，彈糾非法，當官而行，無所畏避，甚見稱賞。延興二年九月卒，時年四十五。太昌初，追贈使持節、侍中、都督青徐齊濟兗五州諸軍事、驃騎大將軍、太尉公，青州刺史，〔三〕謚武貞公。妻叔孫氏，陳留郡君。

長子樹生。性通達，重節義，交結英雄，不事生產，有識者並宗奇之。蠕蠕侵掠，高祖詔懷朔鎮將、陽平王頤率衆討之，頤假樹生鎮遠將軍、都將，先驅有功。樹生尚氣俠，意在浮沉自適，不願職位，辭不受賞，論者高之。居宅數有赤光紫氣之異，鄰伍驚恐，僉謂怪變，宅不可居。樹生曰：「何往非善。」〔四〕安之自若。雅好音律，常以絲竹自娛。孝昌初，北州大亂，詔發衆軍，廣開募賞。以樹生有威略，授以大都督，令率勁勇，鎮捍舊蕃。二年卒，時年五十五。太昌初，追贈使持節、都督冀相滄瀛殷定六州諸軍事、大將軍、太師、錄尚書事、冀州刺史，追封勃海王，謚曰文穆，妻韓氏，爲勃海王國太妃。永熙中，後贈假黃鉞、侍中、都督中外諸軍事，加後部羽葆鼓吹，餘如故。長子卽齊獻武王也。

王弟琛，字永寶。天平中，驃騎大將軍、開府儀同三司、御史中尉、南趙郡開國公。

子叡，襲。武定末，太子庶子。

樹生弟翻，字飛雀，亦以器度知名。卒於侍御中散。元象中，贈假黃鉞、使持節、侍中、都督冀定洛瀛并肆燕恒雲朔十州諸軍事、大將軍、太傅、太尉公、錄尚書事、冀州刺史，謚曰孝宣。

子嶽，武定末，侍中、太傅公、〔五〕清河郡開國公。

謐長兄眞，有志行。兄弟俱至孝，父亡，治喪墓次，甘露白雉降集焉。有司以聞，詔標閭里。自涇州別駕，稍遷安定太守，甚著聲績。卒，贈龍驤將軍、涇州刺史。

闕帶金城太守。神龜初卒。〔六〕太昌元年，贈使持節、侍中、都督定相殷三州諸軍事、驃騎大將軍、儀同三司、定州刺史，謚曰武康。

子仁，正光中，卒於河州別駕。太昌初，贈使持節、侍中、都督青齊濟三州諸軍事、儀同三司、青州刺史，謚曰明穆。

子貫，字小胡。永興末，〔七〕通直散騎常侍、金紫光祿大夫、尙食典御。

拔弟賭兒，〔八〕美容貌，膂力過人，尤善弓馬。顯祖時，羽林幢將。皇興中，主仗令。高祖初，給事中，累遷散騎常侍、內侍長。坐事死。

子吞，字明珍，有器尙。初除侍御史，拜奉朝請、員外散騎侍郎。與叔徽俱使西域，還至河州，遇賊攻圍，城陷見害。太昌初，贈使持節、都督冀滄二州諸軍事、征東將軍、冀州刺史。永熙中，重贈侍中、都督青徐光三州諸軍事、驃騎大將軍、儀同三司、青州刺史，謚曰文景。

子永樂，興和中，驃騎大將軍、儀同三司、濟州刺史、陽川縣開國公。

永樂弟弼，武定中，安西將軍、營州刺史、安陵縣開國男。

賭兒弟徽，字榮顯，小字茍兒。聰敏有氣幹，爲任城王澄所知賞。景明中，起家奉朝請。延昌中，假員外散騎常侍，使於嚈噠，西域諸國莫不敬憚之，破洛侯、烏孫並因之以獻名馬。還，拜冗從僕射。神龜中，遷射聲校尉、左中郎將、游擊將軍。又假平西將軍、員外散騎常侍，使嚈噠。還至枹罕，屬莫折念生反於秦隴。時河州刺史元祚爲前刺史梁釗息景進等招引念生攻河州，祚以憂死。長史元永平、治中孟賓、臺使元湛共推徽行河州事，綏接有方，兵士用命。別駕乞伏世則潛通景進，徽殺之。徽兵於吐谷渾，吐谷渾率衆救之。景進敗，退走，奔秦州。景進尋率羌夷復來攻逼，徽遣統軍六景相馳表請師，詔徽仍行河州事。久無援救，力屈城陷，爲賊所害。永熙中，喪還洛陽。贈使持節、侍中、都督冀定相瀛滄五州諸軍事、司徒公、冀州刺史，謚曰文宣。

子歸義，有志烈。初除奉朝請，加威烈將軍。與父徽俱使西域。還都，稍遷龍驤將軍、中散大夫、西征都督，每有戰功。後沒於陣。太昌初，贈侍中、驃騎大將軍、儀同三司、雍州刺史，謚曰孝貞。

子普，武定末，安南將軍、太子左衞率。

歸義弟歸彥，武定末，驃騎大將軍、開府儀同三司、徐州刺史、安喜縣開國男。

眞弟各拔，廣昌鎭將。卒，贈燕州刺史。

子猛虎，鄯善鎭錄事。及居喪，以至性稱，遂絕宦情。

子元國，早卒。

次顯國，武定末，撫軍將軍、汝陽男。

顯國弟達，武定中，驃騎將軍、行滄州事。〔九〕

達弟永國，征虜將軍、中散大夫。

永國弟子國，武衞將軍。

各拔少子盛，天平中，侍中、太尉公、廣平郡開國公。

子子瑗，武定末，兼武衞將軍。

謐弟稚，字幼寧。薄骨律鎮將、營州刺史。

子陀，字難陀。沃野鎮長。〔一〇〕卒，贈琅邪太守。

子雍，字景雲，司徒從事。後與少子思義俱奔蕭衍，卒於江南。元象初，喪還，特贈使持節、散騎常侍、都督冀定瀛滄幽五州諸軍事、驃騎大將軍、尚書令、司徒公、冀州刺史。

子思宗，武定末，中軍將軍、儀同三司、兗州刺史、上洛郡開國男。思義，特贈使持節、散騎常侍、都督青兗齊三州諸軍事、車騎大將軍、尚書僕射、儀同三司、青州刺史。

陀弟興，早卒。興子貴孫，晉州刺史。

湖弟恒，字叔宗，慕容垂鉅鹿太守。太祖時，率郡降，賜爵涇縣侯，加龍驤將軍，仍守鉅鹿。卒，贈安東將軍、幽州刺史，謚曰惠。

子道，字始愔，襲爵。拜都牧令，遷鎮南將軍、相州刺史。未及之職，卒。仍以爲贈，謚曰莊。

子幹，字干奴。好學，寬厚有雅度。襲爵涇縣侯，後例降爲伯。歷南青州征虜府司馬、威遠將軍、鄯善鎮遠府長史。仍轉汾州後軍府長史、白水太守。所在以廉平著稱。太昌初，卒。贈使持節、都督秦雍二州諸軍事、車騎大將軍、司空公、雍州刺史，謚曰孝穆。

子侃，字伯欣，襲。除南秦州長史。卒，贈輔國將軍、涼州刺史，謚曰宣。

子紹，字廣祖，襲爵。興和初，征虜將軍、滄州刺史。

侃弟騰，字伏興。卒於安東將軍、光州刺史、襄城縣開國公。

子陟，字祖遷。司空中郎、太尉主簿。

陟弟憬，通直郎。憬弟翽，襲父爵。

騰弟隆之，武定末，太保、尚書令、平原郡開國公。

崔逞，字叔祖，清河東武城人也，魏中尉琰之六世孫。曾祖諒，晉中書令。祖遇，仕石虎，爲特進。父瑜，黄門郎。

逞少好學，有文才。遭亂，孤貧，躬耕于野，而講誦不廢。慕容暐時，郡舉上計掾，補著作郎，撰燕記。遷黄門侍郎。及苻堅幷慕容暐，以爲齊郡太守。堅敗，司馬昌明以逞爲清河、平原二郡太守。爲翟遼所虜，授以中書令。慕容垂滅翟釗，以爲祕書監。慕容寶東走和龍，爲留臺吏部尚書。及慕容驎立，逞攜妻子亡歸太祖。張袞先稱美逞，及見，禮遇甚重。拜爲尚書，任以政事，録三十六曹，別給吏屬，居門下省。尋除御史中丞。

太祖攻中山未克，六軍乏糧，民多匿穀，問羣臣以取粟方略。逞曰：「取椹可以助糧。故飛鴞食椹而改音，詩稱其事。」太祖雖銜其侮慢，然兵既須食，乃聽以椹當租。逞又曰：「可使軍人及時自取，過時則落盡。」太祖怒曰：「內賊未平，兵人安可解甲仗入林野而收椹乎？是何言歟！」以中山未拔，故不加罪。天興初，姚興侵司馬德宗襄陽戍，戍將郗恢馳使乞師於常山王遵，遵以聞。太祖詔逞與張袞爲遵書以答。初，恢與遵書云「賢兄虎步中原」，太祖以言悖君臣之體，敕逞、袞亦貶其主號以報之。逞、袞乃云「貴主」。太祖怒曰：「使汝貶其主以答，乃稱貴主，何若賢兄也！」遂賜死。後司馬德宗荊州刺史司馬休之等數十人爲桓玄所逐，皆將來奔，至陳留南，分爲二輩，一奔長安，一歸廣固。太祖初聞休之等降，大悅，後怪其不至，詔兗州尋訪，獲其從者，問故，皆曰：「國家威聲遠被，是以休之等咸欲歸闕，及聞崔逞被殺，故奔二處。」太祖深悔之。自是士人有過者，多見優容。

逞七子，二子早亡，第三子義，義弟諲，諲弟禕，禕弟嚴，嚴弟賾。〔二〕逞之內徙也，終慮不免，乃使其妻張氏與四子留冀州，令歸慕容德，遂奔廣固。逞獨與小子賾在平城。及逞之死，亦以此爲譴。

賾，字泰沖。初爲太子洗馬，後稍遷散騎常侍，〔三〕賜爵清河侯。後世祖聞劉義隆以諲爲冀州刺史，乃曰：「義隆知用其兄，我豈無冀州也。」乃以賾爲平東將軍、冀州刺史。又爲大鴻臚，持節策拜楊難當爲南秦王。奉使數返，光揚朝命，世祖善之。及驃騎大將軍、樂平王丕等督諸軍取上邽，使賾齎詔於丕前喻難當奉詔。後與方士韋文秀詣王屋山造金丹，不就。眞君初卒。賾五子。

長子秉，字公禮。早終，無子。

秉弟廣，字公淵，襲爵。拜平東將軍。子法度，早終。

廣弟軌，字公則。太子中舍人、鎮南司馬。

軌弟穆，字公和。早終。

穆弟叡，字哲，小字男季。高祖初，以交通境外伏誅。從兄景眞以子思叔繼叡。

思叔，少爲中書學生，遷中書博士。世宗時，歷上黨、鉅鹿太守。自逞之死至叡之誅，三世積五十餘年而在北一門盡矣。

初，三齊平，禕孫相如入國，以才學知名。舉冀州秀才，早卒。相如弟彧，在術藝傳。

逞兄適，〔三〕字寧祖，亦有名於時。慕容垂尚書左丞，范陽、昌黎二郡太守。

適曾孫延壽，冀州主簿。輕財好施，甚收鄉曲之譽。

延壽子隆宗，簡率愛友，居喪以孝聞。歷位冀州別駕，蘭陵、燕郡二郡太守，司空諮議參軍，冀州中正，中軍大將軍府長史。仁信待物，出於至誠，故見重於世。卒，贈前將軍、齊州刺史，謚曰孝。

子敬保，員外散騎侍郎、冀州儀同府從事中郎。卒，贈冀州刺史。

子子恒，官至征虜將軍、魯郡太守。早卒。

子恒弟子安，冠軍將軍、西兗州司馬。

子安弟子昇，開府參軍。武定中，坐連元瑾事，兄弟並伏法。

封懿，字處德，勃海蓨人也。曾祖釋，晉東夷校尉。父放，慕容暐吏部尚書。兄孚，慕容超太尉。懿儁偉有才氣，能屬文，與孚雖器行有長短，然名位略齊。仕慕容寶，位至中書令、民部尚書。寶敗，歸闕，除給事黃門侍郎、都坐大官、寧朔將軍、章安子。太祖數引見，問以慕容舊事。懿應對疏慢，廢還家。太宗初，復徵拜都坐大官，進爵爲侯。泰常二年卒。懿撰燕書，頗行於世。

子玄之，坐與司馬國璠、溫楷等謀亂，伏誅。臨刑，太宗謂之曰：「終不令絕汝種也，將宥爾一子。」玄之請曰：「弟虔之子磨奴，字君明，早孤，乞全其命。」乃殺玄之四子，而赦磨奴。

磨奴被刑爲宦人。崔浩之誅也，世祖謂磨奴曰：「汝本應全，所以致刑者，事由浩之故。」後爲中曹監，西使張掖，賜爵富城子，加建威將軍、給事中。久之，出爲冠軍將軍、懷州刺史。太和七年卒。贈平東將軍、冀州刺史、勃海公，謚曰定。以族子叔念爲後，高祖賜名回。

回父鑒，卽慕容暐太尉弈之後也。回，皇興初爲中書學生。襲爵富城子，累遷太子家令。世宗卽位，以回行華州事。回在州鞭中散大夫党智孫，爲尙書左丞韋績糾奏，〔一四〕免。尋除鎭遠將軍、安州刺史。山民愿朴，父子賓旅，同寢一室。回下車，勒令別處，其俗遂改。徵爲太尉長史，頻行定州、徐州事，尋除後將軍、汾州刺史。

肅宗初，轉涼州刺史，加右將軍，固辭不拜，仍授平北將軍、瀛州刺史。時大乘寇亂之後，加以水潦，百姓困乏。回表求賑恤，免其兵調，州內甚賴之。又爲度支尙書。尋轉都官尙書、冀州大中正。滎陽鄭雲諂事長秋卿劉騰，貨騰紫纈四百匹，得爲安州刺史。除書旦出，暮往詣回，坐未定，謂回曰：「我爲安州，卿知之否？彼土治生，何事爲便？」回答之曰：「卿荷國寵靈，位至方伯，雖不能拔園葵，去織婦，宜思方略以濟百姓，如何見造而問治生乎？封回不爲商賈，何以相示。」雲慚媿失色。

靈太后臨朝，召百官問得失，羣臣莫敢言。回對曰：「昔孔丘爲司寇，十日而誅少正卯，魯國肅然，欺巧自息。姬旦行戮，不避兄弟，周道用隆。徐偃專行仁義，其國乃滅。自古及今，未有不厲威刑而能治者。頃來頗由長吏寬怠，侵剝百姓，盜賊羣起。請肅刑書，以懲未犯。」太后意納之，而不能用。轉爲七兵尚書，領御史中尉。尚書右僕射元欽與從父兄麗妻崔氏姦通，回乃劾奏，時人稱之。除鎮東將軍、冀州刺史。

肅宗末，徵爲殿中尚書，頻表遜職，以爲右光祿大夫。莊帝初，遇害於河陰，時年七十七。贈侍中、車騎大將軍、司空公、定州刺史，謚曰孝宣。

長子隆之，武定中，開府儀同三司、齊州刺史、安德郡開國公。

子子繪，武定中，勃海太守。

隆之弟興之，字祖胄。經明行修，恬素淸靜。起家太學博士、員外郎。出爲瀛冀二州平北府長史，所歷有當官之譽。孝昌中卒。天平中，追贈散騎常侍、撫軍將軍、雍州刺史。尋重贈殿中尚書，謚曰文。〔一五〕

子孝琬，字子倩。〔一六〕武定末，開府中郎。

孝琬弟孝琰，祕書郎。

興之弟延之，字祖業。天平中，驃騎大將軍、青州刺史、〔一七〕剡縣開國子。

磨奴旣以回爲後，請於顯祖，贈鑒寧遠將軍、滄水太守。

鑒長子琳，字彥寶。顯祖末，本州表貢，拜中書博士。高祖初，大軍南討，琳參鎭南軍事。後爲河南七州大使。還，拜中書侍郎，與侍中、南平王馮誕等議定律令，賜布帛六百匹、粟六百石、馬牛各一。遷太尉長史，轉司宗下大夫，有長者之稱。行東兗州事。及改定百官，除司空長史。出爲立忠將軍、南青州刺史、兼散騎常侍、持節、西道大使。還爲長兼太中大夫，轉廣平內史，又爲光祿大夫。世宗末，除後將軍、夏州刺史。徵爲安東將軍、光祿大夫。神龜二年卒。贈使持節、撫軍將軍、相州刺史。

子元稱，元稱弟子盛，並早卒。

子盛弟子施，武定末，沛郡太守。

琳子肅，在文苑傳。

懿從兄子愷，字思悌，弈之孫也。父勱，慕容垂侍中、太常卿。愷，給事黃門侍郎、散騎常侍。後入代都，名出懿子玄之右，俱坐司馬氏事死。愷妻，盧玄姊也。愷子伯達棄母及妻李氏南奔河表，改婚房氏。顯祖末，伯達子休傑內入，祖母盧猶存，垂百歲矣，而李已死。休傑，高祖時以歸國勳爲河間太守，兼冀州咸陽王府諮議參軍。

休傑從弟靈祐，仕劉義隆爲青州治中、勃海太守。慕容白曜平三齊，靈祐率二百人詣白曜降，賜爵下密子。後除建威將軍、勃海太守。卒。

子進壽，襲爵。肅宗時，爲揚州治中，以失義州爲刺史元志所殺。事具志傳。

子子游，武定中，開府中兵參軍。

進壽弟蚌，卒於冀州別駕。

蚌弟粲，起家荆州長流參軍。司空水曹參軍、殿中侍御史。累遷征東將軍、廣州長史。還，除光祿大夫。卒，贈衞將軍、冀州刺史。

回族叔軌，字廣度。沉謹好學，博通經傳。與光祿大夫武邑孫惠蔚同志友善，惠蔚每推軌曰：「封生之於經義，非但章句可奇，其標明綱格，統括大歸，吾所弗如者多矣。」善自修潔，儀容甚偉。或曰：「學士不事修飾，此賢何獨如此？」軌聞，笑曰：「君子整其衣冠，尊其瞻視，何必蓬頭垢面，然後爲賢。」言者慚退。

太和中，拜著作佐郎，稍遷尚書儀曹郎中。兼員外散騎常侍，銜命高麗。高麗王雲恃其偏遠，稱疾不親受詔。軌正色詰之，喻以大義，雲乃北面受詔。先是，契丹虜掠邊民六十餘口，又爲高麗擁掠東歸。軌具聞其狀，移書徵之，雲悉資給遣還。有司奏軌遠使絕域，不辱朝命，權宜曉慰，邊民來蘇，宜加爵賞。世宗詔曰：「權宜徵口，使人常體，但光揚有稱，宜賞一階。」轉考功郎中，除本郡中正。勃海太守崔休入爲吏部郎，以兄考事干軌。軌曰：「法者，天下之平，不可以舊君故虧之也。」休歎其守正。軌在臺中，稱爲儒雅。奏請遣四門博士明經學者，檢試諸州學生。詔從之。尋除國子博士，加揚武將軍。假通直散騎常侍，慰勞汾州山胡。

司空、清河王懌表修明堂辟雍，詔百僚集議。軌議曰：「明堂者，布政之宮，在國之陽，所以嚴父配天，聽朔設教，其經構之式，蓋已尚矣。故周官匠人職云：夏后氏世室，殷人重屋，周人明堂，五室、九階、四戶、八窗。鄭玄曰：『或舉宗廟，或舉王寢，或舉明堂，互之以見同制。』然則三代明堂，其制一也。案周與夏殷，損益不同，至於明堂，因而弗革，明五室之義，得天數矣。是以鄭玄又曰：五室者，象五行也。然則九階者，法九土；四戶者，達四時；八窗者，通八風。誠不易之大範，有國之恒式。若其上圓下方以則天地，通水環宮以節觀者，茅蓋白盛爲之質飾，赤綴白綴爲之戶牖，皆典籍所具載，制度之明義也。在秦之世，焚滅五典，毀黜三代，變更先聖，不依舊憲。故呂氏月令見九室之義，大戴之禮著十二堂之論。漢承秦法，亦未能改，東西二京，俱爲九室。是以黃圖、白虎通、蔡邕、應劭等，咸稱九室以象九州，十二堂以象十二辰。夫室以祭天，堂以布政。依天而祭，故室不過五；依時布政，故堂不踰四。州之與辰，非所可法，九與十二，其用安在？今聖朝欲尊道訓民，備禮化物，宜則五室，以爲永制。至如廟學之嫌，臺沼之雜，袁準之徒已論正矣，遺論具在，不復須載。」

尋以本官行東郡太守。遷前軍將軍、行夏州事。好立條教，所在有績。轉太子僕，遷廷尉少卿，加征虜將軍。卒，贈右將軍、濟州刺史。

初，軌深爲郭祚所知，祚常謂子景尚曰：「封軌、高綽二人，並幹國之才，必應遠至。吾平生不妄進舉，而每薦此二公，非直爲國進賢，亦爲汝等將來之津梁也。」其見重如此。軌既以方直自業，高綽亦以風概立名。尚書令高肇拜司徒，綽送迎往來，軌竟不詣。綽顧不見軌，乃遽歸，曰：「吾一生自謂無愆規矩，今日舉措，不如封生遠矣。」軌以務德愼言，修身之本，姦回讒佞，世之巨害，乃爲務德、愼言、遠佞、防姦四戒，文多不載。

軌長子偉伯，字君良。博學有才思，弱冠除太學博士，每朝廷大議，偉伯皆預焉。雅爲太保崔光、僕射游肇所知賞。太尉、清河王懌辟參軍事，懌親爲孝經解詁，命偉伯爲難例九條，皆發起隱漏。偉伯又討論禮、傳、詩、易疑事數十條，儒者咸稱之。尋將經始明堂，廣集儒學，議其制度。九五之論，久而不定。偉伯乃搜檢經緯，上明堂圖說六卷。正光末，尚書僕射蕭寶夤以爲關西行臺郎。及寶夤爲逆，偉伯乃與南平王冏潛結關中豪右韋子粲等謀舉義兵。事發見殺，年三十六，時人惜之。永安中，追贈散騎常侍、征虜將軍、瀛州刺史，聽一子出身。偉伯無子，轉授第三弟翼。偉伯撰封氏本錄六卷，幷詩賦碑誄雜文數十篇。

偉伯弟業，字君脩。奉朝請，領殿中侍御史。早卒。

業弟翼，字君贊。美容貌，腰帶十圍。以兄偉伯立節之勳，除給事中。後加揚烈將軍。武定初卒。

翼弟述，字君義。武定末，廷尉少卿。

述弟詢，字景文。尙書起部郎。

史臣曰：高敬侯才鑒明遠，見機而作，身名俱劭，世載人英，天所贊也。崔逞文學器識，當年之俊，慮遠忽微，俱以爲禍。賾有兹休烈，厥世不延。封懿獲全爲幸，回乃克光家，世不乏人矣。

校勘記

〔一〕漢太傅袁之後　錢氏考異卷二八云：「唐書宰相世系表卷七一下後漢渤海太守高洪，居渤海蓨縣，『四世孫袁，字宣仁，太子太傅』，此即湖之祖也。此『太傅』上當有『太子』二字。漢時太傅爲上公，除授者甚少，安得『高袁』其人乎？」按這種祖先官爵大抵據子孫所編的譜牒，多不可信。不僅漢無官居太傅的高袁，連「太子太傅」也難究詰。

〔二〕天安中　張森楷云：「據下云『高宗深重之』，『天安』是顯祖拓跋弘年號。疑『天安』爲『太安』之誤。『太安』是高宗拓跋濬第三年號。」

〔三〕追贈使持節侍中都督青徐齊濟兗五州諸軍事至青州刺史　諸本上「青」字作「壽」。錢氏考異卷二八云：「『壽』當作『青』，地形志無壽州。」按錢說是，所贈刺史是青州，都督諸州的第一州照例爲所任刺史之州。今改正。

〔四〕何往非善　册府卷八九五一〇五九三頁「往」作「知」。按鄰伍是勸他還居，不是阻他還居或出行，「往」字答非所問。疑作「知」是。

〔五〕子嶽武定末侍中太傅公　按北齊書卷一三清河王岳傳武定六年除太尉，至高洋稱帝後，天保五年，進太保。他從未爲太傅，「傅」字當是「尉」之訛。

〔六〕闕帶金城太守神龜初卒　原文上不注「闕」字，和上文「卒贈龍驤將軍、涇州刺史」句相連，不提行。按前已記「卒」，下又說「神龜初卒」，哪有一人「卒」二次之理！且金城郡屬河州，不屬涇州見卷一〇六下地形志下，不可能以涇州刺史帶金城太守。又北魏帶太守的例爲州之長史、別駕和戍主，刺史也不會有「帶太守」的名號。因知此處所述實是二人。所云「卒，贈龍驤將軍、涇州刺史」者是高眞，其「帶金城太守，神龜初卒」者乃另一人，傳脫去其名和歷官事迹，和上文相連，以致語不可解。今提行上注「闕」字。參下校記〔八〕。

〔七〕永興末　按「永興」乃拓跋嗣年號四〇八——四一三，後來元脩曾改元永興五三二，旋即發覺重了上代年號，又改「永熙」。元脩的「永興」，不過幾天，談不上「初」或「末」。上文稱貫父仁死於正光中五一九——五二四，這裏「永興」當是「永熙」之訛。

〔八〕拔弟賭兒　諸本於賭兒傳末有宋人校語云：「傳無拔事，而載拔弟賭兒，不知拔何人也。」殿本入考證，未說明出於宋人校語。按上文「帶金城太守，神龜初卒」者當即是拔。其人應是高眞子，高仁父。據下文，賭兒孫永樂。永樂，北齊書卷一四有傳，乃高歡從祖兄子，則其祖賭兒、伯祖拔乃高歡伯叔輩。高眞是高歡伯祖歡祖謐之兄，其子正應爲歡之伯叔，輩行相當。因疑上文「涇州刺史」下脫去「子拔」和歷官事迹，只殘留「帶金城太守，神龜初卒」九字。正因拔在河州任官，故拔子仁亦爲河州別駕，而拔弟徽後來被河州地主官僚推爲「行河州事」以抗起義軍，情事亦合。

〔九〕顯國弟達武定中驃騎將軍行滄州事　墓誌集釋有高建墓誌圖版三〇九，稱曾祖湖，祖拔，父猛。敍高建的終官爲「行滄州事」。誌之拔即此傳之高湖子、高達祖各拔。非「拔弟賭兒」之拔，一爲湖子，一爲湖孫，各拔乃鮮卑名，不嫌伯姪同名。誌之猛即傳之高達父猛虎。世次終官均合，故集釋七以爲傳「達」字爲「建」之訛。按墓誌集釋又有高建妻王氏誌圖版三一〇之二稱建爲「神武皇帝再從弟」，與傳所敍高達的行輩也相符，集釋說是。

〔一〇〕沃野鎭長　按「長」下疑脫「史」字，或「長」是「將」之訛。

〔一一〕嚴弟賾　南本以下諸本及北史卷二四崔逞傳「賾」都作「頤」，獨百衲本作「賾」。又卷二四崔玄伯附崔模傳、卷三五崔浩傳、卷一〇一氐傳補並作「頤」，唯卷四上世祖紀上延和二年九月戊午條作「賾」。按墓誌集釋盧令媛墓誌圖版三七稱曾祖度世，「夫人清河崔氏，父賾，散騎常侍、大鴻臚卿、使持節、平東將軍、青冀二州刺史、清河侯」。歷官、封爵與此傳相符。知百衲本作「賾」獨是，今從之。以下他處訛「頤」均據改，不再出校記。

〔一二〕後稍遷散騎常侍　諸本「常侍」作「尙書」，北史卷二四作「常侍」。按「散騎尙書」不知是散騎侍郎還是散騎常侍，尙書也不知何曹，魏書敍歷官一般不作如此簡稱，檢盧令媛墓誌記崔賾官位也作「散騎常侍」，別無尙書的記載見上條校記。知「尙書」乃「常侍」之訛，今據北史改。

〔一三〕逞兄適　北史卷二四「適」作「遹」。張森楷云：「據其字『寧祖』，似以作『遹』爲是。」按「遹」有紹述、繼承之義，張說是。

〔一四〕爲尚書左丞韋績糾奏　按卷四五韋閬附韋纘傳，稱纘以兼司徒右長史轉長兼尚書左丞。壽春降魏，王肅出鎮揚州，請纘爲長史。據卷八世宗紀，壽春降魏在景明元年正月。卷六三王肅傳稱肅和彭城王勰率兵赴壽春，敗南齊軍，還朝，「進位開府儀同三司」，「尋以肅爲散騎常侍、都督淮南諸軍事、揚州刺史」。世宗紀，肅加開府儀同三司在是年六月，則爲揚州刺史，請韋纘爲長史當在六月後。此傳稱封回在元恪即位後爲華州刺史，這時韋纘正是長兼尚書左丞，則奏劾封回者自即韋纘。「績」當是「纘」形近而訛。

〔一五〕謚曰文　百衲本、南本、汲本、局本「文」作「孝」，汲、局二本下注「一作『文』」。北、殿二本及北史卷二四封懿傳附見封興之作「文」。按唐書卷七一下宰相世系表也作「文」。這裏「孝」字當是下行「孝琬」的「孝」字錯簡而誤，今從北、殿本。

〔一六〕子孝琬字子倩　百衲本、南本、汲本無「孝」字，北本、殿本及北史卷二四封懿傳附孝琬有，又「子倩」作「士倩」。按北齊書卷二一封隆之傳作「孝琬字子倩」。此傳百衲等本孝琬的「孝」字錯簡在上行，今從北、殿本。又下文「孝琬弟孝琰」，上「孝」字，百衲等本訛作「子」，也從北、殿本。孝琬之字則北齊書也作「子倩」，今從百衲等本。

〔一七〕天平中驃騎大將軍青州刺史　按北齊書卷二一封隆之附封延之傳，興和初五三九才除中堅將軍，豈有天平中五三四——五三八先已官驃騎大將軍之理？北齊書稱興和二年，延之死後贈驃騎大將軍，此或是舉贈官，而年號有誤。又延之先是「行晉州事」，贈官是「冀州刺史」，此云「青州刺史」，也不合。

魏書卷三十三〔一〕

列傳第二十一

宋隱　王憲　屈遵　張蒲　谷渾　公孫表　張濟

李先　賈彝　薛提

宋隱，字處默，西河介休人也。曾祖奭，晉昌黎太守。後爲慕容廆長史。祖活，中書監。父恭，尚書、徐州刺史。慕容儁徙鄴，恭始家於廣平列人焉。

隱性至孝，年十三，便有成人之志，專精好學，不以兵難易操。仕慕容垂，歷尙書郎、太子中舍人、本州別駕。太祖平中山，拜隱尙書吏部郎。車駕還北，詔隱以本官輔衞王儀鎭中山。尋轉行臺右丞，領選如故。屢以老病乞骸骨，太祖不許。尋以母喪歸列人。既葬，被徵，固辭以病，而州郡切以期會，隱乃棄妻子，間行避焉。後匿於長樂之經縣，數年而卒。臨終謂其子姪等曰：「苟能入順父兄，出悌鄉黨，仕郡幸而至功曹史，以忠淸奉之，則足矣，不勞遠詣臺閣。恐汝不能富貴，而徒延門戶之累耳。若忘吾言，是爲無若父也，使鬼而有知，吾不歸食矣。」有五子。

第三子溫，世祖時徵拜中書博士。卒，追贈建威將軍、豫州刺史，列人定侯。

溫弟演，顯祖初從征彭城有功，拜明威將軍、濟北太守。

演子鮒，字伯魚。州別駕。

隱弟輔，字處仁。少慷慨有大操，博覽羣書。州辟別駕。早卒。

隱叔父洽，爲慕容垂尙書。太祖之圍中山也，洽率所領專守北圍。當洽所統，官軍多被傷殺，太祖特深忿恨。及城平，遂殺之。子順、訓並下腐刑。

洽第四子宣，字道茂，時年數歲，親人竊逃以免。後與范陽盧玄、勃海高允及從子悟俱被徵，拜中書博士。尋兼散騎常侍，使劉義隆。加冠軍將軍，賜爵中都侯，領中書侍郎，行司隸校尉。眞君七年卒，贈司隸，諡簡侯。

子謨，字乾仁，襲爵。卒於遼西太守。

子鸞，字珍和，襲爵。東莞太守。

鸞弟瓊，字普賢。少以孝行稱，母曾病，季秋之月，思瓜不已。瓊夢想見之，求而遂獲，時人稱異。母終，州郡屢辟，皆不就。卒於家。

子仲美，武定末，尚書水部郎。

王憲，字顯則，北海劇人也。祖猛，苻堅丞相。父休，河東太守。憲幼孤，隨伯父永在鄴。苻丕稱尊號，復以永爲丞相。永爲慕容永所殺，憲奔清河，匿於民家。皇始中，輿駕次趙郡之高邑，憲乃歸誠。太祖見之，曰：「此王猛孫也。」厚禮待之，以爲本州中正，領選曹事，兼掌門下。世祖卽位，行廷尉卿。出爲上谷太守，加中壘將軍，賜爵高唐子。清身率下，風化大行。尋拜外都大官，後爲中都。歷任二曹，斷獄稱旨，進爵劇縣侯，加龍驤將軍。出爲幷州刺史，加安南將軍，進爵北海公，境內清肅。及還京師，以憲元老，特賜錦繡布帛綿絲珍羞禮膳。天安初卒，年八十九。贈鎭南將軍、青州刺史，諡曰康。

子崇，襲。早卒。子仲智襲。歷中書侍郎、安西將軍、幽州刺史。有清平之稱。

崇弟嶷，字道長。少以父任爲中書學生，稍遷南部大夫。高祖初，出使巡察青、徐、兗、豫，撫慰新附，觀省風俗。還，遷南部尚書，在任十四年。時南州多事，文奏盈几，訟者塡門。嶷性儒緩，委隨不斷，終日在坐，昏睡而已。李訢、鄧宗慶等號爲明察，勤理時務，而二人終見誅戮，餘十數人或黜或免，唯嶷卒得自保。時人爲之語曰：「實癡實昏，終得保存。」加散騎常侍、右將軍，賜爵東平侯。未幾，拜安東將軍，進爵樂安公。出爲持節、鎭西將軍、秦州刺史。改爲華山公，散騎常侍如故。後入爲內都大官。卒。

子祖念，襲爵。官至東平太守。例降爵爲侯。卒，贈寧朔將軍、光州刺史。

子慶鍾，襲爵。給事中。貪穢無行，坐事爵除。

祖念弟雲，字羅漢，頗有風尙。自尙書郎入爲中書舍人。轉司州別駕、光祿少卿，改授衞尉少卿。出爲冠軍將軍、尙書、兗州刺史，尋進號征虜將軍。在州坐受所部荆山戍主杜虞財貨，又取官絹，因染割易，御史糾劾，付廷尉。遇赦免。熙平二年卒官。贈平南將軍、豫州刺史，謚曰文昭。有九子。

長子昕，字元景。武定末，太子詹事。

昕弟暉，字元旭。早稱機悟。歷尙書儀曹郎、中書舍人。贈散騎常侍、鎭軍將軍、兗州刺史。

暉弟旰，字仲明。祕書郎、司徒主簿。天平中，爲盜所害。

屈遵，字子皮，〔二〕昌黎徒河人也。博學多藝，名著當時。爲慕容永尚書僕射，武垣公。永滅，垂以爲博陵令。太祖南伐，車駕幸魯口，博陵太守申永南奔河外，高陽太守崔玄伯東走海濱，屬城長吏率多逃竄。遵獨告其吏民曰：「往年寶師大敗，今茲垂征不還，天之棄燕，人弗支也。魏帝神武命世，寬仁善納，御衆百萬，號令若一，此湯武之師。吾欲歸命，爾等勉之，勿遇嘉運而爲禍先。」遂歸太祖。太祖素聞其名，厚加禮焉。拜中書令，出納王言，兼總文誥。中原既平，賜爵下蔡子。從駕還京師，卒，時年七十。

子須，襲。除長樂太守，加鎮遠將軍，進爵信都侯。卒，贈寧北將軍、昌黎公，謚曰恭。少子處珍，襲爵。處珍卒，子車渠襲爵。高祖初，出爲東陽鎮將。卒，贈青州刺史，謚曰莊。

須長子垣，〔三〕字長生，沈深有局量。少纂家業，尤善書計。太祖初，給事諸曹。太宗世，遷將作監，統京師諸署。世祖卽位，稍遷尚書右僕射，加侍中。以破平涼功，賜爵濟北公，加平南將軍。後轉中領軍。恭宗在東宮，垣領太子少傅。後督諸軍東伐，進號鎮東大將軍。師次和龍，馮文通致牛酒以犒軍，獻甲三千。垣責其不送侍子，數之以王命，遂掠男女六千口而還。垣在宮公正，內外稱其平當。世祖信任之，委以大政，車駕出征，常居中留鎭。與襄城公盧魯元俱賜甲第，世祖數臨幸，賞賜隆厚。眞君四年，墜馬卒，時年五十五。

時世祖幸陰山，恭宗遣使乘傳奏狀，世祖甚悼惜之，謂使人曰：「汝等殺朕良臣，何用乘馬！」遂令步歸。贈征西大將軍，謚曰成公。

長子觀，早卒。世祖愍之，賜其子男爵。觀弟道賜，襲祖爵。〔四〕道賜，少以父任，內侍左右。稍遷主客，進爲尚書，加散騎常侍。善騎射，機辯有辭氣，世祖甚器之。從征蓋吳，還尚書右僕射，加侍中。還至鴈門，暴疾卒。謚曰哀公。

子拔，襲爵。拔少好陰陽學。世祖追思其父祖，年十四，以爲南部大夫。時世祖南伐，擒劉義隆將胡盛之，以付拔。拔酒醉，不覺盛之逃去。世祖大怒，命斬之。將伏鑕，世祖愴然曰：「若鬼而有知，長生問其子孫，朕何以應之？」乃赦拔，免爲散大夫。後顯祖以其功臣子，拜營州刺史。卒，子永興襲爵。

張蒲，字玄則，河內脩武人，本名謨，後改爲蒲。漢太尉延之後。父攀，慕容垂御史中丞、兵部尚書，以清方稱。蒲少有父風，頗涉文史，以端謹見知，爲慕容寶陽平、河間二郡太守，尚書左丞。太祖定中山，寶之官司敍用者，多降品秩。既素聞蒲名，仍拜爲尚書左丞。

天興中，以蒲清謹方正，遷東部大人。後拜太中大夫。太宗卽位，爲內都大官，賜爵泰昌子，參決庶獄，私謁不行，號爲公正。

泰常初，丁零翟猛雀驅逼吏民入白㵎山，謀爲大逆。詔蒲與冀州刺史長孫道生等往討。道生等欲徑以大兵擊之，蒲曰：「良民所以從猛雀者，非樂亂而爲，皆逼凶威，强服之耳。今若直以大軍臨之，吏民雖欲返善，其道無由。又懼誅夷，必并勢而距官軍，然後入山恃阻，誑惑愚民。其變未易圖也。不如先遣使喻之，使民不與猛雀同謀者無坐，則民必喜而俱降矣。」道生甚以爲然，具以奏聞。太宗詔蒲軍前慰喻。乃下數千家，還其本屬，蒲皆安集之。猛雀與親黨百餘人奔逃。蒲與道生等追斬猛雀首，送京師。

後劉裕寇竊河表，以蒲爲南中郎將、南蠻校尉，隸平南大將軍長孫嵩往禦之。裕入長安，乃還。後改爲壽張子，與安平公叔孫建將兵自平原東渡，〔五〕徇下劉義符青兗諸郡。詔加陳兵將軍、濟州刺史。又與建攻青州，不克而還。

世祖卽位，以蒲清貧，妻子衣食不給，乃出爲相州刺史。扶弱抑强，進善黜惡，敎化大行。始光三年卒於州，年七十一。吏民痛惜之。蒲在謀臣之列，屢出爲將，朝廷清論，常爲稱首。贈平東將軍、廣平公，謚曰文恭。

子昭，有志操。天興中，以功臣子爲太學生。太宗卽位，爲內主書。後襲父爵。神䴥中，從征蠕蠕，以功進爵脩武侯，加平遠將軍。延和二年，出爲幽州刺史，開府，加寧東將軍。時幽州年穀不登，州廩虛罄，民多菜色。昭謂民吏曰：「何我之不德而遇其時乎？」乃使富人通濟貧乏，車馬之家糴運外境，貧弱者勸以農桑。歲乃大熟。士女稱頌之。在任三年，卒。

子昶，襲爵。早卒。

昶弟靈符。眞君八年，補中書博士。和平中，咸陽郡民趙昌聚黨作逆，百姓騷動。詔靈符宣旨慰喩，民乃復業。天安初，遷中書侍郎，賜爵昌國子。延興中，使南豫州，觀察風俗。太和四年，除建威將軍、廣平太守。還爲尙書左丞、司州大中正。後除鎭遠將軍、齊州刺史。十六年，轉光州刺史，加立忠將軍。卒。

谷渾，字元沖，昌黎人也。父衮，膂力兼人，彎弓三百斤，勇冠一時。仕慕容垂，至廣武將軍。

渾少有父風，任俠好氣，以父母在，常自退抑。晚乃折節受經業，遂覽群籍，被服類儒者。太祖時，以善隸書爲內侍左右。太宗世，遷前鋒將軍，從幸河南。還，以選給事東宮。

世祖卽位，爲中書侍郎，加振威將軍。從征赫連昌，爲驍騎將軍。遷侍中、安南將軍，領儀曹尙書，賜爵濮陽公。

渾正直有操行，性不苟合，趣舍不與己同者，視之蔑如也。然愛重舊故，不以富貴驕人。時人以此稱之。在官廉直，爲世祖所器重，詔以渾子孫十五以上悉補中書學生。延和二年春，卒。世祖悼惜之，親臨其喪。贈賜豐厚，謚曰文宣。

子闡，字崇基，小字長命，襲爵。少侍東宮，稍遷平南將軍、相州刺史。入爲外都大官。延興四年卒。謚曰簡公。

闡弟季孫，襲爵。中書學生，入爲祕書中散，遷中部大夫。出爲吐京鎭將。

闡子洪，字元孫。少受學中書。世祖以洪機敏有祖風，令入授高宗經。高宗卽位，以舊恩爲散騎常侍、南部長。遷尙書，賜爵滎陽公。洪性貪奢，僕妾衣服錦綺，貲累千金，而求欲滋劇。時顯祖舅李峻等初至京師，官給衣服，洪輒截沒。爲有司所糾，幷窮其前後贓罪，坐以伏法。

子穎，青州、征東大將軍、廣陵王羽田曹參軍，員外散騎侍郎，給事中，尙書郎，加威遠將軍。除員外散騎常侍，尋轉中散大夫。大軍伐蜀，時益州刺史傅豎眼出爲別將，以穎權行州事。後除假節、鎭遠將軍、涼州刺史，不行。改授太府少卿，又加前將軍。神龜二年卒。贈平東將軍、營州刺史，謚曰貞。

長子纂，字靈紹，頗有學涉。解褐太學博士，領侍御史。稍遷著作郎、司州治中、黄門郎、散騎常侍。又爲侍中、兼殿中尚書。遷驃騎大將軍、左光祿大夫、營州大中正。纂前爲著作，又監國史，不能有所緝綴。

纂弟士恢，字紹達。少好琴書。初爲世宗挽郎，除奉朝請。正光中，入侍，甚爲肅宗寵待。元乂之出，靈太后反政，紹達預有力焉。遷諫議大夫，俄轉通直散騎常侍、直閤將軍、鴻臚少卿，封元城縣開國侯，邑七百戶。太后嬖幸鄭儼，懼紹達間構於帝，每因言次，導紹達爲州。紹達耽寵，不願出外。太后誣其罪而殺之。

公孫表，字玄元，燕郡廣陽人也。遊學爲諸生。慕容沖以爲尚書郎。慕容垂破長子，從入中山。慕容寶走，乃歸闕。以使江南稱旨，拜尚書郎。後爲博士。初，太祖以慕容垂諸子分據勢要，權柄推移，遂至亡滅；且國俗敦樸，嗜欲寡少，不可啓其機心，而導其巧利，深非之。表承指上韓非書二十卷，太祖稱善。

太宗初，表參功勞將軍元屈軍事，討吐京叛胡，爲胡所敗。表以先諫止屈，太宗善之，賜爵固安子。河西飢胡劉虎聚結流民，反於上黨，南寇河內。詔表討虎，又令表與姚興洛陽戍將結期，使備河南岸，然後進軍討之。時胡內自疑阻，更相殺害，表以其有解散之勢，遂不與戍將相聞，率衆討之。法令不整，爲胡所敗，軍人大被傷殺。太宗深銜之。

及劉裕征姚興，兗州刺史尉建聞寇至，棄滑臺北走，詔表隨壽光侯叔孫建屯枋頭。泰常七年，劉裕死，議取河南侵地。太宗以爲掠地至淮，滑臺等三城自然面縛。表固執宜先攻城，太宗從之。於是以奚斤爲都督，以表爲吳兵將軍、廣州刺史。斤等濟河，表攻滑臺，歷時不拔。太宗乃南巡，爲之聲援。表等既克滑臺，引師西伐，大破劉義隆將翟廣等於土樓，〔六〕遂圍虎牢。車駕次汲郡，始昌子蘇坦、太史令王亮奏表置軍虎牢東，不得利便之地，故令賊不時滅。太宗雅好術數，又積前忿，及攻虎牢，士卒多傷，乃使人夜就帳中縊而殺之。時年六十四。太宗以賊未退，祕而不宣。

初，表與勃海封愷友善，後爲子求愷從女，愷不許，表甚銜之。及封氏爲司馬國璠所逮，太宗以舊族欲原之，表固證其罪，乃誅封氏。表爲人外和內忌，時人以此薄之。表本與王亮同營署，及其出也，輕侮亮，故至於死。

第二子軌，字元慶。少以文學知名，太宗時爲中書郎。出從征討，補諸軍司馬。世祖平赫連昌，引諸將帥入其府藏，各令任意取金玉。諸將取之盈懷，軌獨不探把。世祖乃親探金賜之，謂軌曰：「卿可謂臨財不苟得，朕所以增賜者，欲顯廉於衆人。」

後兼大鴻臚，持節拜氐王楊玄爲南秦王。及境，玄不郊迎，軌數玄曰：「昔尉他跨據，及陸賈至，匍匐奉順，故能垂名竹帛。今君王無肅恭之禮，非蕃臣也。」玄使其屬趙客子對曰：「天子以六合爲家，孰非王庭，是以敢請入國，然後受謁。」軌答曰：「大夫入境，尚有郊勞，而況王命者乎？請奉策以還。」玄懼，詣郊受命。軌使還，稱旨，拜尚書，賜爵燕郡公，加平南將軍。

及劉義隆將到彥之遣其部將姚縱夫濟河，攻冶坂。世祖慮更北入，遣軌屯壺關。會上黨丁零叛，軌討平之。出爲虎牢鎮將。

初，世祖將北征，發民驢以運糧，使軌部詣雍州。軌令驢主皆加絹一匹，乃與受之。百姓爲之語曰：「驢無强弱，輔脊自壯。」〔七〕衆共嗤之。坐徵還。眞君二年卒，時年五十一。

軌既死，世祖謂崔浩曰：「吾行過上黨，父老皆曰：公孫軌爲受貨縱賊，使至今餘姦不除，軌之咎也。其初來，單馬執鞭；返去，從車百兩，載物而南。丁零渠帥乘山罵軌，軌怒，取罵者之母，以矛刺其陰而殺之，曰：『何以生此逆子！』從下到擘，分磔四支於山樹上以肆其忿。是忍行不忍之事。軌幸而早死，至今在者，吾必族而誅之。」

軌終得娶于封氏，生二子，斌、叡。

斌，襲爵。拜內都大官。正光二年卒。〔八〕贈幽州刺史。

叡，字文叔。初爲東宮吏，稍遷儀曹長，賜爵陽平公。時顯祖於苑內立殿，敕中秘羣官制名。叡曰：「臣聞至尊至貴，莫崇於帝王；天人挹損，莫大於謙光。伏惟陛下躬唐虞之德，存道頤神，逍遙物外，宮居之名，當協叡旨。臣愚以爲宜曰『崇光』。」奏可。後卒於南部尚書。贈安東將軍、幽州刺史，謚曰宣。

叡妻，崔浩弟女也，生子良，字遵伯。聰明好學，爲尚書左丞，雅有幹用，爲高祖所知遇。

良弟衡，字道津。良推爵讓之，仕至司直。良以別功，賜爵昌平子。子崇基襲。

軌弟質，字元直。有經義，頗屬文。初爲中書學生，稍遷博士。世祖征涼州，留宜都王穆壽輔恭宗。時蠕蠕乘虛犯塞，候騎至於京師，京師大震。壽雅信任質，以爲謀主。質性好卜筮，卜筮者咸云寇必不來，故不謀備。由質幾致敗國。後深自督厲，屢進讜言，超遷尚書。眞君九年卒。追贈中護軍將軍、光祿勳、幽州刺史、廣陽侯，謚曰恭。

第二子邃，字文慶。初爲選部吏，以積勤，稍遷南部長。敷奏有稱，遷南部尚書，賜爵范陽侯，加左將軍。高祖詔邃與內都幢將、上谷公張倫率衆討蕭賾舞陰戍。

後高祖與文明太后引見王公以下，高祖曰：「比年方割畿內及京城三部，於百姓頗有益否？」邃對曰：「先者人民離散，主司猥多，至於督察，實難齊整。自方割以來，衆賦易辦，實有大益。」太后曰：「諸人多言無益，卿言可謂識治機矣。」詔賚陽被掠之兵，有得還者，賜絹二十四。邃奏爲貴賤等級，高祖稱善。依例降侯，改爲襄平伯。出爲使持節、安東將軍、青州刺史。以邃在公遺迹可紀，下詔褒述。加鎭東將軍，領東夷校尉，刺史如故。

太和十九年，卒於官。高祖在鄴宮，爲之擧哀。時百度唯新，青州佐吏疑爲所服。詔曰：「今古時殊，禮或隆殺。專古也，理與今違；專今也，大乖曩義。當斟酌兩途，商量得失，吏民之情亦不可苟順也。主簿，近代相承服斬，過葬便除，可如故事。自餘無服，大成寥落，可準諸境內之民，爲齊衰三月。」

子同始，襲爵。卒於給事中。

同始弟同慶，篤厚廉愼，爲司徒田曹參軍，李崇驃騎府外兵參軍。隨崇北征，有方直之稱。

邃、叡爲從父兄弟，而叡才器小優，又封氏之生，崔氏之壻，邃母雁門李氏，地望縣隔。鉅鹿太守祖季眞，多識北方人物，每云：「士大夫當須好婚親，二公孫同堂兄弟耳，吉凶會集，便有士庶之異。」

張濟，字士度，西河人也。父千秋，慕容永驍騎將軍。永滅，來奔。太祖善之，拜建節將軍，賜爵成紀侯。隨從征伐，〔九〕累著功績。登國末，卒。

濟涉獵書傳，清辯，美儀容。太祖愛之，引侍左右，與公孫表等俱爲行人，拜散騎侍郎，襲爵。

先是，姚興遣將攻洛陽，司馬德宗雍州刺史楊佺期遣使乞師於常山王遵，遵以狀聞，太祖遣濟爲遵從事中郎報之。濟自襄陽還，太祖問濟江南之事，濟對曰：「司馬昌明死，子德宗代立，所部州鎭，迭相攻擊，今雖小定，君弱臣强，全無綱紀。臣等既至襄陽，佺期問臣：『魏初伐中山幾十萬衆？』臣答：『三十餘萬。』佺期曰：『魏國被甲戎馬，可有幾匹？』臣答：『中軍精騎十有餘萬，外軍無數。』佺期曰：『以此討羌，豈足滅也。』又曰：『魏定中山，徙幾戶於北？』臣答：『七萬餘家。』佺期曰：『治在何城？』臣答：『定都平城。』佺期曰：『有如許大衆，亦何用城爲？』又曰：『魏帝爲欲久都平城，將復遷乎？』臣答：『非所知也。』佺期聞朝廷不都山東，貌有喜色，曰：『晉魏通和，乃在往昔，非唯今日。羌寇狡猾，頻侵河洛，夙夜憂危。今此寡弱，倉庫空竭，與君便爲一家，義所無諱。洛城救援，仰恃於魏，若獲保全，當必厚報。如其爲羌所乘，寧使魏取。』臣等欲分向揚州。佺期曰：『蠻賊互起，水行甚難，魏之軍馬，已據滑臺，於此而還，從北道東下，乃更便直。晉之法制，有異於魏。今都督襄陽，委以外事，有欲征討，輒便興發，然後表聞，令朝廷知之而已。如其事勢不舉，亦不承臺命。』」太祖嘉其辭順，乃厚賞其使，許救洛陽。

後遷謁者僕射，報使姚興。以累使稱旨，拜勝兵將軍。頻從車駕北伐，濟謀功居多。賞賜奴婢百口，馬牛數百，羊二十餘口。天賜五年卒，子多羅襲爵。坐事除。

李先，字容仁，中山盧奴人也，本字犯高祖廟諱。少好學，善占相之術，師事清河張御，御奇之。仕苻堅，尚書郎。後慕容永聞其名，迎爲謀主。先勸永據長子城，永遂稱制，以先爲黃門郎、祕書監。垂滅永，徙於中山。

皇始初，先於井陘歸順。太祖問先曰：「卿何國人？」先曰：「臣本趙郡平棘人。」太祖曰：「朕聞中山土廣民殷，信爾以不？」先曰：「臣少官長安，仍事長子，後乃還鄉，觀望民士，實自殷廣。」又問先曰：「朕聞長子中有李先者，卿其是乎？」先曰：「小臣是也。」太祖曰：「卿識朕不？」先曰：「陛下聖德膺符，澤被八表，龍顏挺特，臣安敢不識。」太祖又問曰：「卿祖父及身官悉歷何官？」先對曰：「臣大父重，晉平陽太守、大將軍右司馬。父樊，石虎樂安太守、左中郎將。臣，苻丕尚書右主客郎，慕容永祕書監、高密侯。」太祖曰：「卿既宿士，屢歷名官，經學所通，何典爲長？」先對曰：「臣才識愚闇，少習經史，年荒廢忘，十猶通六。」又問：「兵法風角，卿悉通不？」先曰：「亦曾習讀，不能明解。」太祖曰：「慕容永時，卿用兵不？」先曰：「臣時蒙顯任，實參兵事。」

太祖後以先爲丞相衞王府左長史。從儀平鄴，到義臺，破慕容驎軍，回定中山，先每一進策，所向克平。車駕還代，以先爲尚書右中兵郎。太祖謂先曰：「今蠕蠕屢來犯塞，朕欲討之，卿以爲何如？」先曰：「蠕蠕不識天命，竄伏荒朔，屢來偷竊，驚動邊民。陛下神武，威德遐振，舉兵征之，必將摧殄。」車駕於是北伐，大破蠕蠕。賞先奴婢三口，馬牛羊五十頭。轉七兵郎，遷博士、定州大中正。太祖問先曰：「天下何書最善，〔一〇〕可以益人神智？」先對曰：「唯有經書。三皇五帝治化之典，可以補王者神智。」又問曰：「天下書籍，凡有幾何？朕欲集之，如何可備？」對曰：「伏羲創制，帝王相承，以至於今，世傳國記，天文祕緯不可計數。陛下誠欲集之，嚴制天下諸州郡縣搜索備送，主之所好，集亦不難。」太祖於是班制天下，經籍稍集。

太祖之討姚興於柴壁也，問先曰：「興屯天渡，平據柴壁，相爲表裏。今欲殄之，計將安出？」先對曰：「臣聞兵以正合，戰以奇勝。如聞姚興欲屯兵天渡，利其糧道。及其未到之前，遣奇兵先邀天渡，柴壁左右，嚴設伏兵，備其表裏。以陛下神策，觀時而動，興欲進不得，退又乏糧。〔二〕夫高者爲敵所棲，深者爲敵所囚，兵法所忌而興居之，可不戰而取。」太祖從其計，興果敗歸。

太宗卽位，問左右舊臣之中爲先帝所親信者有誰。時新息公王洛兒對曰：「有李先者，最爲先帝所知。」太宗召先引見，問曰：「卿有何功行，而蒙先帝所識？」先對曰：「臣愚細，才行無聞，適以忠直奉上，更無異能。」太宗曰：「卿試言舊事。」先對曰：「臣聞堯舜之敎，化民如子；三王任賢，天下懷服。今陛下躬秉勞謙，六合歸德，士女能言，莫不慶抃。」俄而召先讀韓子連珠二十二篇、太公兵法十一事。詔有司曰：「先所知者，皆軍國大事，自今常宿於內。」賜先絹五十匹、絲五十斤、雜綵五十匹。御馬一匹。拜安東將軍、壽春侯，賜隸戶二十二。

詔先與上黨王長孫道生率師襲馮跋乙連城，克之，悉虜其衆。乃進討和龍。先言於道生曰：「宜密使兵人人備青草一束，各五尺圍，用塡城塹。攻其西南，絕其外援，勒兵急攻，賊必可擒。」道生不從，遂掠民而還。

後出爲武邑太守，有治名。世祖卽位，徵爲內都大官。神䴥二年卒，年九十五。詔賜金縷命服一襲，贈定州刺史、中山公，諡曰文懿。

子冏，襲爵。爲京兆、濟陰二郡太守。卒。

子鍾葵，襲爵，降爲子。

鍾葵弟鳳子，鳳子弟虬子，並中書博士。

鳳子子預，字元愷。少爲中書學生。聰敏强識，涉獵經史。太和初，歷祕書令、齊郡王友。出爲征西大將軍長史，帶馮翊太守。積數年，府解罷郡，遂居長安。每羨古人餐玉之法，乃採訪藍田，躬往攻掘。得若環璧雜器形者大小百餘，稍得粗黑者，亦箧盛以還，而至家觀之，皆光潤可玩。預乃椎七十枚爲屑，日服食之，餘多惠人。後預及聞者更求於故處，皆無所見。馮翊公源懷等得其玉，琢爲器佩，皆鮮明可寶。預服經年，云有效驗，而世事寢食不禁節，又加之好酒損志，及疾篤，謂妻子曰：「服玉屛居山林，排棄嗜欲，或當大有神力，而吾酒色不絕，自致於死，非藥過也。然吾尸體必當有異，勿便速殯，令後人知餐服之妙。」時七月中旬，長安毒熱，預停尸四宿，而體色不變。其妻常氏以玉珠二枚唅之，口閉。常謂之曰：「君自云餐玉有神驗，何故不受唅也？」言訖齒啓，納珠，因噓屬其口，都無穢氣。舉斂於棺，堅直不傾委。死時猶有遺玉屑數斗，〔二〕橐盛納諸棺中。

初天興中，先子密問於先曰：「子孫永爲魏臣，將復事他主也？」先告曰：「未也。國家政化長遠，不可卒窮。」自皇始至齊受禪，實百五十餘歲矣。

賈彝，字彥倫，本武威姑臧人也。六世祖敷，魏幽州刺史、廣川都亭侯，子孫因家焉。父爲苻堅鉅鹿太守，坐訕謗繫獄。彝年十歲，詣長安訟父獲申，遠近歎之，僉曰：「此子英俊，賈誼之後，莫之與京。」弱冠，爲慕容垂驃騎大將軍、遼西王農記室參軍。太祖先聞其名，嘗遣使者求彝於垂。垂彌增器敬，更加寵秩，遷驃騎長史，帶昌黎太守。垂遣其太子寶來寇，大敗於參合陂，執彝及其從兄代郡太守潤等。

太祖即位，拜尙書左丞，參預國政，加給事中。於鄴置行臺，與尙書和跋鎭鄴，招攜初附。久乃召還。天賜末，彝請詣溫湯療病，爲叛胡所拘執，送於姚興。積數年，遁歸。又爲屈丐所執，與語悅之，拜祕書監。年六十一，卒。世祖平赫連昌，子秀迎其尸柩，葬于代南。

秀，歷中書博士，遷中書侍郎、太子中庶子、揚烈將軍，賜爵陽都男，本州大中正。恭宗崩，以爵還第。旣而掌吏曹事。高宗以秀東宮舊臣，進爵陽都子，加振威將軍。〔一三〕時丞相乙渾擅作威福，多所殺害。渾妻庶姓而求公主之號，屢言於秀，秀默然。渾曰：「公事無所不從，我請公主，不應何意？」秀慷慨大言，對曰：「公主之稱，王姬之號，尊寵之極，非庶族所宜。若假竊此號，當必自咎。」渾左右莫不失色，爲之震懼，而秀神色自若。渾夫妻默然含忿。他日，乃書太醫給事楊惠富臂作「老奴官慳」字，令以示秀。渾每欲伺隙陷之，會渾伏誅，遂得免難。秀執正守志，皆此類也。

時秀與中書令勃海高允俱以儒舊見重於時，皆選擬方岳，以詢訪見留，各聽長子出爲郡守。秀辭曰：「爰自愚微，承乏累紀，少而受恩，老無成效，恐先草露，無報殊私。豈直無功之子，超齊先達。雖仰感聖慈，而俯深驚懼。乞收成命，以安微臣。」遂固讓不受。

自始及終，歷奉五帝，雖不至大官，常掌機要。而廉清儉約，不營資產。年七十三，遇疾，給醫藥，賜几杖。時朝廷舉動及大事不決，每遣尙書、高平公李敷就第訪決。皇興三年卒。贈本將軍、冀州刺史、武邑公，謚曰簡。

子儁，字異鄰，襲爵。拜祕書中散、軍曹令。出爲顯武將軍、荆州刺史。依例降爵爲伯。先是，上洛置荆州，後改爲洛州，在重山中，民不知學。儁乃表置學官，選聰悟者以教之。在州五載，清靖寡事，吏民亦安。還洛後，儁朝京師，賞以素帛。景明初卒。贈本將軍、光州刺史。

子叔休，襲爵。除給事中。卒。

子興，襲爵。

興弟賓，歷尚書郎，以清素稱。出爲黎陽太守，卒官。

潤曾孫禎，字叔願。學涉經史，居喪以孝聞。太和中，爲中書博士，副中書侍郎高聰使於江左。還，以母老患，輒過家定省，坐免官。久之，徵爲京兆王愉郎中令，行洛陽令。轉治書侍御史、國子博士，加威遠將軍，行魯陽太守。清素，善撫接，得百姓情。稍遷司徒諮議參軍、通直散騎常侍，加冠軍將軍。正光中卒。贈平北將軍、齊州刺史。

子子儒，司空田曹參軍。

禎兄子景儁，亦以學識知名，奉朝請。遷京兆王愉府外兵參軍。愉起逆於冀州，將授其官，景儁不受，愉殺之。永平中，贈東清河太守，謚曰貞。

景儁弟景興。淸峻鯁正。少爲州主簿，遂棲遲不仕。後葛榮陷冀州，爲榮所虜，稱疾不拜。景興每捫膝而言曰：「吾不負汝。」以不拜葛榮故也。

薛提，太原人也。皇始中，補太學生，拜侍御史。累遷散騎常侍、太子太保，賜爵歷陽侯，加晉兵將軍。出爲鎭東大將軍、冀州刺史，進爵太原公。所在有聲績。徵爲侍中，治都曹事。世祖崩，秘不發喪。尙書左僕射蘭延、侍中和匹等議，〔一四〕以爲皇孫幼沖，宜立長君，徵秦王翰置之祕室。提曰：「皇孫有世嫡之重，民望所係。春秋雖少，令問聞於天下，成王、孝昭所以隆周漢。廢所宜立，而更求君，必不可。」延等猶豫未決。中常侍宗愛知其謀，矯皇后令徵提等入，遂殺之。

提弟浮子。高宗卽位，以提有謀立之誠，詔襲兄爵太原公，有司奏降爲侯。皇興元年卒。

提孫令保，太和中，襲爵歷陽侯。

史臣曰：宋隱操行貞白，遺略榮利。王憲名祖之孫，老見優禮。屈遵學藝知機，垣乃局量受遇。張蒲、谷渾，文武爲用，人世仍顯。公孫表初則一介見知，終以輕薄致戾。軌始受授金之賞，末陷財利之黴。鮮克有終，固不虛也。張濟使於四方，有延譽之美。李先學術嘉謀，荷遇三世。賈彝早播時學，〔一五〕秀則不畏强禦。薛提正議忠謀，見害姦閹，悲夫！

校勘記

〔一〕魏書卷三十三　諸本卷末有宋人校語殿本入考證云：「此傳全寫高氏小史，疑收書亡而後人補之。史臣論亦悉出北史諸論，合而成文。然頗詳備，與本史它卷略同。豈非小史全載本史乎？」

〔二〕字子皮　北史卷二七屈遵傳「皮」作「度」。張森楷云：「『遵』『度』義協，疑『度』字爲是。」

〔三〕須長子垣　南、北、殿、局四本及北史卷二七「垣」作「恒」，百衲本、汲本作「垣」，册府卷一四一一七〇七頁作「桓」。按史臣論南、北、殿本也同作「垣」。通鑑卷一二二三八五八頁作「垣」，考異無文。今從百衲本。

〔四〕觀弟道賜襲祖爵　北史卷二七無「祖」字。張森楷云：「屈遵傳末之『子須襲』，即是襲遵爵，傳至孫車渠，當高祖初，未嘗中絕，道賜豈得復襲之。且垣濟北公之爵，不應不置後。疑『祖』字是衍文。」

〔五〕與安平公叔孫建將兵自平原東渡　諸本無「孫」字。按事見卷三太宗紀補泰常七年十二月、卷二九叔孫建傳，「叔孫建」不能稱「叔建」，今補「孫」字。

〔六〕大破劉義隆將翟廣等於土樓　諸本「土」作「玉」，册府卷三五二四一八四頁作「土」。按「土樓」地名，事見本書卷二九奚斤傳、宋書卷九五索虜傳。通鑑卷一一九三七五〇頁胡注：「土樓在虎牢東。九域志：澶州臨河縣有土樓鎮。」「玉」字訛，今據改。

〔七〕輔脊自壯　御覽卷八一七三六三五頁引後魏書、卷九〇一三九九七頁引北史，冊府卷四五五五三九二頁「脊」作「絹」。按作「絹」較明白，但作「脊」是說驢背負絹而高大，亦通，今不改。

〔八〕正光二年卒　按斌父軌死於眞君二年四四一，至正光二年五二一，凡八十年，斌似不得死於是年，「正光」疑是「興光」之訛。

〔九〕隨從征伐　諸本「伐」作「代」。張森楷云：「『代』當作『伐』，『代』是魏之舊號，不當云征。」按千秋已降魏，也無「征代」之理。張說是，今改正。

〔一〇〕天下何書最善　北史卷二七李先傳、冊府卷一〇四一二三七頁「何書」作「何者」。通鑑卷一一一三〇八八頁作「何物」，意與「何者」同。疑魏書本同北史，但作「何書」亦通，今不改。

〔一一〕退又乏糧　北史卷二七「退」作「住」，疑是。

〔一二〕死時猶有遺玉屑數斗　北史卷二七「斗」作「升」。按上文說李預所椎的玉器環璧之類止七十枚，所得玉屑，服食之餘，恐無數斗之多。疑作「升」是。

〔一三〕高宗以秀東宮舊臣進爵陽都子加振威將軍　北史卷二七賈彝傳此處作「獻文即位，進爵陽都子」。按下面接着說「時丞相乙渾，擅作威福」，正是獻文帝拓跋弘時，似「高宗」拓跋濬應作「顯祖」，即北史之「獻文」。但此傳敍進爵是因彝是「東宮舊臣」，即曾爲拓跋晃濬父卽恭宗的太子中庶子。則進爵應該在濬即位後，不會在拓跋弘即位後追敍。知這裏「加振威將軍」下當有脫文，却非「高宗」字訛。

〔一四〕侍中和疋等議　北史卷二八薛提傳「疋」作「延」。按卷九四宗愛傳作「和疋」，通鑑卷一二六三九七三頁作「和疋」。疑本作「疋」，又寫作「疋」，即「雅」字，或讀作「匹」，故又寫作「匹」，訛作「延」。

〔一五〕賈彝早播時學　北史卷二七傳論「學」作「譽」，是。

魏書卷三十四

列傳第二十二

王洛兒　車路頭　盧魯元　陳建　萬安國

王洛兒，京兆人也。少善騎射。太宗在東宮，給事帳下，侍從遊獵，夙夜無怠。性謹愿，未嘗有過。太宗嘗獵于灅南，乘冰而濟，冰陷沒馬，洛兒投水，奉太宗出岸。水沒洛兒，殆將凍死，太宗解衣以賜之。自是恩寵日隆。天賜末，太宗出居于外，洛兒晨夜侍衞，無須與違離，恭勤發於至誠。元紹之逆，太宗左右唯洛兒與車路頭而已。晝居山嶺，夜還洛兒家。洛兒隣人李道潛相奉給，晨昏往復，衆庶頗知，喜而相告。紹聞，收道斬之。洛兒猶冒難往返京都，通問於大臣，大臣遂出奉迎，百姓奔赴。太宗還宮，社稷獲乂，洛兒有功焉。

太宗卽位，拜散騎常侍。詔曰：「士處家必以孝敬爲本，在朝則以忠節爲先，不然，何以立身於當世，揚名於後代也。散騎常侍王洛兒、車路頭等，服勤左右，十有餘年，忠謹恭肅，久而彌至，未嘗須臾之頃，有廢替之心。及在艱難，人皆易志，而洛兒等授命不移，貞操踰懇。雖漢之樊灌，魏之許典無以加焉。勤而不賞，何以獎勸將來爲臣之節？其賜洛兒爵新息公，加直意將軍。」又追贈其父爲列侯，賜僮隸五十戶。永興五年卒。贈太尉、建平王，賜溫明祕器，載以輼輬車，使殿中衞士爲之導從。太宗親臨哀慟者數四焉。乃鴆其妻周氏，與洛兒合葬。

子長成，襲爵。卒，無子。

弟德成，襲爵。徙爲建城公，加鎭遠將軍。官至散騎常侍，典作長安。眞君十一年卒。

子定州，襲爵，降爲建陽侯、安遠將軍。後定州弟升爲侍御中散，有寵於顯祖，以祖父洛兒著勳先朝，詔復定州爵爲公。高祖初，爲長安鎭將。卒。

子陵，襲升爵。〔一〕承明初，遷監御長，賜爵始新子，加寧朔將軍、員外散騎常侍。卒。

車路頭，代人也。少以忠厚選給東宮，爲太宗帳下帥。善自修立，謹愼無過。天賜末，太宗出於外，路頭隨侍竭力。及太宗卽位，拜爲散騎常侍，賜爵金鄉公，加忠意將軍。後改爲宣城公。太宗性明察，羣臣多以職事遇譴，至有杖罰，故路頭優遊不任事，侍宿左右，從容談笑而已。路頭性無害，每至評獄處理，常獻寬恕之議，以此見重於朝。太宗亦敬納之，寵待隆厚，賞賜無數，當時功臣親幸莫及。泰常六年卒。太宗親臨哀慟。贈侍中、左衞大將軍、太師、宣城王，謚曰忠貞。喪禮一依安城王叔孫俊故事。陪葬金陵。子眷襲爵。

盧魯元，昌黎徒河人也。曾祖副鳩，仕慕容垂爲尚書令、臨澤公。祖父並至大官。魯元敏而好學，寬和有雅度。太宗時，選爲直郎。以忠謹給侍東宮，恭勤盡節，世祖親愛之。及卽位，以爲中書侍郎，拾遺左右，寵待彌深，而魯元益加謹肅，世祖逾親信之，內外大臣莫不敬憚焉。性多容納，善與人交，好掩人之過，揚人之美，由是公卿咸親附之。魯元以工書有文才，累遷中書監，領祕書事。賜爵襄城公，加散騎常侍、右將軍。賜其父爲信都侯。從征赫連昌。世祖親追擊之，入其城門，魯元隨世祖出入。是日，微魯元，幾至危殆。從征平涼，以功拜征北大將軍，加侍中。後遷太保、錄尚書事。世祖貴異之，常從征伐，出入臥內。每有平殄，輒以功賞賜僮隸，前後數百人，布帛以萬計。世祖臨幸其第，不出旬日。欲其居近，易於往來，乃賜甲第於宮門南。衣食車馬，皆乘輿之副。

眞君三年冬，車駕幸陰山，魯元以疾不從。侍臣問疾送醫藥，傳驛相屬於路。及薨，世祖甚悼惜之。還，臨其喪，哭之哀慟。東西二宮命太官日送奠，晨昏哭臨，訖則備奏鐘鼓伎樂。輿駕比葬三臨之。喪禮依安城王故事，而贈送有加。贈襄城王，謚曰孝。葬於崞山，爲建碑闕。自魏興，貴臣恩寵，無與爲比。子統襲爵。

少子內，給侍東宮，恭宗深昵之，常與臥起同衣。父子有寵兩宮，勢傾天下。內性寬厚，有父風，而恭順不及。正平初，宮臣伏誅，世祖以魯元故，唯殺內而厚撫其兄弟。統以父任，侍東宮。世祖以元舅陽平王杜超女，南安長公主所生妻之。車駕親自臨送，太官設供具，賜賚以千計。高宗卽位，典選部、主客二曹。興安二年卒。贈襄城王，謚曰景。無子。

弟彌娥，襲爵。拜北鎭都將。卒，贈襄城王，謚曰恭。子興仁襲爵。

陳建，代人也。祖渾，太祖末爲右衞將軍。父陽，尙書。建以善騎射，擢爲三郎。稍遷下大夫、內行長。世祖討山胡白龍，意甚輕之，單將數十騎登山臨嶮，每日如此。白龍乃伏壯士十餘處，出於不意，世祖墮馬，幾至不測。建以身捍賊，大呼奮擊，殺賊數人，身被十餘創。世祖壯之，賜戶二十。

高宗初，賜爵阜城侯，加冠軍將軍。出爲幽州刺史，假秦郡公。高宗以建貪暴懦弱，遣使就州罰杖五十。

高祖初，徵爲尙書右僕射，加侍中，進爵趙郡公。建與侍中尙書、晉陽侯元仙德，殿中尙書、長樂王穆亮，比部尙書、平原王陸叡密表曰：〔二〕「皇天輔德，命集大魏。臣等祖父翼贊初興，勤過蜀漢，誓固山河，享茲景福，寵辱休戚，與國均焉。臣以凡近，識無遠達，階藉先寵，遂荷今任，彼己之譏，播於羣口。仰感生成，俯自策厲，顧省駑鈍，終於無益。然飲冰驚寐，實懷慚負。至於願。〔三〕天高地厚，何日忘之。自永嘉之末，封豕橫噬，馬叡南據，奄有荆楚。及桓劉跋扈，禍難相繼。岱宗隔望秩之敬，青徐限見德之風。獻文皇帝髫齔龍飛，道光率土，干戚暫舞，淮海從風，車書旣同，華裔將一。昊天不弔，奄背萬邦。竊聞劉昱天亡，權臣殺害，思正之民，翹想罔極。愚謂時不再來，機宜易失，毫分之差，致悔千里。天與不取，反受其咎，所謂見而不作，過在介石者也。宜簡雄將，號令八方。義陽王臣昶，深悟存亡，遠同孫氏。苟歷運響從，則吳會可定，脫事有難成，則振旅而返。進可以揚義聲於四海，退可以通德信於遐裔。宜乘之會，運鍾今日，如合聖聽，乞速施行。脫忤天心，願存臣表，徐觀後驗，賞罰隨焉。」高祖嘉之。遷司徒、征西大將軍，進爵魏郡王。高祖與文明太后頻幸建第，賜建妻宴於後庭。太和九年薨。

子念，襲爵。爲中山守，坐掠良人爲御史中尉王顯所彈。遇赦，免。爵除。

萬安國，代人也。祖眞，世爲酋帥，恒率部民從世祖征伐，以功除平西將軍、敦煌公，轉驃騎大將軍、儀同三司。父振，尚高陽長公主，拜駙馬都尉。遷散騎常侍、寧西將軍、長安鎭將，賜爵馮翊公。安國少明敏，有姿貌。以國甥，復尚河南公主，拜駙馬都尉。遷散騎常侍。顯祖特親寵之，與同臥起，爲立第宅，賞賜至巨萬。超拜大司馬、大將軍，封安城王。安國先與神部長奚買奴不平，承明初，矯詔殺買奴於苑中。高祖聞之，大怒，遂賜安國死。年二十三。

子翼，襲王爵。太和十五年薨。高祖以其父受寵先朝，特贈幷州刺史。

子纂，字輔興，襲，依例降爲公。世宗時，起家司徒倉曹參軍。遷南秦平西府司馬、護軍長史，加右軍將軍。正光二年卒。贈假節、征虜將軍、荆州刺史。

子金剛，襲。武定末，開府祭酒。齊受禪，爵例降。

有稽拔者，〔四〕世爲紇奚部帥。其父根，皇始初率衆歸魏。太祖嘉之。尚昭成女，生子拔，卒於尙書令。拔尙華陰公主，生子敬。元紹之逆也，主有功，超授敬大司馬、大將軍，封長樂王。薨。

子護，襲爵。拜外都大官。太和中，詔以護年邁，既未致仕，令依舊養老之例。卒，子彥嗣。根事迹遺落，故略附云。

史臣曰：王洛兒、車路頭、盧魯元、陳建，咸以誠至發衷，竭節危難，苟非志烈過人，亦何能以若此！宜其生受恩遇，歿盡哀榮。至如安國，貴寵異於數子哉。

校勘記

〔一〕子陵襲升爵　按上不言升封何爵，疑傳有脫文。

〔二〕比部尙書平原王陸叡密表曰　册府卷四七二五六二五頁「比」作「北」。按陸叡爲北部尙書，見卷四〇本傳，疑作「北」是，但册府宋本也作「比」，今不改。

〔三〕至於願　按句未完，與下文也不連貫，當有脫文，今於「願」下句斷。

〔四〕有嵇拔者　諸本「嵇」作「奚」，北史卷二五本傳作「嵇」。按卷三太宗紀永興三年十二月甲午見

「任城公嵇拔」，泰常四年甲戌，記「獻懷長公主子嵇敬封長樂王」，與此傳合。卷一一三官氏志：「紇奚氏後改爲嵇氏。」這裏「奚」字乃涉下「紇奚部帥」而訛，今據北史改。又傳失書嵇拔封爵。

魏書卷三十五

列傳第二十三

崔浩

崔浩，字伯淵，清河人也，白馬公玄伯之長子。少好文學，博覽經史，玄象陰陽，百家之言，無不關綜，研精義理，時人莫及。弱冠爲直郎。天興中，給事祕書，轉著作郎。太祖以其工書，常置左右。太祖季年，威嚴頗峻，宮省左右多以微過得罪，莫不逃隱，避目下之變，浩獨恭勤不怠，或終日不歸。太祖知之，輒命賜以御粥。其砥直任時，不爲窮通改節，皆此類也。

太宗初，拜博士祭酒，賜爵武城子，常授太宗經書。每至郊祠，父子並乘軒軺，時人榮之。太宗好陰陽術數，聞浩說易及洪範五行，善之，因命浩筮吉凶，參觀天文，考定疑惑。浩綜覈天人之際，舉其綱紀，諸所處決，多有應驗，恒與軍國大謀，甚爲寵密。是時，有兔在後宮，驗問門官，無從得入。太宗怪之，命浩推其咎徵。浩以爲當有隣國貢嬪嬙者，善應也。明年，姚興果獻女。

神瑞二年，秋穀不登，太史令王亮、蘇坦因華陰公主等言讖書國家當治鄴，應大樂五十年，勸太宗遷都。浩與特進周澹言於太宗曰：「今國家遷都於鄴，可救今年之飢，非長久之策也。東州之人，常謂國家居廣漠之地，民畜無算，號稱牛毛之衆。今留守舊都，分家南徙，恐不滿諸州之地。參居郡縣，處榛林之間，不便水土，疾疫死傷，情見事露，則百姓意沮。四方聞之，有輕侮之意，屈丐、蠕蠕必提挈而來，雲中、平城則有危殆之慮，阻隔恒代千里之險，雖欲救援，赴之甚難，如此則聲實俱損矣。今居北方，假令山東有變，輕騎南出，燿威桑梓之中，誰知多少？百姓見之，望塵震服。此是國家威制諸夏之長策也。至春草生，乳酪將出，兼有菜果，足接來秋，若得中熟，事則濟矣。」太宗深然之，曰：「唯此二人，與朕意同。」復使中貴人問浩、澹曰：「今既糊口無以至來秋，來秋或復不熟，將如之何？」浩等對曰：「可簡窮下之戶，諸州就穀，若來秋無年，願更圖也。但不可遷都。」太宗從之，於是分民詣山東三州食，出倉穀以稟之。來年遂大熟。賜浩、澹妾各一人，御衣一襲，絹五十匹，綿五十斤。

初，姚興死之前歲也，太史奏：熒惑在匏瓜星中，一夜忽然亡失，不知所在。或謂下入危亡之國，將爲童謠妖言，而後行其災禍。太宗聞之，大驚，乃召諸碩儒十數人，令與史官求其所詣。浩對曰：「案春秋左氏傳說神降于莘，其至之日，各以其物祭也。請以日辰推之，庚午之夕，辛未之朝，天有陰雲，熒惑之亡，當在此二日之內。庚之與未，皆主於秦，辛爲西夷。今姚興據咸陽，是熒惑入秦矣。」諸人皆作色曰：「天上失星，人安能知其所詣，而妄說無徵之言。」浩笑而不應。後八十餘日，熒惑果出於東井，留守盤遊，秦中大旱赤地，昆明池水竭，童謠訛言，國內諠擾。明年，姚興死，二子交兵，三年國滅。於是諸人皆服曰：「非所及也。」

泰常元年，司馬德宗將劉裕伐姚泓，舟師自淮泗入清，欲泝河西上，假道於國。詔羣臣議之。外朝公卿咸曰：「函谷關號曰天險。一人荷戈，萬夫不得進。裕舟船步兵，何能西入？脫我乘其後，還路甚難。若北上河岸，其行爲易。揚言伐姚，意或難測。假其水道，寇不可縱，宜先發軍斷河上流，勿令西過。」又議之內朝，咸同外計。太宗將從之。浩曰：「此非上策。司馬休之之徒擾其荊州，劉裕切齒來久。今興死子劣，乘其危亡而伐之，臣觀其意，必欲入關。勁躁之人，不顧後患。今若塞其西路，裕必上岸北侵，如此則姚無事而我受敵。今蠕蠕內寇，民食又乏，不可發軍。發軍赴南則北寇進擊，若其救北則東州復危。未若假之水道，縱裕西入，然後興兵塞其東歸之路，所謂卞莊刺虎，兩得之勢也。使裕勝也，必德我假道之惠；令姚氏勝也，亦不失救隣之名。縱使裕得關中，縣遠難守，彼不能守，終爲我物。今不勞兵馬，坐觀成敗，鬬兩虎而收長久之利，上策也。夫爲國之計，擇利而爲之，豈顧婚姻，酬一女子之惠哉？假令國家棄恒山以南，裕必不能發吳越之兵與官軍爭守河北也，居然可知。」議者猶曰：「裕西入函谷，則進退路窮，腹背受敵；北上岸則姚軍必不出關助我。揚聲西行，意在北進，其勢然也。」太宗遂從羣議，遣長孫嵩發兵拒之，戰於畔城，爲裕將朱超石所敗，師人多傷。太宗聞之，恨不用浩計。

二年，司馬德宗齊郡太守王懿來降，上書陳計，稱劉裕在洛，勸國家以軍絕其後路，則裕軍可不戰而克。書奏，太宗善之。會浩在前進講書傳，太宗問浩曰：「劉裕西伐，前軍已至潼關。其事如何？以卿觀之，事得濟不？」浩對曰：「昔姚興好養虛名，而無實用。子泓又病，衆叛親離。裕乘其危，兵精將勇，以臣觀之，克之必矣。」太宗曰：「劉裕武能何如慕容垂？」浩曰：「裕勝。」太宗曰：「試言其狀。」浩曰：「慕容垂乘父祖世君之資，生便尊貴，同類歸之，若夜蛾之赴火，少加倚仗，便足立功。劉裕挺出寒微，不階尺土之資，不因一卒之用，奮臂大呼而夷滅桓玄，北擒慕容超，南摧盧循等，僭晉陵遲，遂執國命。裕若平姚而還，必篡其主，其勢然也。秦地戎夷混幷，虎狼之國，裕亦不能守之。風俗不同，人情難變，欲行荆揚之化於三秦之地，譬無翼而欲飛，無足而欲走，不可得也。若留衆守之，必資於寇。孔子曰：『善人爲邦百年，可以勝殘去殺。』今以秦之難制，一二年間豈裕所能哉？且可治戎束中，息民備境，以待其歸，秦地亦當終爲國有，可坐而守也。」太宗曰：「裕已入關，不能進退，我遣精騎南襲彭城、壽春，裕亦何能自立？」浩曰：「今西北二寇未殄，陛下不可親御六師。兵衆雖盛，而將無韓白。長孫嵩有治國之用，無進取之能，非劉裕敵也。臣謂待之不晚。」太宗笑曰：「卿量之已審矣。」浩曰：「臣嘗私論近世人物，不敢不上聞。若王猛之治國，苻堅之管仲也；慕容玄恭之輔少主，慕容暐之霍光也；劉裕之平逆亂，司馬德宗之曹操也。」太宗曰：「卿謂先帝如何？」浩曰：「小人管窺懸象，何能見玄穹之廣大。雖然，太祖用漠北醇樸之人，南入中地，變風易俗，化洽四海，自與羲農齊列，臣豈能仰名。」太宗曰：「屈丐何如？」浩曰：「屈丐家國夷滅，一身孤寄，爲姚氏封殖。不思樹黨强隣，報讎雪恥，乃結忿於蠕蠕，背德於姚興，撅豎小人，無大經略，正可殘暴，終爲人所滅耳。」太宗大悅，語至中夜，賜浩御縹醪酒十觚，水精戎鹽一兩。曰：「朕味卿言，若此鹽酒，故與卿同其旨也。」

三年，彗星出天津，入太微，經北斗，絡紫微，犯天棓，八十餘日，至漢而滅。太宗復召諸儒術士問之曰：「今天下未一，四方岳峙，災咎之應，將在何國？朕甚畏之，盡情以言，勿有所隱。」咸共推浩令對。浩曰：「古人有言，夫災異之生，由人而起。人無釁焉，妖不自作。故人失於下，則變見於上，天事恒象，百代不易。漢書載王莽篡位之前，彗星出入，正與今同。國家主尊臣卑，上下有序，民無異望。唯僭晉卑削，主弱臣强，累世陵遲，故桓玄逼奪，劉裕秉權。彗孛者，惡氣之所生，是爲僭晉將滅，劉裕篡之之應也。」諸人莫能易浩言，太宗深然之。五年，裕果廢其主司馬德文而自立。南鎮上裕改元赦書。時太宗幸東南潟滷池射鳥，聞之，驛召浩，謂之曰：「往年卿言彗星之占驗矣，朕於今日始信天道。」

初，浩父疾篤，浩乃剪爪截髮，夜在庭中仰禱斗極，爲父請命，求以身代，叩頭流血，歲餘不息，家人罕有知者。及父終，居喪盡禮，時人稱之。襲爵白馬公。朝廷禮儀、優文策詔、軍國書記，盡關於浩。浩能爲雜說，不長屬文，而留心於制度、科律及經術之言。作家祭法，次序五宗，蒸嘗之禮，豐儉之節，義理可觀。性不好老莊之書，每讀不過數十行，輒棄之，曰：「此矯誣之說，不近人情，必非老子所作。老聃習禮，仲尼所師，豈設敗法文書，以亂先王之教。韋生所謂家人筐篋中物，不可揚於王庭也。」

太宗恒有微疾，怪異屢見，乃使中貴人密問於浩曰：「春秋：星孛北斗，七國之君皆將有咎。今茲日蝕於胃昴，盡光趙代之分野，朕疾彌年，療治無損，恐一旦奄忽，諸子並少，將如之何？其爲我設圖後之計。」浩曰：「陛下春秋富盛，聖業方融，德以除災，幸就平愈。且天道懸遠，或消或應。昔宋景見災修德，熒惑退舍。願陛下遺諸憂虞，恬神保和，納御嘉福，無以闇昧之說，致損聖思。必不得已，請陳瞽言。自聖化龍興，不崇儲貳，是以永興之始，社稷幾危。今宜早建東宮，選公卿忠賢陛下素所委仗者使爲師傅，左右信臣簡在聖心者以充賓友，入總萬機，出統戎政，監國撫軍，六柄在手。若此，則陛下可以優遊無爲，頤神養壽，進御醫藥。萬歲之後，國有成主，民有所歸，則姦宄息望，旁無覬覦。此乃萬世之令典，塞禍之大備也。今長皇子燾，年漸一周，明叡溫和，衆情所繫，時登儲副，則天下幸甚。立子以長，禮之大經。若須並待成人而擇，倒錯天倫，則生履霜堅冰之禍。自古以來，載籍所記，興衰存亡，尠不由此。」太宗納之。於是使浩奉策告宗廟，命世祖爲國副主，居正殿臨朝。司徒長孫嵩、山陽公奚斤、北新公安同爲左輔，坐東廂西面；浩與太尉穆觀、散騎常侍丘堆爲右弼，坐西廂東面。百僚總己以聽焉。太宗避居西宮，時隱而窺之，聽其決斷，大悅，謂左右侍臣曰：「長孫嵩宿德舊臣，歷事四世，功存社禝；奚斤辯捷智謀，名聞遐邇；安同曉解俗情，明練於事；穆觀達於政要，識吾旨趣；崔浩博聞强識，精於天人之會；丘堆雖無大用，然在公專謹。以此六人輔相，吾與汝曹遊行四境，伐叛柔服，可得志於天下矣。」羣臣時奏所疑，太宗曰：「此非我所知，當決之汝曹國主也。」

會聞劉裕死，太宗欲取洛陽、虎牢、滑臺。浩曰：「陛下不以劉裕欻起，納其使貢，裕亦敬事陛下。不幸今死，乘喪伐之，雖得之不令。春秋：晉士丐帥師侵齊，聞齊侯卒，乃還。君子大其不伐喪，以爲恩足以感孝子，義足以動諸侯。今國家亦未能一舉而定江南，宜遣人弔祭，存其孤弱，恤其凶災，布義風於天下，令德之事也。若此，則化被荆揚，南金象齒羽毛之珍，可不求而自至。裕新死，黨與未離，兵臨其境，必相率拒戰，功不可必，不如緩之，待其惡稔。如其強臣爭權，變難必起，然後命將揚威，可不勞士卒，而收淮北之地。」太宗銳意南伐，詰浩曰：「劉裕因姚興死而滅其國，裕死我伐之，何爲不可？」浩固執曰：「興死，二子交爭，裕乃伐之。」太宗大怒，不從浩言，遂遣奚斤南伐。議於監國之前曰：「先攻城也？先略地也？」斤曰：「請先攻城。」浩曰：「南人長於守城，苻氏攻襄陽，經年不拔。今以大國之力攻其小城，若不時克，挫損軍勢，敵得徐嚴而來。我怠彼銳，危道也。不如分軍略地，至淮爲限，列置守宰，收斂租穀。滑臺、虎牢反在軍北，絕望南救，必沿河東走。若或不然，卽是囿中之物。」公孫表請先圖其城。斤等濟河，先攻滑臺，經時不拔，表請濟師。太宗怒，乃親南巡。拜浩相州刺史，加左光祿大夫，隨軍爲謀主。

及車駕之還也，浩從太宗幸西河、太原。登憇高陵之上，下臨河流，傍覽川域，慨然有感，遂與同僚論五等郡縣之是非，考秦始皇、漢武帝之違失。好古識治，時伏其言。天師寇謙之每與浩言，聞其論古治亂之迹，常自夜達旦，竦意斂容，無有懈倦。旣而歎美之曰：「斯言也惠，皆可底行，亦當今之皐繇也。但世人貴遠賤近，不能深察之耳。」因謂浩曰：「吾行道隱居，不營世務，忽受神中之訣，當兼修儒教，輔助泰平眞君，繼千載之絕統。而學不稽古，臨事闇昧。卿爲吾撰列王者治典，幷論其大要。」浩乃著書二十餘篇，上推太初，下盡秦漢變弊之迹，大旨先以復五等爲本。

世祖卽位，左右忌浩正直，共排毁之。世祖雖知其能，不免羣議，故出浩，以公歸第。及有疑議，召而問焉。浩纖妍潔白，如美婦人。而性敏達，長於謀計。常自比張良，謂己稽古過之。旣得歸第，因欲修服食養性之術，而寇謙之有神中錄圖新經，浩因師之。

始光中，進爵東郡公，拜太常卿。時議討赫連昌，羣臣皆以爲難，唯浩曰：「往年以來，熒惑再守羽林，皆成鉤己，其占秦亡。又今年五星併出東方，利以西伐。天應人和，時會並集，不可失也。」世祖乃使奚斤等擊蒲坂，而親率輕騎襲其都城，大獲而還。及世祖復討昌，次其城下，收衆僞退。昌鼓譟而前，舒陣爲兩翼。會有風雨從東南來，揚沙昏冥。宦者趙倪進曰：「今風雨從賊後來，我向彼背，天不助人。又將士飢渴，願陛下攝騎避之，更待後日。」浩叱之曰：「是何言歟！千里制勝，一日之中豈得變易？賊前行不止，後已離絕，宜分軍隱出，奄擊不意。風道在人，豈有常也！」世祖曰「善」。分騎奮擊，昌軍大潰。

初，太祖詔尚書郎鄧淵著國記十餘卷，編年次事，體例未成。逮于太宗，廢而不述。神䴥二年，詔集諸文人撰錄國書，浩及弟覽、高讜、鄧穎、晁繼、范亨、黃輔等共參著作，敍成國書三十卷。

是年，議擊蠕蠕，朝臣內外盡不欲行，保太后固止世祖，世祖皆不聽，唯浩讚成策略。尚書令劉潔、左僕射安原等乃使黃門侍郎仇齊推赫連昌太史張淵、徐辯說世祖曰：「今年己巳，三陰之歲，歲星襲月，太白在西方，不可舉兵。北伐必敗，雖克，不利於上。」又羣臣共贊和淵等，云淵少時嘗諫苻堅不可南征，堅不從而敗。今天時人事都不和協，何可舉動！世祖意不決，乃召浩令與淵等辯之。

浩難淵曰：「陽者，德也；陰者，刑也。故日蝕修德，月蝕修刑。夫王者之用刑，大則陳諸原野，小則肆之市朝。戰伐者，用刑之大者也。以此言之，三陰用兵，蓋得其類，修刑之義也。歲星襲月，年飢民流，應在他國，遠期十二年。太白行倉龍宿，於天文爲東，不妨北伐。淵等俗生，志意淺近，牽於小數，不達大體，難與遠圖。臣觀天文，比年以來，月行奄昴，至今猶然。其占：『三年，天子大破旄頭之國。』蠕蠕、高車，旄頭之衆也。夫聖明御時，能行非常之事。古人語曰：『非常之原，黎民懼焉，及其成功，天下晏然。』願陛下勿疑也。」淵等慚而言曰：「蠕蠕，荒外無用之物，得其地不可耕而食，得其民不可臣而使，輕疾無常，難得而制，有何汲汲而苦勞士馬也？」浩曰：「淵言天時，是其所職，若論形勢，非彼所知。斯乃漢世舊說常談，施之於今，不合事宜也。何以言之？夫蠕蠕者，舊是國家北邊叛隸，今誅其元惡，收其善民，令復舊役，非無用也。漠北高涼，不生蚊蚋，水草美善，夏則北遷。田牧其地，非不可耕而食也。蠕蠕子弟來降，貴者尚公主，賤者將軍、大夫，居滿朝列，又高車號爲名騎，非不可臣而畜也。夫以南人追之，則患其輕疾，於國兵則不然。何者？彼能遠走，我亦能遠逐，與之進退，非難制也。且蠕蠕往數入國，民吏震驚。今夏不乘虛掩進，破滅其國，至秋復來，不得安臥。自太宗之世，迄於今日，無歲不驚，豈不汲汲乎哉！世人皆謂淵、辯通解數術，明決成敗。臣請試之，問其西國未滅之前有何亡徵。知而不言，是其不忠；若實不知，是其無術。」時赫連昌在座，淵等自以無先言，慚赧而不能對。世祖大悅，謂公卿曰：「吾意決矣。亡國之師不可與謀，信矣哉。」而保太后猶難之，復令羣臣於保太后前評議。世祖謂浩曰：「此等意猶不伏，卿善曉之令悟。」

旣罷朝，或有尤浩者曰：「今吳賊南寇而舍之北伐。行師千里，其誰不知。若蠕蠕遠遁，前無所獲，後有南賊之患，危之道也。」浩曰：「不然。今年不摧蠕蠕，則無以禦南賊。自國家并西國以來，南人恐懼，揚聲動衆以衞淮北。彼北我南，彼勞我息，其勢然矣。比破蠕蠕，往還之間，故不見其至也。何以言之？劉裕得關中，留其愛子，精兵數萬，良將勁卒，猶不能固守，舉軍盡沒。號哭之聲，至今未已。如何正當國家休明之世，士馬強盛之時，而欲以駒犢齒虎口也？設令國家與之河南，彼必不能守之。自量不能守，是以必不來。若或有衆，備邊之軍耳。夫見瓶水之凍，知天下之寒；嘗肉一臠，識鑊中之味。物有其類，可推而得也。且蠕蠕恃其絕遠，謂國家力不能至，自寬來久，故夏則散衆放畜，秋肥乃聚，背寒向溫，南來寇抄。今出其慮表，攻其不備。大軍卒至，必驚駭星分，望塵奔走。牡馬護羣，牝馬戀駒，驅馳難制，不得水草，未過數日則聚而困敝，可一舉而滅。暫勞永逸，長久之利，時不可失也。唯患上無此意，今聖慮已決，發曠世之謀，如何止之？陋矣哉，公卿也！」諸軍遂行。天師謂浩曰：「是行也，如之何，果可克乎？」浩對曰：「天時形勢，必克無疑。但恐諸將瑣瑣，前後顧慮，不能乘勝深入，使不全舉耳。」

及軍入其境，蠕蠕先不設備，民畜布野，驚怖四奔，莫相收攝。於是分軍搜討，東西五千里，南北三千里，凡所俘虜及獲畜產車廬，彌漫山澤，蓋數百萬。高車殺蠕蠕種類，歸降者三十餘萬落。虜遂散亂矣。世祖沿弱水西行，至涿邪山，諸大將果疑深入有伏兵，勸世祖停止不追。天師以浩曩日之言，固勸世祖窮討，不聽。後有降人，言蠕蠕大檀先被疾，不知所爲，乃焚燒穹廬，科車自載，將數百人入山南走。民畜窘聚，方六十里中，無人領統。相去百八十里，追軍不至，乃徐徐西遁，〔一〕唯此得免。後聞涼州賈胡言，若復前行二日，則盡滅之矣。世祖深恨之。大軍既還，南賊竟不能動，如浩所量。

浩明識天文，好觀星變。常置金銀銅鋌於酢器中，令靑，夜有所見卽以鋌畫紙作字以記其異。世祖每幸浩第，多問以異事。或倉卒不及束帶，奉進蔬食，不暇精美。世祖爲舉匕箸，或立嘗而旋。其見寵愛如此。於是引浩出入臥內，加侍中、特進、撫軍大將軍、左光祿大夫，賞謀謨之功。世祖從容謂浩曰：「卿才智淵博，事朕祖考，忠著三世，朕故延卿自近。其思盡規諫，匡予弼予，勿有隱懷。朕雖當時遷怒，若或不用，久久可不深思卿言也。」因令歌工歷頌群臣，事在長孫道生傳。又召新降高車渠帥數百人，賜酒食於前。世祖指浩以示之，曰：「汝曹視此人，尫纖懦弱，手不能彎弓持矛，其胸中所懷，乃踰於甲兵。朕始時雖有征討之意，而慮不自決，前後克捷，皆此人導吾令至此也。」乃敕諸尚書曰：「凡軍國大計，卿等所不能決，皆先諮浩，然後施行。」

俄而南藩諸將表劉義隆大嚴，欲犯河南。請兵三萬，先其未發逆擊之，因誅河北流民在界上者，絕其鄉導，足以挫其銳氣，使不敢深入。詔公卿議之，咸言宜許。浩曰：「此不可從也。往年國家大破蠕蠕，馬力有餘，南賊震懼，常恐輕兵奄至，臥不安席，故先聲動衆，以備不虞，非敢先發。又南土下濕，夏月蒸暑，水潦方多，草木深邃，疾疫必起，非行師之時。且彼先嚴有備，必堅城固守。屯軍攻之，則糧食不給；分兵肆討，則無以應敵。未見其利。就使能來，待其勞倦，秋涼馬肥，因敵取食，徐往擊之，萬全之計，勝必可克。在朝群臣及西北守將，從陛下征討，西滅赫連，北破蠕蠕，多獲美女珍寶，馬畜成群。南鎮諸將聞而生羨，亦欲南抄，以取資財。是以披毛求瑕，妄張賊勢，冀得肆心。既不獲聽，故數稱賊動，以恐朝廷。背公存私，爲國生事，非忠臣也。」世祖從浩議。南鎮諸將復表賊至，而自陳兵少，簡幽州以南戍兵佐守，就漳水造船，嚴以爲備。公卿議者僉然，欲遣騎五千，幷假署司馬楚之、魯軌、韓延之等，令誘引邊民。浩曰：「非上策也。彼聞幽州已南精兵悉發，大造舟船，輕騎在後，欲存立司馬，誅除劉族，必舉國駭擾，懼於滅亡，當悉發精銳，來備北境。後審知官軍有聲無實，恃其先聚，必喜而前行，徑來至河，肆其侵暴，則我守將無以禦之。若彼有見機之人，善設權譎，乘間深入，虞我國虛，生變不難，非制敵之良計。今公卿欲以威力攘賊，乃所以招令速至也。夫張虛聲而召實害，此之謂矣。不可不思，後悔無及。我使在彼，期四月前還。可待使至，審而後發，猶未晚也。且楚之之徒，是彼所忌，將奪其國，彼安得端坐視之。故楚之往則彼來，止則彼息，其勢然也。且楚之等瑣才，能招合輕薄無賴，而不能成就大功。爲國生事，使兵連禍結，必此之群矣。臣嘗聞魯軌說姚興求入荆州，至則散敗，乃不免蠻賊掠賣爲奴，使禍及姚泓，已然之效。」浩復陳天時不利於彼，曰：「今茲害氣在揚州，不宜先舉兵，一也；午歲自刑，先發者傷，二也；日蝕滅光，晝昏星見，飛鳥墮落，宿値斗牛，憂在危亡，三也；熒惑伏匿於翼軫，戒亂及喪，四也；太白未出，進兵者敗，五也。夫興國之君，先修人事，次盡地利，後觀天時，故萬舉而萬全，國安而身盛。今義隆新國，是人事未周也；災變屢見，是天時不協也；舟行水涸，是地利不盡也。三事無一成，自守猶或不安，何得先發而攻人哉？彼必聽我虛聲而嚴，我亦承彼嚴而動，兩推其咎，皆自以爲應敵。兵法當分災迎受害氣，未可舉動也。」世祖不能違衆，乃從公卿議。浩復固爭，不從。遂遣陽平王杜超鎮鄴，琅邪王司馬楚之等屯潁川。於是賊來遂疾，到彥之自淸水入河，泝流西行，分兵列守南岸，西至潼關。

世祖聞赫連定與劉義隆懸分河北，乃治兵，欲先討赫連。羣臣曰：「義隆猶在河中，舍之西行，前寇未可必克，而義隆乘虛，則失東州矣。」世祖疑焉，問計於浩。浩曰：「義隆與赫連定同惡相招，連結馮跋，牽引蠕蠕，規肆逆心，虛相唱和。義隆望定進，定待義隆前，皆莫敢先入。以臣觀之，有似連雞，不得俱飛，無能爲害也。臣始謂義隆軍來當屯住河中，兩道北上，東道向冀州，西道衝鄴。如此，則陛下當自致討，不得徐行。今則不然，東西列兵，徑二千里，一處不過數千，形分勢弱。以此觀之，儜兒情見，止望固河自守，免死爲幸，無北渡意也。赫連定殘根易摧，擬之必仆。克定之後，東出潼關，席卷而前，則威震南極，江淮以北無立草矣。聖策獨發，非愚近所及，願陛下西行勿疑。」平涼既平，其日宴會，世祖執浩手以示蒙遜使曰：「所云崔公，此是也。才略之美，當今無比。朕行止必問，成敗決焉，若合符契，初無失矣。」後冠軍將軍安頡軍還，獻南俘，因說南賊之言云，義隆敕其諸將，若北國兵動，先其未至，徑前入河，若其不動，住彭城勿進。如浩所量。世祖謂公卿曰：「卿輩前謂我用浩計爲謬，驚怖固諫。常勝之家，始皆自謂踰人遠矣，至於歸終，乃不能及。」遷浩司徒。

時方士祁纖奏立四王，以日東西南北爲名，欲以致禎吉，除災異。詔浩與學士議之。浩對曰：「先王建國以作蕃屏，不應假名以爲其福。夫日月運轉，周歷四方，京都所居，在於其內，四王之稱，實奄邦畿，名之則逆，不可承用。」先是，纖奏改代爲萬年，浩曰：「昔太祖道武皇帝，應天受命，開拓洪業，諸所制置，無不循古。以始封代土，後稱爲魏，故代、魏兼用，猶彼殷商。國家積德，著在圖史，當享萬億，不待假名以爲益也。纖之所聞，皆非正義。」世祖從之。

是時，河西王沮渠牧犍內有貳意，世祖將討焉，先問於浩。浩對曰：「牧犍惡心已露，不可不誅。官軍往年北伐，雖不克獲，實無所損。于時行者內外軍馬三十萬匹，計在道死傷不滿八千，歲常羸死，恒不減萬，乃不少於此。而遠方承虛，便謂大損，不能復振。今出其不意，不圖大軍卒至，必驚駭騷擾，不知所出，擒之必矣。且牧犍劣弱，諸弟驕恣，爭權從橫，民心離解。加比年以來，天災地變，都在秦涼，成滅之國也。」世祖曰：「善，吾意亦以爲然。」命公卿議之。弘農王奚斤等三十餘人皆曰：「牧犍西垂下國，雖心不純臣，然繼父職貢，朝廷接以蕃禮。又王姬釐降，罪未甚彰，謂宜羈縻而已。今士馬勞止，宜可小息。又其地鹵斥，略無水草，大軍既到，不得久停。彼聞軍來，必完聚城守，攻則難拔，野無所掠。」於是尚書古弼、李順之徒皆曰：「自溫圉河以西，至於姑臧城南，〔三〕天梯山上冬有積雪，深一丈餘，至春夏消液，下流成川，引以溉灌。彼聞軍至，決此渠口，水不通流，則致渴乏。去城百里之內，赤地無草，又不任久停軍馬。」斤等議是也。」世祖乃命浩以其前言與斤共相難抑。諸人不復餘言，唯曰「彼無水草」。浩曰：「漢書地理志稱：『涼州之畜，爲天下饒。』若無水草，何以畜牧？又漢人爲居，終不於無水草之地築城郭、立郡縣也。又雪之消液，纔不斂塵，何得通渠引漕，溉灌數百萬頃乎？此言大詆誣於人矣。」李順等復曰：「耳聞不如目見，吾曹目見，何可共辨！」浩曰：「汝曹受人金錢，欲爲之辭，謂我目不見便可欺也！」世祖隱聽，聞之乃出，親見斤等，辭旨嚴厲，形於神色。群臣乃不敢復言，唯唯而已。於是遂討涼州而平之。多饒水草，如浩所言。

乃詔浩曰：「昔皇祚之興，世隆北土，積德累仁，多歷年載，澤流蒼生，義聞四海。我太祖道武皇帝，協順天人，以征不服，應期撥亂，奄有區夏。太宗承統，光隆前緒，釐正刑典，大業惟新。然荒域之外，猶未賓服。此祖宗之遺志，而貽功於後也。朕以眇身，獲奉宗廟，戰戰兢兢，如臨淵海，懼不能負荷至重，繼名丕烈。故即位之初，不遑寧處，揚威朔裔，掃定赫連。逮於神䴥，始命史職注集前功，以成一代之典。自爾已來，戎旗仍舉，秦隴克定，徐兗無塵，平逋寇於龍川，討孽豎於涼域。豈朕一人獲濟於此，賴宗廟之靈，群公卿士宣力之効也。而史闕其職，篇籍不著，每懼斯事之墜焉。公德冠朝列，言爲世範，小大之任，望君存之。命公留臺，綜理史務，述成此書，務從實錄。」浩於是監祕書事，以中書侍郎高允、散騎侍郎張偉參著作，續成前紀。至於損益褒貶，折中潤色，浩所總焉。

及恭宗始總百揆，浩復與宜都王穆壽輔政事。時又將討蠕蠕，劉潔復致異議。世祖逾欲討之，乃召問浩。浩對曰：「往擊蠕蠕，師不多日，潔等各欲回還。後獲其生口，云軍還之時，去賊三十里。是潔等之計過矣。夫北土多積雪，至冬時常避寒南徙。若因其時，潛軍而出，必與之遇，則可擒獲。」世祖以爲然。乃分軍爲四道，詔諸將俱會鹿渾海。期日有定，而潔恨計不用，沮誤諸將，無功而還。事在潔傳。

世祖西巡，詔浩與尚書、順陽公蘭延都督行臺中外諸軍事。世祖至東雍，親臨汾曲，觀叛賊薛永宗壘，進軍圍之。永宗出兵欲戰，世祖問浩曰：「今日可擊不？」浩曰：「永宗未知陛下自來，人心安閑，北風迅疾，宜急擊之，須臾必碎。若待明日，恐其見官軍盛大，必夜遁走。」世祖從之。永宗潰滅。車駕濟河，前驅告賊在渭北。世祖至洛水橋，賊已夜遁。詔問浩曰：「蓋吳在長安北九十里。渭北地空，穀草不備。欲渡渭南西行，何如？」浩對曰：「蓋吳營去此六十里，賊魁所在。擊蛇之法，當須破頭，頭破則尾豈能復動。宜乘勢先擊吳。今軍往，一日便到。平吳之後，回向長安，亦一日而至。一日之內，未便損傷。〔三〕愚謂宜從北道。若從南道，則蓋吳徐入北山，卒未可平。」世祖不從，乃渡渭南。吳聞世祖至，盡散入北山，果如浩言，軍無所克。世祖悔之。後以浩輔東宮之勤，賜繒絮布帛各千段。

著作令史太原閔湛、趙郡郄標素諂事浩，乃請立石銘，刊載國書，并勒所注五經。浩贊成之。恭宗善焉，遂營於天郊東三里，方百三十步，用功三百萬乃訖。

世祖蒐于河西，詔浩詣行在所議軍事。浩表曰：「昔漢武帝患匈奴强盛，故開涼州五郡，通西域，勸農積穀，爲滅賊之資。東西迭擊。故漢未疲，而匈奴已弊，後遂入朝。昔平涼州，臣愚以爲北賊未平，征役不息，可不徙其民，案前世故事，計之長者。若遷民人，則土地空虛，雖有鎮戍，適可禦邊而已，至於大舉，軍資必乏。陛下以此事闊遠，竟不施用。如臣愚意，猶如前議，募徙豪强大家，充實涼土，軍舉之日，東西齊勢，此計之得者。」

浩又上五寅元曆，表曰：「太宗卽位元年，敕臣解急就章、孝經、論語、詩、尚書、春秋、禮記、周易。三年成訖。復詔臣學天文、星曆、易式、九宮，無不盡看。至今三十九年，晝夜無廢。臣稟性弱劣，力不及健婦人，更無餘能，是以專心思書，忘寢與食，至乃夢共鬼爭義。遂得周公、孔子之要術，始知古人有虛有實，妄語者多，眞正者少。自秦始皇燒書之後，經典絕滅。漢高祖以來，世人妄造曆術者有十餘家，皆不得天道之正，大誤四千，〔四〕小誤甚多，不可言盡。臣愍其如此。今遭陛下太平之世，除僞從眞，宜改誤曆，以從天道。是以臣前奏造曆，今始成訖。謹以奏呈。唯恩省察，以臣曆術宣示中書博士，然後施用。非但時人，天地鬼神知臣得正，可以益國家萬世之名，過於三皇、五帝矣。」事在律曆志。眞君十一年六月誅浩，清河崔氏無遠近，范陽盧氏、太原郭氏、河東柳氏，皆浩之姻親，盡夷其族。初，郄標等立石銘刊國記，浩盡述國事，備而不典。而石銘顯在衢路，往來行者咸以爲言，事遂聞發。有司按驗浩，取祕書郎吏及長曆生數百人意狀。浩伏受賕，其祕書郎吏已下盡死。

浩始弱冠，太原郭逸以女妻之。浩晚成，不曜華采，故時人未知。逸妻王氏，劉義隆鎭北將軍王仲德姊也，每奇浩才能，自以爲得壻。俄而女亡，王深以傷恨，復以少女繼婚。逸及親屬以爲不可，王固執與之，逸不能違，遂重結好。浩非毀佛法，而妻郭氏敬好釋典，時時讀誦。浩怒，取而焚之，捐灰於廁中。及浩幽執，置之檻內，送於城南，使衞士數十人溲其上，呼聲嗷嗷，聞于行路。自宰司之被戮辱，未有如浩者，世皆以爲報應之驗也。初浩構害李順，基萌已成，夜夢秉火爇順寢室，火作而順死，浩與室家羣立而觀之。俄而順弟息號哭而出，曰：「此輩，吾賊也！」以戈擊之，悉投於河。寤而惡之，以告館客馮景仁。景仁曰：「此眞不善也，非復虛事。夫以火爇人，暴之極也。階亂兆禍，復己招也。商書曰：『惡之易也，如火之燎於原，不可向邇，其猶可撲滅乎？』且兆始惡者有終殃，積不善者無餘慶。厲階成矣，公其圖之。」浩曰「吾方思之」，而不能悛，至是而族。浩既工書，人多託寫急就章。〔五〕從少至老，初不憚勞，所書蓋以百數，必稱「馮代强」，以示不敢犯國，其謹也如此。浩書體勢及其先人，而妙巧不如也。世寶其迹，多裁割綴連以爲模楷。

浩母盧氏，諶孫也。浩著食經敍曰：「余自少及長，耳目聞見，諸母諸姑所修婦功，無不蘊習酒食。朝夕養舅姑，四時祭祀，雖有功力，不任僮使，常手自親焉。昔遭喪亂，飢饉仍臻，饘蔬餬口，不能具其物用，十餘年間不復備設。先妣慮久廢忘，後生無知見，而少不習業書，乃占授爲九篇，文辭約舉，婉而成章，聰辯强記，皆此類也。親沒之後，值國龍興之會，平暴除亂，拓定四方。余備位台鉉，與參大謀，賞獲豐厚，牛羊蓋澤，貲累巨萬。衣則重錦，食則粱肉。遠惟平生，思季路負米之時，不可復得，故序遺文，垂示來世。」

始浩與冀州刺史賾、滎陽太守模等年皆相次，浩爲長，次模，次賾。三人別祖，而模、賾爲親。浩恃其家世魏晉公卿，常侮模、賾。模謂人曰：「桃簡正可欺我，何合輕我家周兒也。」浩小名桃簡，賾小名周兒。世祖頗聞之，故誅浩時，二家獲免。浩既不信佛、道，模深所歸向，每雖糞土之中，禮拜形像。浩大笑之，云：「持此頭顱不淨處跪是胡神也。」

史臣曰：崔浩才藝通博，究覽天人，政事籌策，時莫之二，此其所以自比於子房也。屬太宗爲政之秋，值世祖經營之日，言聽計從，寧廓區夏。遇旣隆也，勤亦茂哉。謀雖蓋世，威未震主，末途邂逅，遂不自全。豈鳥盡弓藏，民惡其上？將器盈必概，陰害貽禍？何斯人而遭斯酷，悲夫！

校勘記

〔一〕乃徐徐西遁　諸本「西」作「四」，北史卷二一作「西」。按通鑑卷一二一三八一二頁也作「西」。卷四上世祖紀上神䴥二年五月丁未、卷一〇三蠕蠕傳補記此事並云「絕跡西走」。「四」字訛，今據改。

〔二〕至於姑臧城南　北史卷二一崔宏附崔浩傳此句作「至於涼州，地純枯石，了無水草，不見流川。又言姑臧城南」，「至於」下多出十六字。按無此十六字，語意不全，當是本書傳本脫去。

〔三〕一日之內未便損傷　北史卷二一「內」作「乏」。按上文說「渭北地空，穀草不滿」，所以拓跋燾不想走北道，這裏是說從北道往只一天路程，還長安也止一天，一天的糧食匱乏，不致受損害。作「乏」較長。

〔四〕大誤四千　李慈銘云：「四千當作四十。」

〔五〕人多託寫急就章　諸本「人」上有「蓋」字，北史卷二一無。李慈銘云：「與下文『蓋』字行次適並，因而致誤。」按文義不當有此字，今據北史刪。

魏書卷三十六

列傳第二十四

李順

李順，字德正，趙郡平棘人也。父系，慕容垂散騎侍郎，東武城令，治有能名。太祖定中原，以系爲平棘令。年老，卒於家。贈寧朔將軍、趙郡太守、平棘男。順博涉經史，有才策，知名於世。神瑞中，中書博士，轉中書侍郎。始光初，從征蠕蠕。以籌略之功，拜後軍將軍，仍賜爵平棘子，加奮威將軍。

世祖將討赫連昌，謂崔浩曰：「朕前北征，李順獻策數事，實合經略大謀。今欲使總攝前驅之事，卿以爲何如？」浩對曰：「順智足周務，實如聖旨。但臣與之婚姻，深知其行，然性果於去就，不可專委。」世祖乃止。初浩弟娶順妹，又以弟子娶順女，雖二門婚媾，而浩頗輕順，順又弗之伏也。由是潛相猜忌，故浩毀之。至統萬，大破昌軍，順謀功居右，轉拜左軍將軍。後征統萬，遷前將軍，授之以兵。昌出逆戰，順督勒士衆，破其左軍。及克統萬，世祖賜諸將珍寶雜物，順固辭，唯取書數千卷。世祖善之。至京論功，以順爲給事黄門侍郎，賜奴婢十五戶，帛千匹。又從擊赫連定於平涼。三秦平，遷散騎常侍，進爵爲侯，加征虜將軍，遷四部尙書，甚見寵待。

沮渠蒙遜以河西内附，世祖欲精簡行人，崔浩曰：「蒙遜稱蕃，款著河右，若俾遐域流通，殊荒畢至，宜令淸德重臣奉詔襃慰，尙書李順卽其人也。」世祖曰：「順納言大臣，固不宜先爲此使。若蒙遜身執玉帛而朝於朕，復何以加之？」浩曰：「邢貞使吳，亦魏之太常。苟事是宜，無嫌於重。爾日之行，豈吳王入覲也。」世祖從之，以順爲太常，策拜蒙遜爲太傅、涼王。使還，拜使持節、都督秦雍梁益四州諸軍事、寧西將軍、開府、長安鎭都大將，進爵高平公。未幾，復徵爲四部尙書，加散騎常侍。

延和初，復使涼州。蒙遜遣中兵校郎楊定歸白順曰：「年衰多疹，舊患發動，腰脚不隨，不堪拜伏。比三五日，消息小差，當相見。」順曰：「王之年老，朝廷所知。以王祗執臣禮，別有詔旨，豈得自安不見上使也。」蒙遜翌日延順入，至庭中，而蒙遜箕坐隱几，無動起之狀。順正色大言曰：「不謂此叟無禮乃至於是！今則覆亡之不恤，而敢陵侮天地。魂神逝矣，何用見之。」將握節而出。蒙遜使定歸追順於庭曰：「太常旣雅恕衰疾，傳云朝廷有不拜之詔，是以敢自安耳。若太常曰：『爾拜爾跽，而不祇命。』斯乃小臣之罪矣。」順益怒曰：「齊桓公九合諸侯，一匡天下，周王賜胙，命曰：伯舅無下拜。而桓公奉遵臣節，降而拜受。今君雖功高勳厚，未若小白之勤朝廷，雖相崇重，未有不拜之詔。如便偃蹇自大，此乃速禍之道，非圖久安之計。若朝廷震怒，遂相吞滅，悔何及哉！」蒙遜曰：「太常規之以古烈，懼之以天威，敢不翹悚，敬聽休命。」遂拜伏盡禮。禮畢，蒙遜曰：「夫恃德者昌，恃力者亡。朝廷頃來征伐屢克，境宇已博，但當循理此民，亦足興治。然專務討擊，恐不可常勝。」順曰：「昔太祖廓定洪基，造有區夏。太宗承統，王業惟新。自聖上臨御，志寧四海。是以戎車屢駕，親冒風霜，滅赫連於三秦，走蠕蠕於漠北。闢土開邊，隸首不紀；僵屍截馘，所在成觀。除蕩暴虐，存卹黎庶，威震八荒，聲被九域。自古以來，用兵之美，未有今日之盛。是以遐方荒俗之氓，莫不翹足抗手，斂衽屈膝。天兵四臨，昭德罰罪，何云恃力？夫聖王之用兵也，征南蠻則北狄怨，討西戎則東夷恨，天子安得已哉？」蒙遜曰：「誠如來言，則涼土之民，亦願魏帝遠至，何爲復遽驛告警，不舍晝夜？意君之所言，殆爲虛事。」順曰：「苗民叛帝舜而親暴君，有扈違后啓而從逆主。咸懾逼於近地，牽制於凶威，自古而然，豈獨涼民也。」

順既使還，世祖問與蒙遜往復之辭，及蒙遜政教得失。順曰：「蒙遜專威河右三十許年，經涉艱難，粗識機變，又綏集荒陬，遠人頗亦畏服，雖不能貽厥孫謀，猶足以終其一世。

前歲表許十月送曇無讖，及臣往迎，便乖本意。不忠不信，於是而甚。禮者身之輿，敬者行之本。未有無禮不敬而能久享福祿。以臣觀之，不復周矣。」世祖曰：「若如卿言，則効在無遠，其子必復襲世，襲世之後，早晚當滅？」順對曰：「臣略見其子，並非才俊，能保一隅。如聞敦煌太守牧犍，器性粗立，若繼蒙遜者必此人也。然比之於父，僉云不逮。殆天所用資聖明也。」世祖曰：「朕今方事于東，未暇營西，如卿所言，三五年間不足爲晚。且停前計，以爲後圖。」既而蒙遜死問至，世祖謂順曰：「卿言蒙遜死，今則驗矣，又言牧犍立，何其妙哉。朕克涼州，亦當不遠。」於是賜絹千匹，廐馬一乘，進號安西將軍。寵待彌厚，政之巨細無所不參。崔浩惡之。

順凡使涼州十有二返，世祖稱其能。而蒙遜數與順遊宴，頗有悖慢之言，恐順東還泄之朝廷，尋以金寶納順懷中，故蒙遜罪釁得不聞徹。浩知之，密言於世祖，世祖未之信。太延三年，順復使涼州，及還，世祖曰：「昔與卿密圖，期之無遠。但以頃年東伐，未遑西顧，荏苒之間，遂及于此。今和龍既平，三方無事，比繕甲治兵，指營河右，掃蕩萬里，今其時也。卿往復積歲，洞鑒廢興，若朕此年行師，當克以不？」順對曰：「臣疇日所啓，私謂如然。但民勞既久，未獲寧息，不可頻動，以增勞悴。願待他年。」世祖從之。五年，議征涼州，順議以涼州乏水草，不宜遠征。與崔浩庭諍。浩固執以爲宜征。世祖從浩議。及至姑臧，甚豐水草。世祖與恭宗書以言其事，頗銜順。後謂浩曰：「卿昔所言，今果驗矣。」浩曰：「臣之所言，虛實皆如此類。」初，蒙遜有西域沙門曇無讖，微有方術。世祖詔順令蒙遜送之京邑。順受蒙遜金，聽其殺之。世祖克涼州後，聞而嫌順。涼土既平，詔順差次羣臣，賜以爵位。順頗受納，品第不平。涼州人徐桀發其事。浩又毁之，云：「順昔受牧犍父子重賂，每言涼州無水草，不可行師。及陛下至姑臧，水草豐足。其詐如此，幾誤國事。不忠若是，反言臣譏之於陛下。」世祖大怒，眞君三年遂刑順於城西。

順死後數年，其從父弟孝伯爲世祖知重，居中用事。及浩之誅，世祖怒甚，謂孝伯曰：「卿從兄往雖誤國，朕意亦未便至此。由浩譖毁，朕忿遂盛。殺卿從兄者，浩也。」皇興初，順子敷等貴寵，顯祖追贈順侍中、鎭西大將軍、太尉公、高平王，謚曰宣王，妻邢氏曰孝妃。順四子。

長子敷，字景文。眞君二年，選入中書教學。以忠謹給侍東宮。又爲中散，與李訢、盧遐、度世等並以聰敏内參機密，出入詔命。敷性謙恭，加有文學，高宗寵遇之。遷祕書下大夫，典掌要切，加前軍將軍，賜爵平棘子。後兼錄南部，遷散騎常侍、南部尚書、中書監，領内外祕書。襲爵高平公。朝政大議，事無不關。及劉彧徐州刺史薛安都、司州刺史常珍奇以彭城、懸瓠降附，于時朝議，謂彼誠僞未可信保。敷乃固執必然，曰：「劉氏喪亂，釁起蕭牆，骨肉內離，藩屏外叛。今以皇朝之靈，兵馬之力，兼幷之會，宜在於今。況安都、珍奇識機歸命，奉誠萬里，小民元元，企仰皇化。今之事機，安可復失？」於是衆議乃同，遣師接援。淮海寧輯，敷有力焉。

敷既見待二世，兄弟親戚在朝者十有餘人。弟弈又有寵於文明太后。李訢列其隱罪二十餘條，顯祖大怒，皇興四年冬，誅敷兄弟，削順位號爲庶人。敷從弟顯德、妹夫廣平宋叔珍等，皆坐關亂公私，同時伏法。敷兄弟敦崇孝義，家門有禮，至於居喪法度，吉凶書記，皆合典則，爲北州所稱美。既致斯禍，時人歎惜之。

敷長子伯和。次仲良，與父俱死。伯和走竄歲餘，爲人執送，殺之。伯和有庶子孝祖，年小藏免。後敷妻崔氏得出宮，養之。至平涼太守。

敷弟式，字景則。學業知名。歷散騎常侍、平東將軍、西兗州刺史，濮陽侯。式自以家據權要，心慮危禍，常敕津吏；臺有使者，必先啓告，然後渡之。既而使人平曉卒至，津吏欲先告式，使者紿云：「我須南過，不停此州，不煩令刺史知也。」津人信之，與使俱渡。使者既濟，突入執式赴都，與兄俱死。

式子憲，字仲軌。清粹，善風儀，好學，有器度。太和初，襲爵，又降爲伯。拜祕書中散，雅爲高祖所賞。稍遷散騎侍郎，接對蕭衍使蕭琛、范雲。以母老乞歸養，拜趙郡太守。趙脩與其州里，脩歸葬父母也，牧守以下畏之累跡，惟憲不爲之屈，時人高之。轉授驍騎將軍、尚書左丞、長兼吏部郎中。遷長兼司徒左長史、定州大中正。尋遷河南尹。參議新令於尚書上省。永平三年，出爲左將軍、兗州刺史。四年，坐事除名。後以黨附高肇，爲御史所劾。事具高聰傳。正光二年二月，肅宗講於國子堂，召憲預聽，又以子騫爲國子生。四年，拜光祿大夫，復本爵濮陽伯。五年，除持節、安西將軍、行雍州刺史。尋除七兵尚書，加撫軍將軍。

孝昌初，元法僧據徐州反叛。詔憲爲使持節、假鎮東將軍、徐州都督，與安豐王延明、臨淮王彧等討之。會蕭衍遣其豫章王綜據彭城，俄而綜降。徐州既平，詔遣兼黃門侍郎常景詣軍慰勞，賜憲驊騮馬一匹，仍除征東將軍、揚州刺史、淮南大都督。二年，蕭衍遣其平北將軍元樹、右衞將軍胡龍牙、護軍將軍夏侯亶等來寇壽陽。樹等從下蔡軍於城之東北，亶從黎漿而屯於城南。憲謂不先破元樹等，則夏侯亶無由可克，乃遣子長鈞率衆逆戰。軍敗，長鈞見執。樹等乘之，憲力屈，以城降。因求還國，衍聽歸。既至，敕付廷尉。三年秋，憲女壻安樂王鑒據相州反。靈太后謂鑒心懷劫脅，遂詔賜憲死，時年五十八。永熙中，贈使持節、侍中、都督定冀相殷四州諸軍事、驃騎大將軍、儀同三司、尚書令、定州刺史，謚曰文靜。

子希遠，字景沖。早卒。

子祖悛，襲祖爵。齊受禪，例降。

希遠兄長鈞，興和中，梁州驃騎府長史。

希遠第二弟希宗，字景玄。出後憲兄。性寬和，儀貌雅麗，涉獵書傳，有文才。起家太尉參軍事，轉直後，領侍御史，遷通直散騎常侍。尋爲東南道行臺邸珍右丞，與諸軍討賊於彭沛，克之，轉齊獻武王大行臺郎中。遷散騎常侍、中軍大將軍、金紫光祿大夫。獻武王擢爲中外府長史，爲齊王納其第二女。希宗以人望兼美，深見禮遇。出行上黨太守。尋而遘疾，興和二年四月卒於郡，年四十。贈使持節、都督定冀滄瀛殷五州諸軍事、驃騎大將軍、司空公、殷州刺史，謚曰文簡。

長子祖昇，武定末，太子洗馬。

希宗弟希仁，字景山。武定末，國子祭酒、兼給事黃門侍郎。

希仁弟騫，字希義。博涉經史，文藻富盛。年十四，國子學生。以聰達見知。歷大將軍府法曹參軍、太宰府主簿，轉中散大夫，遷中書舍人，加通直散騎常侍。曾爲釋情賦，曰：

單閼之年，無射之月，余承乏攝官，直於本省。對九重之淸切，望八襲之崢嶸，感代序以長懷，覩爽氣而軫慮。籠樊之念旣多，寥廓之想彌切。含毫有思，斐然成賦。猶潘生之秋興，王子之登閣也。厠鄭璞於周寶，編魚目於隨珠，未敢自同作者，蓋亦各言爾志云。

荷峻極之層構，導積石之洪流。有馬形而謨舜，亦龍德而史周。爰相趙之鴻烈，逮藩魏之優遊。爲衢樽於上葉，號木鐸於前修。若豢龍之不隕，似窮桑之世濟。〔一〕故抱玉而懷珠，且滋蘭而樹蕙。或舟楫以匡時，或棲遲以卒歲。尙無忝於先人，諒貽厥於來裔。書金册以葳蕤，布銀繩而昭晰。淸風忽其緬邈，啓皇祖於庚寅。李伯仁上東門銘曰：「上東少陽，厥位在寅。條風動物，月值孟春。」王武子詩曰：「於顯我王，緝乘斯民。俊明有德，嚴恭惟寅。」逢軒敎之方洽，遇周命之惟新。譬龍虎其有合，信山川而降神。若勝庭之五傑，似不速之三人。協嗜欲於將至，豈物色而方臻。荷天寵以來儀，步康衢而騁力。如乾元之利貞，若坤四之方直。內弼諧於本朝，外闢土於殊域。乘紫氛以厲羽，負靑天而鼓翼。旣公侯之必復，亦慶緒之所融。績並樹於八凱，道俱升於二宮。遂遵流以至海，且因岳而爲嵩。同羽儀於班氏，均載德於楊公。何日月之逾邁，引寒暑而相終。委晉會於弱齒，遺堂構於微躬。

嗟蒙昧之無取，故告舍而不及。已濩落而少成，又擁腫而無立。愧精堅於百鍊，慚忠信於十邑。非珪璋之特達，詎芳菲之易襲。未砥礪以自進，寧琢磨而成章。乖宋子之萬字，異應生之五行。不請觀於石室，豈借書於晉皇。求班莊而不遂，〔三〕況蔡文之可望？參四科其未獲，入三選而誰許。本無聲於梁魏，故未聞於陳汝。居玉石以多迷，宅顯晦而乖所。既無懷於四至，安有情於再舉。雖衣冠之末胄，而世祿之緒餘。等渤澥之乘雁，類九罭之逃魚。處江淮而不變，對朝市而閑居。空闔門以靖軌，非論道而修書。少賓客於季彥，謝朋交於太初。

在正光之御曆，實明皇之拱己。嘗問政於上學，著爲君而我齒。叫閶人以望予，遂陟降於庭止。同崔駰之謁帝，若謝兼之來仕。〔三〕逮孝莊之入統，乃道喪而時昏。水羣飛於溟海，火載燎於中原。延膠船而越水，若朽索而乘奔。玉羊失而無御，金雞亡而不存。天步忽其多難，橫流且其云始。既雲擾而海沸，亦岳立而棊峙。睇三綱之日紊，見四維之不理。顧茂草以傷懷，視匪車而思起。雖風雨之如晦，亮膠喈而不已。自牽役於宰朝，實有懷於胥耻。在下僚而栖屑，願奮迅於泥滓。眷故鄉以臨睨，悵有動於思歸。越來流以鼓枻，遡北風而結騑。入成都之舊宅，反觀津之故扉。乃曲肱而不悶，信抱甕而無機。且耕而食，且蠶而衣。恒一日以自省，亦三月而無違。遊仁義之肴覈，採墳素之精微。誠因閑而養拙，亦有樂於嘉肥。

及勾芒御節，姑洗之首，散遲遲於麗日，發依依於弱柳。鳥間關以呼庭，花芬披而落牖。聽乃越於笙簧，望有踰於新婦。襲成服以逍遙，願良辰而聊厚。乃席壠而踞石，遂嘯儔而命偶。同浴沂之五六，似禊洛之八九。或促膝以持肩，或援笙而鼓缶。賓奉萬年之觴，主報千金之壽。各笑語而卒獲，傳禮儀於不朽。斯蓋先民之所樂，而余心之所守也。至於少昊爲帝，庚辛處躔，視墟里之蕭蕭，過寒夜之綿綿。積霜靄於近援，起泬寥於遠天。思多端以類長，若臨水而登山。幸出遊之或寫，冀觀濤之可蠲。遂杖策緩步，或漁或田。弋鳧雁於清溪，釣魴鯉於深泉。張廣幕，布長筵。酌濁酒，割芳鮮。起白雪於促柱，奉綠水於危弦。賦湛露而不已，歌驪駒而未旋。跌蕩世俗之外，疏散造化之間。人生行樂，聊用永年。

悟柱下之稱工，聞首陽之爲拙。既有惜於苽懸，且自悲於井渫。訪鄭僑之格言，求季主之高說。去衡門以策駟，望象魏而投轄。服毳衣以從務，乘大車而就列。比汗海而無紀，喻江河而有缺。眷重地而懼深，念索米而慚結。

運有折於玉斗，時忽亡於金鏡。始蒙塵以播蕩，卒流彘而居鄭。彼上天之降鑒，實下民之請命。因艱難以隆基，據殷憂而啓聖。調南風以負扆，居北辰而爲政。創彝倫於九疇，班平章於百姓。喻繩契以論蹤，援成昭而比盛。酌徙鎬之故典，究遷亳之遺令。奄四海以爲家，開七百而增慶。覩禮樂之方隆，信光華之始映。百揆鬱以時序，四門穆其惟淸。如得人於漢世，比多士於周庭。有一匡以作相，或十亂而爲楨。各秉文而經武，故天平而地成。伊余身之忝穢，得再入於承明。執綸言之猶紼，戴會弁之如星。非巡瀆以窺井，信夕惕而懷驚。

承周任之有言，攬老子之知足。奉烱誡以周旋，抱徽猷而與屬。每有偃於唯塵，恒與言於寵辱。思散髮以抽簪，願全眞而守朴。眷疏傅以徘徊，望申公而躑躅。冀鄙志之獲展，庶微願之逢時。歌致命而可卜，詠歸田而有期。揖帝城以高逝，與人事而長辭。擊壤而頌，結草而嬉。援巢父以戲潁，追許子而升箕。供暮餐於沆瀣，給朝餌於瓊芝。同糟醨而無別，混名實而不治。放言肆慾，無慮無思。何鷦鷯之可賦，鴻鵠之爲詩哉。

尋加散騎常侍、殷州大中正、鎭南將軍、尙書左丞。仍以本官兼散騎常侍使蕭衍。後坐事免，論者以爲非罪。

騫嘗贈親友盧元明、魏收詩曰：「幽棲多暇日，總駕萃荒埛。南瞻帶宮雉，北睇拒畦瀛。

流火時將末，懸炭漸云輕。寒風率已厲，秋水寂無聲。層陰蔽長野，凍雨暗窮汀。侶浴浮還沒，孤飛息且驚。三褫俄終歲，一丸曾未營。閑居同洛涘，歸身款武城。稍旅原思藿，坐夢尹懃荆。監河愛斗水，蘇子惜餘明。益州達友趣，〔四〕廷尉辯交情。豈若忻蓬蓽，收志偶沉冥。」後詔兼太府少卿。尋除征南將軍、給事黄門侍郎。死於晉陽。所著詩賦碑誄，別有集錄。贈本將軍、太常、殷州刺史。齊受禪，重贈使持節、侍中、都督殷滄二州諸軍事、車騎大將軍、儀同三司，仍殷州刺史，謚曰文惠。

騫弟希禮，字景節。武定末，通直散騎常侍。

希遠庶長兄長劍，〔五〕興和中，梁州驃騎府長史。

式弟弈，字景世。美容貌，有才藝。早歷顯職，散騎常侍、宿衞監、都官尚書，安平侯。與兄敷同死。太和初，文明太后追念弈兄弟，乃誅李訢，存問憲等一二家，〔六〕歲時賜以布帛。

弈別生弟冏，字道度。少爲中散。逃避得免。太和中，拜下大夫、南部給事。出爲龍驤將軍、南豫州刺史。還，拜冠軍將軍。尋除光祿大夫，守度支尚書。二十一年，高祖幸長安，冏以咸陽山河險固，秦漢舊都，古稱陸海，勸高祖去洛陽而都之。後高祖引見，笑而謂之曰：「卿一昨有啓，欲朕都此。昔婁敬一說，漢祖卽日西駕。尙書今以西京說朕，仍使朕不廢東轅，當是獻可理殊，所以今古相反耳。」悶對曰：「昔漢祖起於布衣，欲藉嶮以自固，婁敬之言，合於本旨。今陛下百世重光，德洽四海，事同隆周，均其職貢，是以愚臣獻說，不能上動。」高祖大悅。其年悶卒。賜錢二十萬，布百匹，朝服一具，衣一襲。悶性鯁烈，敢直言，常面折高祖，彈駁公卿，無所回避，百僚皆憚之。高祖常加優禮，故車駕巡幸，恒兼尙書右僕射。雖才學不及諸兄，然公强當世，堪濟過之。

子祐，字長禧。篤穆友于，見稱於世。歷位給事中、尙書祠部郎、相州撫軍府長史、司空從事中郎、博陵太守。所在亦以清幹著稱。

祐弟太，字季寧。涉歷書傳。太尉行軍員外郎。

順弟修基，陳留太守。卒。

子探幽。探幽兄子洪鸞，河間太守。

洪鸞孫悕傑，樂陵太守。武定中，以貪汙賜死。

脩基季弟惲，字善祖，小字藥囊。少有高名，爲中書侍郎。從世祖征涼州，戰沒。時人咸惜焉。

初順與從兄靈、從弟孝伯並以學識器業見重於時，故能砥礪宗族，競各修尙。靈與族叔詵、族弟熙等俱被徵。事在高允高士頌。〔七〕

詵，字令孫。京兆太守。詵後繼。闕

秀林，小名榼。性强直。太和中，自中書博士爲頓丘相，豪右畏之。景明初，試守博陵郡，批强扶弱，政以威嚴爲名。以母憂去職。後爲太尉諮議參軍，假節，行荊州事。拜司徒司馬，加冠軍將軍、定州大中正、太中大夫。正光中卒，年六十三。贈左將軍、齊州刺史。

子裔，字徽伯。出後秀林兄鳳林。裔初除汝南王悅常侍，稍遷定州别駕。孝昌中，爲定州鎮軍長史，加輔國將軍，帶博陵太守。于時逆賊杜洛周侵亂州界，尋假平北將軍，防城都督。賊旣圍城，裔潛引洛周，州遂陷沒。洛周僭竊，特無綱紀，至於市令驛帥，咸以爲王，呼曰市王、驛王。乃封裔爲定州王。洛周尋爲葛榮所滅，裔仍事榮。永安初，尒朱榮旣擒葛榮，遂縶裔及高敖曹、薛脩義、李無爲等於晉陽。從榮至洛。榮死乃免。普泰初，以裔爲持節、散騎常侍、安北將軍、兼給事黄門侍郎，慰勞山東大使。永熙中，除鎮東將軍、金紫光祿大夫、齊獻武王大丞相諮議參軍。天平初，以預定策之功，封固安縣開國伯，食邑四百戶，加征東將軍。車駕遷鄴，爲大行臺右丞，留在洛陽，監修宮殿。尋除使持節、大將軍、陝州刺史。〔八〕四年八月，宇文黑獺攻陷州城，被執見害，年五十。詔贈使持節、都督定冀瀛殷四州諸軍事、驃騎大將軍、尙書令、司徒公、定州刺史。

子直，襲。〔九〕武定末，司徒屬。齊受禪，例降。

裔弟景義，大司馬諮議參軍、殷州大中正。

景義弟伯穆，武定末，合州刺史。

秀林從弟煥，字仲文，小字醜瓌。有幹用。少與酈道元俱爲李彪所知。自給事中轉治書侍御史。恒州刺史穆泰據代都謀反，高祖詔煥與任城王澄推治之。煥先驅至州，宣旨曉喻，仍誅泰等。景明初，遷司空從事中郎。蕭寶卷豫州刺史裴叔業以壽春歸附，詔煥以本官爲軍司，與楊大眼、奚康生等率衆迎接。煥至淮西，叔業兄子植遣使送質。煥等濟師，入城撫慰，民咸忻悅。仍行揚州事，賜爵容城伯。軍還，行河內郡事。拜司徒右長史。以荆蠻擾動，敕煥兼散騎常侍慰勞之，降者萬餘家。除輔國將軍、梁州刺史。時武興氐楊集起舉兵作逆，令弟集義邀斷白馬戍。敕假煥平西將軍，督別將石長樂、統軍王祐等與軍司尙金養俱討之，大破集起軍。會秦州民呂苟兒反，煥仍令長樂等由麥積崖赴援。屬都督元麗至，遂共平之。時氐王楊定進猶據方山，與苟兒影響，煥密募氐趙芒路斬定進。還朝，遇患卒，時年四十四。贈征虜將軍、幽州刺史，謚曰昭。

子密，武定中，襄州刺史。

秀林族子肅，字彥邕。歷奉朝請，清河王懌郎中令。稍遷洛陽令、步兵校尉、員外常侍。初諂附侍中元暉，後以左道事侍中穆紹。常裸身被髮，畫腹銜刀，於隱屏之處爲紹求福，故紹愛之。延昌四年，薦肅爲黃門郎，加光祿大夫。肅爲性酒狂，熙平初從靈太后幸江陽王繼第，肅時侍飲，頗醉，言辭不遜，抗辱太傅、清河王懌，爲有司彈劾。靈太后怒之，出爲章武內史。歲餘，遷右將軍、夏州刺史。卒，贈左將軍、齊州刺史。

肅從弟曒，字景林。有學識。初除奉朝請，太學博士、司空主簿。以母憂去職。服闋，拜左軍將軍。正光中，元叉以其弟羅爲青州刺史，曒爲羅平東府長史。遷廷尉少卿、殷州大中正。孝昌二年冬，卒，年五十七。贈平東將軍、齊州刺史，諡曰宣。

子慎，武定中，東平太守。

曒從弟仲琁，奉朝請、定雍二州長史、太尉諮議、中散、太中大夫、東郡汲郡二郡太守、司徒左長史、弘農太守。先是，宮牛二姓阻嶮爲害，仲琁示以威惠，並卽歸伏。還除衞將軍、金紫光祿大夫。仍除北雍州刺史，將軍如故。轉車騎將軍、左光祿大夫。天平初，遷都於鄴，以仲琁爲營構將作，〔一〇〕進號衞大將軍。出除車騎大將軍、兗州刺史。仲琁以孔子廟牆宇頗有穨毀，遂修改焉。還，除將作大匠。所歷並淸勤有聲。年六十六，卒。贈驃騎大將軍、儀同三司、青州刺史。

子希良，侍御史。

誅從子善，犯孝靜諱。趙郡太守。

子顯進，州主簿。

顯進子映，字輝道。南安王國常侍、光州征虜府主簿、相州治中、寧朔將軍、步兵校尉。孝昌三年冬卒，年四十二。天平中，贈通直散騎常侍、輔國將軍、殷州刺史。

子普濟，武定中，北海太守。

映弟育，字仲遠。奉朝請。稍遷揚烈將軍、奉車都尉、都督相州防城別將。以拒葛榮之勳，賜爵趙郡公。後除征東將軍、金紫光祿大夫。天平四年夏卒，年五十七。贈驃騎大將軍、都官尚書、定州刺史，謚曰貞。

子惜，襲。武定末，齊文襄王大將軍府記室參軍。齊受禪，爵例降。

顯進弟恃顯，位至左中郎將。卒，贈中壘將軍、安州刺史。恃顯養京兆王愉妾楊氏爲女，愉改楊姓爲李，而親念恃顯。恃顯子道舒與愉同逆。愉敗，走免。

第三子道璩，武定末，范陽太守。

道璩弟道瓘，少以父譴被刑，位至中常侍。

恃顯弟暐，字季顯，涉歷書史。司徒行參軍。稍遷濟州輔國府長史。坐兄事免。後除尚書中兵郎，遷冠軍、中散大夫。正光二年，南荆州刺史桓叔興驅掠城民，叛入蕭衍，衍資以兵糧，令築谷陂城以立洛州，逼土山戍。詔曄持節、兼尚書左丞爲行臺，督諸軍討叔興，大破之。乘勝拔谷陂，叔興退走。軍還，仍除尚書左丞。出除洛州刺史，將軍如故。未拜，卒。贈左將軍、齊州刺史。

子暉賓，美容貌，寬和沉雅。太學博士。

暉賓弟山儒，少而清立，學涉羣書。山儒少弟大蓋。並早卒。

曄族弟孝怡，字悦宗。中書學生、相州高陽王雍主簿、廣陵王羽掾、新蔡太守、別將蕭寶夤長史。從中山王英破蕭衍臨川王蕭宏於梁城。除朔州安北府長史，又爲中堅將軍、相州鎮北府長史。遷冠軍將軍、魏郡太守。相州刺史、中山王熙據鄴起兵也，孝怡陰結募城民與熙長史柳元章、別駕游荆之等率衆擒熙，賞爵昌樂伯。靈太后反政，以孝怡叉黨，除名爲民。後安樂王鑒鎮鄴，起孝怡爲別將。永安初，除左將軍、太中大夫，仍爲防城都督。以拒葛榮之勳，賜爵趙郡公，拜撫軍將軍、光禄大夫。永安三年，行殷州事。遷驃騎大將軍、左光禄大夫。武定六年卒，八十。

子思道，儀同開府中兵參軍，武城縣公。

熙，字仲熙。神麚中，與高允等俱被徵，拜中書博士，轉侍郎。以使沮渠有功，賜爵元氏子，加中壘將軍。卒，贈鎮東將軍、豫州刺史，謚曰莊。

子季主，襲。卒，贈青州刺史，謚曰貞。

子遺元，襲。初除冀州趙郡王幹東閤祭酒，累轉尙書左民郎中、冀州京兆王愉功曹參軍，帶扶柳令。爲愉所親，逼與同反。愉敗，遺元逃竄，會赦乃雪。復除兗州平東府長史。後拜中堅將軍、殷州征北將軍長史。卒，年六十三。贈征北將軍、定州刺史。

子特寧，以父事被刑。武定末，官至中尹。

特寧弟子寧，襲爵。開府默曹參軍。〔二〕齊受禪，爵例降。

熙族孫蘭和，自右軍將軍歷平陽、勃海二郡太守。

蘭和弟蘭集，平昌太守。

熙族孫同軌。〔三〕體貌魁岸，腰帶十圍。學綜諸經，多所治誦，兼讀釋氏，又好醫術。年二十二，舉秀才，射策，除奉朝請，領國子助教。轉著作郎，典儀注，修國史。遷國子博士，加征虜將軍。

永熙二年，出帝幸平等寺，僧徒講說，敕同軌論難，音韻閑朗，往復可觀，出帝善之。三年春釋菜，詔延公卿學官於顯陽殿，敕祭酒劉廞講孝經，黄門李郁講禮記，中書舍人盧景宣解大戴禮夏小正篇。時廣招儒學，引令預聽。同軌經義素優，辯析兼美，而不得執經，深爲慨恨。天平中，〔二三〕轉中書侍郎。興和中，兼通直散騎常侍，使蕭衍。衍深耽釋學，遂集名僧於其愛敬、同泰二寺，講涅槃大品經，引同軌預席，衍兼遣其臣並共觀聽。同軌論難久之，道俗咸以爲善。

盧景裕卒，齊獻武王引同軌在館教諸公子，甚嘉禮之，每旦入授，日暮始歸。緇素請業者，同軌夜爲解說，四時恒爾，不以爲倦。武定四年夏卒，年四十七，時人傷惜之。齊獻武王亦殊嗟悼，賻襚甚厚。贈驃騎大將軍、瀛州刺史，謚曰康。

同軌兄義深，武定中，齊州刺史。

同軌弟幼舉，安德太守。武定中，以在郡貪汙，輒召部曲還京師，棄市。

幼舉弟之良，有幹用。前將軍、尙書金部郎。卒。

之良弟稚廉，武定末，并州儀同開府長史。

史臣曰：李順器宇才識，一時推重，謀宣中國，氣折外蕃。所以世祖垂心，而崔浩側目。敷式兄弟，位望並高。憲風度恢雅，夙重朝列。而遭隨有命，報施俱爽。嗚呼！以茲盛德，克廣其猷，宗緒扶疏，人位盛顯，可謂李雖舊族，其世唯新矣。

校勘記

〔一〕似窮桑之世濟　諸本「桑」作「葉」，獨局本作「桑」。按左傳昭二十九年蔡墨稱少皡氏有四叔，「世不失職，遂濟窮桑」，賦用此典故。今從局本。

〔二〕求班莊而不遂　按「班莊」不知所出。前幾句都說讀書事，後漢書卷四〇班固傳，稱固讀書禁中，或卽指此，但「莊」字不可解，疑字訛。

〔三〕若謝廉之來仕　按後漢書卷六一左雄傳稱：「汝南謝廉、河南趙建年始十二，各能通經，雄並奏拜童子郎。」上云：「騫年十四，國子學生」，事類謝廉，故以此爲比。「廉」當是「廉」之訛，否則後漢書「廉」訛「廉」。

〔四〕益州達友趣　諸本「友」作「反」，北史卷三三李騫傳作「友」。按漢書卷七二王吉傳云：「吉與貢禹爲友，世稱『王陽卽吉在位，貢公彈冠』，言其取舍同也。」王吉曾官益州刺史，故稱他爲「益州」。御覽卷四〇六一八七九頁引漢書，說王吉爲益州刺史時薦貢禹，今漢書本傳無此語，或是誤引，但也可證此詩用的是王吉、貢禹事。「反」字訛，今據改。

〔五〕希遠庶長兄長劍　北、汲、殿、局四本「長劍」單作「劍」，百衲本、南本作「長劍」。北史卷三三、墓誌集釋李憲墓誌記李憲諸子皆無此人。檢上文於騫子希遠下記「希遠兄長鈞，興和中，梁州驃騎府長史」。長鈞是希遠兄，却排在希遠後，墓誌亦同，說明其爲庶長子。時、地、官位又全與長劍同。八瓊室金石補正卷一八、越縵堂文集卷七跋李憲墓誌都認爲長鈞、長劍實是一人，魏書誤分爲二。按魏收是長鈞弟李騫的「親友」見上騫傳，不致謬誤至此。疑他書「長鈞」偶訛「長劍」，後人以爲二人，妄加此一行。

〔六〕存問憲等一二家　按「一二家」當是「三家」之訛，指李順子敷、式、弈三家，或敷兄弟與從弟顯德、妹夫宋叔珍三家。事見上文李敷傳。

〔七〕事在高允高士頌　李慈銘云：「『高士』當從北史作『徵士』。」

〔八〕尋除使持節大將軍陝州刺史　北史卷三三李裔傳，「大將軍」上有「候衞」二字。按李裔軍號先止「征東將軍」第二品，死後贈官是「驃騎大將軍」從第一品，不可能此時給以大將軍正一品的軍號。但東魏初也沒有「候衞大將軍」之官。疑是「衞大將軍」，此傳脫「衞」字，北史衍「候」字。

〔九〕子直襲　北史卷三三「直」作「子旦」。按隋書卷四六李雄傳也作「子旦」，這裏當脫「子」字，「旦」訛「直」。

〔一〇〕以仲琁爲營構將作　北史卷三三本傳無「作」字。李慈銘云：「碑李仲琁修孔子廟碑，見金石萃編卷三一作『營構都將』，北史作『營構將』，疑當從碑，此『作』字涉下文指將作大匠而衍。」按「營構都將」見卷四五韋閬附姜儉傳、卷四九李靈附李道傳、卷七六盧同傳、卷七九張熠傳，也或作「將作都將」，見卷八九羊祉傳補，從未見「營構將作」之名。疑本作「營構將」，省「都」字，與北史同，「作」字衍。

〔一二〕開府默曹參軍　按「默曹」當作「墨曹」，隋書卷二七百官志中稱北齊三師、二大、三公府屬官有「法、墨、田、水、鎧、集、士等曹行參軍」。儀同三司加開府也有諸曹屬官，雖有減少，墨曹却未減。北齊當因魏制。魏書中「墨曹」常作「默曹」，今不改，以後也不再出校記。

〔一三〕熙族孫同軌　按卷八四儒林傳也有同軌傳，除傳首不同及傳末無「同軌弟幼舉」外，文字全同，實是一人二傳，參卷八四校記〔一〕。

〔一四〕天平中　諸本「天平」作「太平」。卷八四李同軌傳此傳重出作「天平」。按上稱「永熙」，下稱「興和」，只能是「天平」。「太」字訛，今據改。

魏書卷三十七

列傳第二十五

司馬休之　司馬楚之　司馬景之　司馬叔璠　司馬天助

司馬休之，字季豫，本河內溫人，晉宣帝季弟譙王遜之後也。〔一〕司馬叡僭立江南，又以遜子孫襲封。至休之父恬，爲司馬昌明鎭北將軍、青兗二州刺史。

天興五年，休之爲司馬德宗平西將軍、荆州刺史。〔二〕爲桓玄逼逐，遂奔慕容德。劉裕誅玄後，還建鄴，裕復以休之爲荆州刺史。休之頗得江漢人心，劉裕疑其有異志。而休之子文思繼休之兄尚之爲譙王，謀圖裕，裕執送休之，令自爲其所。休之表廢文思，幷與裕書陳謝。神瑞中，裕收休之子文寶、兄子文祖，並殺之，乃率衆討休之。休之上表自陳於德宗，與德宗鎭北將軍魯宗之、宗之子竟陵太守軌等起兵討裕。裕軍至江陵，休之不能敵，遂與軌奔襄陽。裕復進軍討之。太宗遣長孫嵩屯河東，將爲之援。時姚興征虜將軍姚成王、冠軍將軍司馬國璠亦將兵救之，不及而還。休之遂與子文思及宗之等奔於姚興。裕滅姚泓，休之與文思及德宗河間王子道賜，輔國將軍溫楷，竟陵內史魯軌，荊州治中韓延之、殷約，平西參軍桓謐、桓璲及桓溫孫道度、道子，勃海刁雍，陳郡袁式等數百人，皆將妻子詣嵩降。月餘，休之卒于嵩軍。詔曰：「司馬休之率其同義，萬里歸誠，雅操不遂，中年殞喪，朕甚愍焉。其追贈征西大將軍、右光祿大夫，謚始平聲公。」

文思與淮南公國璠、池陽子道賜不平，而僞親之，引與飲宴。國璠性疏直，因酒醉，遂語文思，言己將與溫楷及三城胡酋王珍、曹栗等外叛，因說京師豪强可與爲謀數十人。文思告之，皆坐誅。以文思爲廷尉卿，賜爵鬱林公。善於其職，聽訟斷獄，百姓不復匿其情。劉義隆遣將裴方明擊楊難當於仇池，世祖以文思爲假節、征南大將軍，進爵譙王，督洛豫諸軍南趣襄陽，邀其歸路。還京，爲懷朔鎮將。〔三〕興安初薨。

子彌陀，襲爵。以選尚臨涇公主，而辭以先取毗陵公竇瑾女。與瑾並坐祝詛伏誅。

司馬楚之，字德秀，晉宣帝弟太常馗之八世孫。父榮期，司馬德宗梁益二州刺史，爲其參軍楊承祖所殺。楚之時年十七，送父喪還丹楊。值劉裕誅夷司馬戚屬，叔父宣期、兄貞之並爲所殺。楚之乃亡匿諸沙門中濟江。自歷陽西入義陽、竟陵蠻中。及從祖荊州刺史休之爲裕所敗，乃亡於汝潁之間。

楚之少有英氣，能折節待士。與司馬順明、道恭等所在聚黨。及劉裕自立，楚之規欲報復，收衆據長社，歸之者常萬餘人。劉裕深憚之，遣刺客沐謙害楚之。楚之待謙甚厚。謙夜詐疾，知楚之必自來，因欲殺之。楚之聞謙病，果自齎湯藥往省之。謙感其意，乃出匕首於席下，以狀告之曰：「將軍爲裕所忌憚，願不輕率，以保全爲先。」楚之歎曰：「若如來言，雖有所防，恐有所失。」謙遂委身以事之。其推誠信物，得士之心，皆此類也。

太宗末，山陽公奚斤略地河南，楚之遣使請降。因表曰：「江淮以北，聞王師南首，無不抃舞，思奉德化。而逼於寇逆，無由自致。臣因民之欲，請率慕義爲國前驅。今皆白衣，無以制服人望。若蒙偏裨之號，假王威以唱義，則莫不率從。」於是假楚之使持節、征南將軍、荊州刺史。奚斤既平河南，以楚之所率戶民分置汝南、南陽、南頓、新蔡四郡，〔四〕以益豫州。

世祖初，楚之遣妻子內居於鄴，尋徵入朝。時南藩諸將表劉義隆欲入爲寇，以楚之爲使持節、安南大將軍，封琅邪王，屯潁川以拒之。其長史臨邑子步還表曰：「楚之渡河，百姓思舊，義衆雲集，汝潁以南，望風翕然，回首革面。斯誠陛下應天順民，聖德廣被之所致也。」世祖大悅，璽書勞勉，賜前後部鼓吹。

義隆將到彥之泝河而西，列守南岸，至於潼關。及彥之等退走，楚之破其別軍於長社。又與冠軍將軍安頡攻滑臺，拔之，擒義隆將朱脩之、李元德及東郡太守申謨，俘萬餘人。上疏曰：「臣奉命南伐，受任一方，而智力淺短，誠節未效，所以夙夜憂惶，忘寢與食。臣屢遣人至荆揚，所在陳說，具論天朝盛化之美，莫不忻承聖德，傾首北望。而義隆兄弟知人情搖動，遣臣私讎順爲司州刺史，統淮北七郡，代垣苗守懸瓠。自鞏、洛、滑臺敗散已來，義隆恥其敗北，多加罪罰。到彥之削位，退同卒伍，殺姚縱夫於壽春，斬竺靈秀於彭城，王休元託疾，檀道濟斥放。凡在腹心，悉懷疑阻。民怨臣猜，可謂今日。臣聞平殄寇逆，必乘戰勝之威；建立功勳，亦因離貳之勢。伏惟陛下聖德膺符，道光四海，神旌所指，莫不摧服，其未賓者義隆而已。今天網遐舉，殊方仰德。固宜掃清東南，齊一區宇，使濟濟之風，被於江漢。」世祖以兵久勞，不從。以散騎常侍徵還。

從征涼州，以功賜隸戶一百。義隆遣將裴方明、胡崇之寇仇池。以楚之爲假節，與淮陽公皮豹子等督關中諸軍從散關西入，擊走方明，擒崇之。仇池平而還。

車駕伐蠕蠕，詔楚之與濟陰公盧中山等督運以繼大軍。時鎮北將軍封沓亡入蠕蠕，說令擊楚之等以絕糧運。蠕蠕乃遣姦覘入楚之軍，截驢耳而去。有告失驢耳者，諸將莫能察。楚之曰：「必是覘賊截之以爲驗耳，賊將至矣。」卽使軍人伐柳爲城，水灌之令凍，城立而賊至。冰峻城固，不可攻逼，賊乃走散。世祖聞而嘉之。尋拜假節、侍中、鎭西大將軍、開府儀同三司、雲中鎭大將、朔州刺史，王如故。在邊二十餘年，以淸儉著聞。和平五年薨，時年七十五。高宗悼惜之，贈都督梁益秦寧四州諸軍事、征南大將軍、領護西戎校尉、揚州刺史，謚貞王。陪葬金陵。

長子寶胤，與楚之同入國。拜中書博士、雁門太守。卒。

楚之後尙諸王女河內公主，生子金龍，字榮則。少有父風。初爲中書學生，入爲中散。顯祖在東宮，擢爲太子侍講。後襲爵。拜侍中、鎭西大將軍、開府、雲中鎭大將、朔州刺史。徵爲吏部尙書。太和八年薨。贈大將軍、司空公、冀州刺史，謚康王。贈絹一千匹。金龍初納太尉、隴西王源賀女，生子延宗，次纂，次悅。後娶沮渠氏，生徽亮，卽河西王沮渠牧犍女，世祖妹武威公主所生也。有寵於文明太后，故以徽亮襲。例降爲公。坐連穆泰罪失爵。

延宗，父亡後數年卒。

子裔，字承業。世宗時，悅等爲裔理嫡，還襲祖爵。位至後軍將軍。卒，贈征虜將軍、洛州刺史。

子藏，襲。齊受禪，例降。

纂，字茂宗，中書博士。歷司州治中、別駕，河內邑中正。永平元年卒。贈鎭遠將軍、南青州刺史，謚曰肅。

子澄，字元鏡。司州秀才，司空功曹參軍、給事中。卒，贈龍驤將軍、夏州刺史。

澄弟仲粲，武定中，尚書左丞。

悅，字慶宗。自司空司馬出爲立節將軍、建興太守，轉寧朔將軍、司州別駕。遷太子左衞率、河北太守。

世宗初，除鎭遠將軍、豫州刺史。時有汝南上蔡董毛奴者，齎錢五千，死在道路。郡縣疑民張堤爲劫，又於堤家得錢五千。堤懼拷掠，自誣言殺。獄既至州，悅觀色察言，疑其不實。引見毛奴兄靈之，謂曰：「殺人取錢，當時狼狽，應有所遺，此賊竟遺何物？」靈之云：「唯得一刀鞘而已。」悅取鞘視之，曰：「此非里巷所爲也。」乃召州城刀匠示之，有郭門者前曰：「此刀鞘門手所作，去歲賣與郭民董及祖。」悅收及祖，詰之曰：「汝何故殺人取錢而遺刀鞘？」及祖款引，靈之又於及祖身上得毛奴所著皂襦，及祖伏法。悅之察獄，多此類也。豫州于今稱之。

悅與鎭南將軍元英攻義陽，克之。詔改蕭衍司州爲郢州，以悅爲征虜將軍、郢州刺史。蕭衍遣其豫州刺史馬仙琕，左軍將軍、永陽戍主陳可等率衆一萬，於三關南六十里因山起城，名爲竹斂，遣其輔國將軍、濟陰太守薊沛精卒二千以戍之。後於關南四十里麻陽舊柵起城，仙琕輕騎東西爲之節度。關南之民，多懷兩望。悅令西關統軍諸靈鳳掩擊，敗之，盡燔其城樓儲積，擒薊沛及其輔國將軍、軍主劉靈秀。詔曰：「司馬悅首謀義陽，征略有捷。且違京既久，屢請入朝。可遂此志，聽其赴闕。」尋詔以本將軍爲豫州刺史。論義陽之勳，封漁陽縣開國子，食邑三百戶。

永平元年，〔五〕城人白早生謀爲叛逆，遂斬悅首，送蕭衍。既而邢巒復懸瓠，詔曰：「司馬悅暴罹橫酷，身首異所，國戚舊勳，特可悼念。主書董紹，銜命公行，囚漂殊域，事可矜愍。尚書可量賊將齊苟兒等四人之中分遣二人，敕揚州爲移，以易悅首及紹，迎接還本。用慰亡存。」贈平東將軍、青州刺史，賜帛三百匹，謚曰莊。子朏襲爵。

朏，尚世宗妹華陽公主，拜駙馬都尉。特除員外散騎常侍，加鎮遠將軍。正光五年，公主薨。月餘，朏卒。贈左將軍、滄州刺史。

子鴻，字慶雲。性粗武。襲爵，位至都水使者。坐與西賊交通賜死。

子孝政，襲。齊受禪，爵例降。

金龍弟躍，字寶龍。尚趙郡公主，拜駙馬都尉。代兄爲雲中鎮將、朔州刺史，假安北將軍、河內公。躍表罷河西苑封，與民墾殖。有司執奏：「此麋鹿所聚，太官取給，今若與民，至於奉獻時禽，懼有所闕。」詔曰：「此地若任稼穡，雖有獸利，事須廢封。若是山澗，虞禁何損？尋先朝置此，豈苟藉斯禽，亮亦以俟軍行薪蒸之用。其更論之。」躍固請宜以與民，高祖從之。還爲祠部尚書、大鴻臚卿、潁川王師。以疾表求解任。太和十九年卒。贈金紫光祿大夫，賜朝服一具、衣一襲、絹一千匹。楚之父子相繼鎮雲中，朔土服其威德。

司馬景之，字洪略，晉汝南王亮之後。太宗時歸闕，爵蒼梧公，加征南大將軍。清直有節操，太宗甚重之。卒，贈汝南王。子師子襲爵。

景之兄準，字巨之。以泰常末，率三千餘家歸國。時太宗在虎牢，授寧遠將軍、新蔡公、假相州刺史。隨駕至京。出除廣寧太守。悅近來遠，淸儉有稱。世祖嘉之，賜布六百匹。後降號爲平遠將軍，改爲密陵侯。興光初卒。子安國襲爵。

司馬叔璠，晉安平獻王孚之後也。父曇之，司馬德宗河間王。桓玄、劉裕之際，叔璠與兄國璠北奔慕容超。後西投姚興。劉裕滅姚泓，北奔屈丐。世祖平統萬，兄弟俱入國。〔六〕

國璠賜爵淮南公。卒，無子，爵除。叔璠，安遠將軍、丹楊侯。卒。

長子靈壽，神麍中，與弟道壽俱來歸國。靈壽，冠軍將軍、溫縣侯；道壽，寧朔將軍、宜陽子。靈壽出除陳郡太守。劉義隆侵境，詔靈壽招引義士，得二千餘人，從西平公安頡破虎牢、滑臺、洛陽三城，徙五百餘家入河內。又從討蠕蠕，西征涼州，所在著功。出爲遼西太守，治有淸儉之稱。太和九年卒。贈懷州刺史，諡曰靖。靈壽娶太宰、頓丘王李峻女，與婦父雅不相善，每見抑退，故位不大至。

子惠安，高祖時襲爵。歷恒州別駕、桑乾太守、太尉諮議參軍事。卒。

子祖珍，年十五，舉司州秀才。解褐員外散騎侍郎。年十八，先父卒。

祖珍弟宗麗，世宗時，父惠安以久病啓以爵轉授。解褐安定王府騎兵參軍，洛州龍驤府司馬。善射，未曾自伐。性閑淡，少所交遊。識者云其淳至。永安中卒。子嵩亮襲。

惠安弟直安，歷位尚書郎、濟北濟南二郡太守、員外散騎常侍。蕭寶夤征鍾離，引爲長史。坐軍退，免官加刑。以疾得免。尋除東平原太守。還京，爲中散大夫，加征虜將軍、太中大夫，遷左將軍。正光四年卒。贈大將軍、濟州刺史。

子龍泉，滄州開府長史。

道壽長子元興，襲父爵。

子景和，給事中，稍遷揚州驃騎府長史、淸河內史。正光元年卒。贈左將軍、平州刺史。

元興弟仲明，侍御史、中書舍人。以謹敏著稱。稍遷衞尉少卿，仍領舍人。出爲征虜將軍、涼州刺史。坐貪殘，爲御史所彈，遇赦免，積年不敍。後娶靈太后從姊爲繼室，除武衞將軍、征虜將軍。轉光祿大夫，武衞如故。遷大司農卿，加安東將軍、散騎常侍。出爲安北將軍、恒州刺史，常侍如故。正光五年卒。

子彥邕，有風望。正員郎。稍遷相州刺史、驃騎大將軍、左光祿大夫。天平四年卒。贈散騎常侍、都督懷洛二州諸軍事、驃騎大將軍、儀同三司、懷州刺史。

司馬天助，自云司馬德宗驃騎將軍元顯之子。劉裕自立，乃來歸闕。〔七〕除平東將軍、靑徐二州刺史、東海公。天助招率義士，欲襲裕東平、濟北二郡及城戍，又破裕將閭萬齡軍，前後多所虜獲。拜侍中、都督靑徐兗三州諸軍事、征東將軍、靑兗二州刺史，公如故。眞君三年，與司馬文思等南討。還，又從駕北征。在陣歿。

子元伯，字歸都。襲爵，後降溫縣子。太和中，爲建威將軍、泰山太守。

史臣曰：諸司馬以亂亡歸命。楚之風概器略，最可稱乎？其餘未足論也。而以往代遺緒，並當位遇。可謂幸矣。

校勘記

〔一〕晉宣帝季弟譙王遜之後也　南本以下諸本及北史卷二九司馬休之傳「遜」作「進」。百衲本作「遜」，汲、局二本注宋本作「遜」。錢氏考異卷二八、李慈銘魏書札記、張森楷魏書校勘記各有說。按晉書卷三七譙王遜傳，遜是進子，進死於曹魏時，封譙王的是遜，不是進。但進才是晉宣帝司馬懿季弟，遜是從子，作「遜」也有問題。作「進」作「遜」既都有問題，而宋本作「遜」，恐原來就錯。此卷史實上的謬誤較多，疑有訛脫竄亂，非魏收原文。

〔二〕天興五年休之爲司馬德宗平西將軍荆州刺史　按晉書卷三七譙王遜附休之傳，晉元興元年即魏天興五年（四〇二）休之以襄城太守助其兄豫州刺史譙王尚之守歷陽，爲桓玄所敗，奔南燕。荆州刺史自晉隆安四年四〇〇以來就是桓玄，這時正從荆州東下攻建康。司馬休之當荆州刺史有二次，一次在桓玄敗後，又一次是在晉義熙八年魏永興四年（四一二），第二次才加「平西將軍」，上距天興五年已十年。這裏所稱官職顯誤。

〔三〕為懷朔鎮將　北史卷二九「懷朔」作「懷荒」。按卷三九李寶傳云：「高宗初，代司馬文思鎮懷荒。」北史是，這裏作「懷朔」誤。

〔四〕以楚之所率戶民分置汝南南陽南頓新蔡四郡　北史卷二九「南陽」作「汝陽」。按宋書卷三六州郡志豫州有「汝陽」，無「南陽」。當時僑置亦必因豫州原有此郡，疑作「汝陽」是。

〔五〕永平元年　諸本「平」作「元」。按事見卷八世宗紀永平元年十月，今據北史卷二九司馬悅傳改。

〔六〕劉裕滅姚泓北奔屈丐世祖平統萬兄弟俱入國　按卷三太宗紀泰常二年四一七八月劉裕滅姚泓，九月癸酉記司馬休之父子及國璠等「來降」。泰常五年五月即記國璠被殺。拓跋燾平統萬，事在始光四年四二七，國璠已先死八年。下文又稱國璠卒，一字不及被殺，却見於此卷司馬文思傳。也可怪。

〔七〕劉裕自立乃來歸闕　張森楷云：「帝紀卷四上世祖紀上延和二年司馬天助來降，於宋為元嘉十年四三三，代晉久矣。此文殊疏略。」按下文稱天助「招率義士，欲襲裕東平、濟北郡及城戍，又破裕將閭萬齡軍」，「裕」字皆誤。

魏書卷三十八

列傳第二十六

刁雍　王慧龍　韓延之　袁式

刁雍，字淑和，勃海饒安人也。高祖攸，晉御史中丞。曾祖協，從司馬叡渡江，居于京口，位至尚書令。父暢，司馬德宗右衞將軍。初，暢兄逵以劉裕輕狡薄行，負社錢三萬，違時不還，執而徵焉。及裕誅桓玄，以嫌故先誅刁氏。雍爲暢故吏所匿，奔姚興豫州牧姚紹於洛陽，後至長安。雍博覽書傳，姚興以雍爲太子中庶子。

泰常二年，姚泓滅，與司馬休之等歸國。上表陳誠，於南境自效。太宗許之，假雍建義將軍。雍遂於河濟之間招集流散，得五千餘人，南阻大闕，〔一〕擾動徐兗，建牙誓衆，傳檄邊境。劉裕遣將李嵩等討雍，雍斬之於蒙山。於是衆至二萬，進屯固山。七年三月，雍從弟彌亦率衆入京口，規共討裕，裕遣兵破之。六月，雍又侵裕靑州，雍敗，乃收散卒保於馬耳山。又爲裕青州軍所逼，遂入大鄉山。

八年，太宗南幸鄴，朝於行觀。〔二〕問：「先聞卿家縛劉裕，於卿親疏？」雍曰：「是臣伯父。」太宗笑曰：「劉裕父子當應憚卿。」又謂之曰：「朕先遣叔孫建等攻青州，民盡藏避，城猶未下。彼既素憚卿威，士民又相信服，今欲遣卿助建等，卿宜勉之。」於是假雍鎮東將軍、青州刺史、東光侯，給五萬騎，使別立義軍。建先攻東陽，雍至，招集義衆，得五千人。遣撫慰郡縣，士人盡下，送租供軍。是時攻東陽，平其北城三十許步。劉義符青州刺史竺夔於城內鑿地道，南下入澠水澗，以爲退路。雍謂建曰：「此城已平，〔三〕宜時入取。不者走盡。」建懼傷兵士，難之。雍曰：「若懼傷官兵者，雍今請將義兵先入。」建不聽。夔欲東走，會義符遣其將檀道濟等救青州。雍謂建曰：「賊畏官軍突騎，以鎖連車爲函陣。大峴已南，處處狹隘，不得方軌。雍求將義兵五千，要險破之。」建不聽曰：「兵人不宜水土，疫病過半。若相持不休，兵自死盡，何須復戰。今不損大軍，安全而返，計之上也。」建乃引還。

雍遂鎮尹卯固。又詔令南入，以亂賊境。雍攻克項城。會有敕追令隨機立效，雍於是招集譙、梁、彭、沛民五千餘家，置二十七營，遷鎮濟陰。延和二年，立徐州於外黃城，置譙、梁、彭、沛四郡九縣，以雍爲平南將軍、徐州刺史，賜爵東安侯。在鎮七年，太延四年，徵還京師，頻歲爲邊民所請。世祖嘉之，眞君二年復授使持節、侍中、都督揚豫兗徐四州諸軍事、征南將軍、徐豫二州刺史。

三年，劉義隆將裴方明寇陷仇池，詔雍與建興公古弼等十餘將討平之。五年，以本將軍爲薄骨律鎭將。至鎭，表曰：

臣蒙寵出鎭，奉辭西藩，總統諸軍，戶口殷廣。又總勒戎馬，以防不虞，督課諸屯，以爲儲積。夙夜惟憂，不遑寧處。以今年四月末到鎭，時以夏中，不及東作。念彼農夫，雖復布野，官渠乏水，不得廣殖。乘前以來，功不充課，兵人口累，率皆飢儉。略加檢行，知此土稼穡艱難。

夫欲育民豐國，事須大田。此土乏雨，正以引河爲用。觀舊渠堰，乃是上古所制，非近代也。富平西南三十里，有艾山，南北二十六里，東西四十五里，鑿以通河，似禹舊迹。其兩岸作溉田大渠，廣十餘步，山南引水入此渠中。計昔爲之，高於水不過一丈。〔四〕河水激急，沙土漂流，今日此渠高於河水二丈三尺，又河水浸射，往往崩頹。渠溉高懸，水不得上。雖復諸處案舊引水，水亦難求。今艾山北，河中有洲渚，水分爲二。西河小狹，水廣百四十步。臣今求入來年正月，於河西高渠之北八里、分河之下五里，平地鑿渠，廣十五步，深五尺，築其兩岸，令高一丈。北行四十里，還入古高渠，卽循高渠而北，復八十里，合百二十里，大有良田。計用四千人，四十日功，渠得成訖。所欲鑿新渠口，河下五尺，水不得入。今求從小河東南岸斜斷到西北岸，計長二百七十步，廣十步，高二丈，絕斷小河。二十日功，計得成畢，合計用功六十日。小河之水，盡入新渠，水則充足，溉官私田四萬餘頃。一旬之間，則水一遍，水凡四溉，穀得成實。官課常充，民亦豐贍。

詔曰：「卿憂國愛民，知欲更引河水，勸課大田。宜便興立，以克就爲功，何必限其日數也。有可以便國利民者，動靜以聞。」

七年，雍表曰：「奉詔高平、安定、統萬及臣所守四鎮，出車五千乘，運屯穀五十萬斛付沃野鎮，以供軍糧。臣鎮去沃野八百里，道多深沙，輕車來往，猶以爲難，設令載穀，不過二十石，每涉深沙，必致滯陷。又穀在河西，轉至沃野，越度大河，計車五千乘，運十萬斛，百餘日乃得一返，大廢生民耕墾之業。車牛艱阻，難可全至，一歲不過二運，五十萬斛乃經三年。臣前被詔，有可以便國利民者動靜以聞。臣聞鄭、白之渠，遠引淮海之粟，泝流數千，周年乃得一至，猶稱國有儲糧，民用安樂。今求於牽屯山河水之次，造船二百艘，二船爲一舫，一船勝穀二千斛，一舫十人，計須千人。臣鎮內之兵，率皆習水。一運二十萬斛。方舟順流，五日而至，自沃野牽上，十日還到，合六十日得一返。從三月至九月三返，運送六十萬斛，計用人功，輕於車運十倍有餘，不費牛力，又不廢田。」詔曰：「知欲造船運穀，一冬即成，大省民力，既不費牛，又不廢田，甚善。非但一運，自可永以爲式。今別下統萬鎭出兵以供運穀，卿鎭可出百兵爲船工，豈可專廢千人？雖遣船匠，猶須卿指授，未可專任也。諸有益國利民如此者，續復以聞。」

九年，雍表曰：「臣聞安不忘亂，先聖之政也。況綏服之外，帶接邊城，防守不備，無以禦敵者也。臣鎭所綰河西，爰在邊表，常懼不虞。平地積穀，實難守護。兵人散居，無所依恃。脫有妖姦，必致狼狽。雖欲自固，無以得全。今求造城儲穀，置兵備守。鎭自建立，更不煩官。又於三時之隙，不令廢農。一歲、二歲不訖，三歲必成。立城之所，必在水陸之次。大小高下，量力取辦。」詔許之。至十年三月，城訖。詔曰：「卿深思遠慮，憂勤盡思，知城已周訖，邊境無不虞之憂，千載有永安之固，朕甚嘉焉。卽名此城爲刁公城，以旌爾功也。」

興光二年，詔雍還都，拜特進，將軍如故。和平六年，表曰：

臣聞有國有家者，莫不禮樂爲先。故樂記云：禮所以制外，樂所以修內。和氣中釋，恭敬溫文。是以安上治民，莫善於禮；易俗移風，莫善於樂。且於一民一俗，尚須崇而用之，況統御八方，陶鈞六合者哉？故帝堯修五禮以明典章，作咸池以諧萬類，顯皇軌於云岱，揚鴻化於介丘。令木石革心，鳥獸率舞。包天地之情，達神明之德。夫感天動神，莫近於禮樂。故大樂與天地同和，大禮與天地同節。和，故百物皁生；節，故報天祭地。禮行於郊，則上下和肅。肅者，禮之情；和者，樂之致。樂至則無怨，禮至則不違。揖讓而治天下者，禮樂之謂歟？

唯聖人知禮樂之不可以已，故作樂以應天，制禮以配地。所以承天之道，治人之情。故王者治定制禮，功成作樂。虞夏殷周，易代而起。及周之末，王政陵遲。仲尼傷禮樂之崩亡，痛文武之將墜，自衞返魯，各得其中。逮乎秦皇，翦棄道術，灰滅典籍，坑燼儒士，盲天下之目，絕象魏之章，簫韶來儀，不可復矣。賴大漢之興，改正朔，易服色，協音樂，制禮儀，正聲古禮，粗欲周備。至於孝章，每以三代損益，優劣殊軌，歎其薄德，無以易民視聽。博士曹褒覩斯詔也，知上有制作之意，乃上疏求定諸儀，以爲漢禮。終於休廢，寢而不行。及魏晉之日，修而不備。伏惟陛下無爲以恭己，使賢以御世，方鳴和鸞以陟岱宗，陪羣后以昇中岳，而三禮闕於唐辰，象舞替於周日。夫君舉必書，古之典也。柴望之禮，帝王盛事。臣今以爲有其時而無其禮，有其德而無其樂。史闕封石之文，工絕清頌之饗，良由禮樂不興，王政有闕所致也。〔五〕臣聞樂由禮，所以象德；禮由樂，所以防淫。五帝殊時不相沿，三王異世不相襲。事與時並，名與功偕故也。臣識昧儒先，管窺不遠，謂宜修禮正樂，以光大聖之治。

詔令公卿集議，會高宗崩，遂寢。

皇興中，雍與隴西王源賀及中書監高允等並以耆年特見優禮，錫雍几杖，劍履上殿，月致珍羞焉。

雍性寬柔，好尚文典，手不釋書，明敏多智。凡所爲詩賦頌論幷雜文，百有餘篇。又汎施愛士，怡靜寡欲。篤信佛道，著敎誡二十餘篇，以訓導子孫。太和八年冬卒，年九十五。賜命服一襲，賵帛五百匹，贈儀同三司、冀州刺史，將軍如故，謚曰簡。

雍長子纂，字奉宗。中書侍郎。早卒。

纂弟遵，字奉國。襲爵。

遵弟紹，字奉世。武騎侍郎、汝陰王天賜涼州征西府司馬。

紹弟獻，字奉章。祕書郎。

獻弟融，字奉業。汝陰太守。

融弟肅，字奉誠。中書博士。

遵少不拘小節，長更修改。太和中，例降爲侯。〔六〕景明中，除相州魏郡太守。還爲太尉諮議參軍。年七十，志力不衰。嘗經篤疾，幾死，見神明救免，言是福門之子，當享長年。

延昌三年，遷司農少卿。尋拜龍驤將軍、洛州刺史。遵招誘有方，蕭衍新化太守杜性、新化令杜龍振、平陽令杜臺定等，率戶三千據地內附。熙平元年七月卒，年七十六。贈平東將軍、兗州刺史，諡曰惠侯。有子十三人。

長子楷，字景伯。州舉秀才。早卒。

子沖，字文助。〔七〕在儒林傳。

楷弟侚，字景勝。本州治中。早卒。

侚弟整，字景智。少有大度，頗涉書史。郡功曹。太和十五年，奉朝請。高祖都洛，親自臨選，除司空法曹參軍。高祖南討，以廣陽王嘉鎭荆州，整爲嘉外兵參軍事。尋轉太尉、咸陽王禧外兵參軍。景明中，除給事中，領本州中正。尋除尚書左中兵郎中。正始中，蕭衍江州刺史王茂先來寇南境，平南將軍楊大眼討之，詔整持節爲大眼軍司，大破茂先，斬衍輔國將軍王花等。永平初，以軍功除員外散騎常侍，仍除郎中。延昌三年秋，世宗親選百官於朝堂，拜右軍將軍，仍除郎中。尋轉驍騎將軍。未幾，丁父憂。

相州刺史、中山王熙在鄴起兵，〔八〕將誅元叉等。事敗，傳首京師，熙之親故莫敢視。整弟婦卽熙姊，遂收其屍藏之，後乃還熙所親。又聞而致憾，因以熙弟略南走蕭衍，誣整將叛，送整與弟宣及子恭等幽繫之。〔一九〕賴御史王基、前軍將檢事使魏子建理雪，獲免。後自征虜將軍出除范陽太守。時已兵亂，整郡獲全。去郡之後，尋被陷沒。靈太后反政，除安南將軍、光祿大夫。元略會於整坐泣謂黃門王誦、尙書袁翻曰：「刁公收斂我家，卿等宜知。」

整以母老，河北喪亂，時整族弟雙爲西兗州刺史，整遂攜家依焉。永安初，拜金紫光祿大夫。二年，兼黃門。元顥入洛，用爲滄州刺史。莊帝還朝，坐免官。後歸鄉里。及莊帝殺尒朱榮，就除鎭東將軍、行滄州事。普泰初，假征東大將軍、滄冀瀛三州刺史、大都督，將軍如前。尋加車騎將軍、右光祿大夫。逢本鄉賊亂，奉母客於齊州。加衞大將軍。天平四年，卒於鄴。贈司空公，謚曰文獻。整解音律，輕財好施，交結名勝，聲酒自娛。然貪而好色，爲議者所貶。

初雍與從弟寶惠俱入國。寶惠，字道明，太祖以爲上客。卒，有六子。子連城，爲冀州開府掾。

刁氏世有榮祿，而門風不甚修潔，爲時所鄙。

雍族孫雙，字子山。高祖藪，晉齊郡太守。藪因晉亂居青州之樂安。父道履，皇興初，除平原太守。至雙始還本鄉。雙少好學，兼涉文史，雅爲中山王英所知賞。拜西河太守。正光初，中山王熙之誅也，熙弟略投命於雙，雙護之周年。時購略甚切。略乃謂雙曰：「我兄弟屠滅已盡，唯我一身漏刃相託。卿雖厚恩，久見容蔽，但事留變生，終恐難保。脫萬一發覺，我死分也，無事相累卿。若送吾出境，便是再生之惠，如其不爾，輒欲自裁。」雙曰：「人生會有一死，死所難遇耳。今遭知己，視死如歸，願不以爲慮。」略後苦求南轉，雙乃遣從子昌送達江左。靈太后返政，知略因雙獲免，徵拜光祿大夫。時略姊饒安公主，刁宣妻也，頻訴靈太后，乞徵略還朝廷。乃以徐州所獲俘江革、祖暅二人易之。以雙與略有舊，乃令至境迎接略。

肅宗末，除西兗州刺史。時賊盜蜂起，州人張桃弓等招聚亡命，公行劫掠。雙至境，先遣使諭桃弓，陳示禍福，桃弓卽隨使歸罪，雙捨而不問。後有盜發之處，令桃弓追捕，咸悉擒獲。於是州境清肅。莊帝初，行濟州刺史，以功封曲城鄉男。出帝初，遷驃騎大將軍、左光祿大夫。〔一〇〕興和三年卒。贈車騎大將軍、儀同三司、齊州刺史，謚曰清穆。

王慧龍，自云太原晉陽人，司馬德宗尚書僕射愉之孫，散騎侍郎緝之子也。幼聰慧，愉以爲諸孫之龍，故名焉。初，劉裕微時，愉不爲禮，及得志，愉合家見誅。慧龍年十四，爲沙門僧彬所匿。百餘日，將慧龍過江，爲津人所疑，曰：「行意怱怱徬徨，得非王氏諸子乎？」僧彬曰：「貧道從師有年，止西岸，今暫欲定省，還期無遠，此隨吾受業者，何至如君言。」既濟，遂西上江陵，依叔祖忱故吏荆州前治中習辟彊。時刺史魏詠之卒，辟彊與江陵令羅脩、前別駕劉期公、士人王騰等謀舉兵，推慧龍爲盟主，剋日襲州城。而劉裕聞詠之卒，亦懼江陵有變，遣其弟道規爲荆州，衆遂不果。羅脩將慧龍，又與僧彬北詣襄陽。司馬德宗雍州刺史魯宗之資給慧龍，送渡江，遂自虎牢奔于姚興。其自言也如此。

泰常二年，姚泓滅，慧龍歸國。太宗引見與言，慧龍請效力南討，言終，俯而流涕，天子爲之動容。謂曰：「朕方混一車書，席卷吳會，卿情計如此，豈不能相資以衆乎？」然亦未之用。後拜洛城鎮將，配兵三千人鎮金墉。既拜十餘日，太宗崩。世祖初卽位，咸謂南人不宜委以師旅之任，遂停前授。

初，崔浩弟恬聞慧龍王氏子，以女妻之。浩既婚姻，及見慧龍，曰：「信王家兒也。」王氏世齇鼻，江東謂之齇王。慧龍鼻大，浩曰：「眞貴種矣。」數向諸公稱其美。司徒長孫嵩聞之，不悅，言於世祖，以其嘆服南人，則有訕鄙國化之意。世祖怒，召浩責之。浩免冠陳謝得釋。及魯宗之子軌奔姚興，後歸國，云慧龍是王愉家豎，僧彬所通生也。浩雖聞之，以女之故，成贊其族。慧龍由是不調。

久之，除樂安王範傅，領幷荆揚三州大中正。慧龍抗表，願得南垂自効。崔浩固言之，乃授南蠻校尉、安南大將軍左長史。及劉義隆荆州刺史謝晦起兵江陵，引慧龍爲援。慧龍督司馬靈壽等一萬人拔其思陵戍，〔一〕進圍項城。晦敗，乃班師。後劉義隆將王玄謨寇滑臺，詔假慧龍楚兵將軍，與安頡等同討之。相持五十餘日，諸將以賊盛莫敢先，慧龍設奇兵大破之。世祖賜以劍馬錢帛，授龍驤將軍，賜爵長社侯，拜滎陽太守，仍領長史。在任十年，農戰並修，大著聲績。招攜邊遠，歸附者萬餘家，號爲善政。

其後，劉義隆將到彦之、檀道濟等頻頓淮潁，大相侵掠，慧龍力戰，屢摧其鋒。彦之與友人蕭斌書曰：「魯軌頑鈍，馬楚粗狂，亡人之中唯王慧龍及韓延之可爲深憚。不意儒生懦夫，乃令老子訝之。」劉義隆縱反間，云慧龍自以功高而位不至，欲引寇入邊，因執安南大將軍司馬楚之以叛。世祖聞曰：「此必不然，是齊人忌樂毅耳。」乃賜慧龍璽書曰：「義隆畏將軍如虎，欲相中害，朕自知之。風塵之言，想不足介意也。」劉義隆計既不行，復遣刺客呂玄伯，購慧龍首，二百户男，絹一千匹。玄伯僞爲反間來，求屏人有所論。慧龍疑之，使人探其懷，有尺刀。玄伯叩頭請死。慧龍曰：「各爲其主也。吾不忍害此人。」左右皆言義隆賊心未已，不殺玄伯，無以制將來。慧龍曰：「死生有命，彼亦安能害我。且吾方以仁義爲干鹵，又何憂乎刺客。」遂捨之。時人服其寬恕。

慧龍自以遭難流離，常懷憂悴，乃作祭伍子胥文以寄意焉。生一男一女，遂絕房室。布衣蔬食，不參吉事。舉動必以禮。太子少傅游雅言於朝曰：「慧龍，古之遺孝也。」撰帝王制度十八篇，號曰國典。眞君元年，拜使持節、寧南將軍、虎牢鎮都副將。未至鎮而卒。臨沒，謂功曹鄭曄曰：「吾羈旅南人，恩非舊結，蒙聖朝殊特之慈，得在疆埸効命。誓願鞭屍吳市，戮墳江陰。不謂嬰此重疾，有心莫遂。非唯仰愧國靈，實亦俯慚后土。修短命也，夫復何言。身歿後，乞葬河內州縣之東鄉，依古墓而不墳，足藏髮齒而已。庶魂而有知，猶希結草之報。」時制，南人入國者皆葬桑乾。曄等申遺意，詔許之。贈安南將軍、荊州刺史，謚穆侯。吏人及將士共於墓所起佛寺，圖慧龍及僧彬象讚之。呂玄伯感全宥之恩，留守墓側，終身不去。子寶興襲爵。

寶興少孤，事母至孝。尚書盧遐妻，崔浩女也。初，寶興母及遐妻俱孕，浩謂曰：「汝等將來所生，皆我之自出，可指腹爲親。」及婚，浩爲撰儀，躬自監視。謂諸客曰：「此家禮事，宜盡其美。」及浩被誅，盧遐後妻，寶興從母也，緣坐沒官。寶興亦逃避，未幾得出。盧遐妻，時官賜度河鎮高車滑骨。寶興盡賣貨產，自出塞贖之以歸。州辟治中從事、別駕，舉秀才，皆不就。閉門不交人事。襲爵長社侯、龍驤將軍。卒，子瓊襲爵。

瓊，字世珍。高祖賜名焉。太和九年，爲典寺令。十六年，降侯爲伯。高祖納其長女爲嬪，拜前軍將軍、并州大中正。正始中，爲光州刺史。有受納之響，爲中尉王顯所劾，終得雪免。神龜中，除左將軍、兗州刺史。去州歸京，多年沉滯。所居在司空劉騰宅西，騰雖勢傾朝野，初不候之。騰既權重，吞并隣宅，增廣舊居，唯瓊終不肯與。以此久見抑屈。瓊女適范陽盧道亮，不聽歸其夫家。及女卒，哀慟無已。瓊仍葬之別所，冢不即塞，常於壙內哭泣。久之乃掩。當時深怪，疑其穢行。加以聾疾，每見道俗，乞丐無已。造次見之，令人笑愕。道逢太保、廣平王懷，據鞍抗禮，自言馬瘦。懷卽以誕馬并乘具與之。嘗詣尙書令李崇，騎馬至其黃閤，見崇子世哲，直問繼伯在否。崇趨出，瓊乃下。崇儉而好以紙帖衣領，瓊哂而掣去之。崇小子青肫，嘗盛服。闞寵勢亦不足恨。領軍元叉使奴遺瓊馬，并留奴。王誦聞之，笑曰：「東海之風，於茲墜矣。」孝昌三年，除鎭東將軍、金紫光祿大夫、中書令。時瓊子遵業爲黃門郎，故有此授。卒，年七十四。贈征北將軍、中書監、并州刺史。自慧龍入國，三世一身，至瓊始有四子。

長子遵業，風儀淸秀，涉歷經史。位著作佐郎，與司徒左長史崔鴻同撰起居注。遷右軍將軍，兼散騎常侍，慰勞蠕蠕。乃詣代京，採拾遺文，以補起居所闕。與崔光、安豐王延明等參定服章。及光爲肅宗講孝經，遵業預講，延業錄義，〔三〕並應詔作釋奠侍宴詩。時人語曰：「英英濟濟，王家兄弟。」轉司徒左長史、黃門郎、監典儀注。遵業有譽當時，與中書令陳郡袁翻、尙書瑯琊王誦並領黃門郎，號曰三哲。時政歸門下，世謂侍中、黃門爲小宰相。而遵業從容恬素，若處丘園。嘗著穿角履，好事者多毀新履以學之。以胡太后臨朝，天下方亂，謀避地，自求徐州。太后曰：「王誦罷幽州始作黃門，卿何乃欲徐州？更待一二年，當有好處分。」遵業兄弟，並交遊時俊，乃爲當時所美。及尒朱榮入洛，兄弟在父喪中，以於莊帝有從姨兄弟之親，相率奉迎，俱見害河陰。議者惜其人才，而譏其躁競。贈幷州刺史。著三晉記十卷。

遵業子松年，尙書庫部郎。

韓延之，字顯宗，南陽赭陽人，魏司徒暨之後也。司馬德宗平西府錄事參軍。劉裕率伐司馬休之，〔三〕未至江陵，密使與延之書招之。延之報曰：「聞親率戎馬，遠履西畿，闔境士庶，莫不怪駭。何者？莫知師出之名故也。司馬平西體國忠貞，款愛待物，當於古人中求耳。劉裕足下，海內之人誰不見足下此心，而復欲欺誑國士，天地所不容，在彼不在此矣。今伐人之君，啗人以利，眞可謂處懷期物，自有由來者矣。以平西之至德，寧無授命之臣乎？假令天長喪亂，九流渾濁，當與臧洪遊於地下，不復多言。」裕得書歎息，以示諸佐曰：「事人當應如此。」劉裕父名翹，字顯宗，於是延之字顯宗，名子爲翹，蓋示不臣劉氏也。後奔姚興。泰常二年，與司馬文思來入國，以延之爲虎牢鎭將，爵魯陽侯。初延之曾來往栢谷塢，省魯宗之墓，有終焉之志。因謂子孫云：「河洛三代所都，必有治於此者。我死不勞向北代葬也，卽可就此。」及卒，子從其言，遂葬於宗之墓次。延之死後五十餘年而高祖徙都，其孫卽居於墓北栢谷塢。

延之前妻羅氏生子措，措隨父入國。又以淮南王女妻延之，生道仁。措推道仁爲嫡，襲父爵，位至殿中尚書。進爵西平公。

袁式，字季祖，陳郡陽夏人，漢司徒滂之後。父淵，司馬昌明侍中。式在南，歷武陵王遵諮議參軍。與司馬文思等歸姚興。泰常二年歸國，爲上客，賜爵陽夏子。與司徒崔浩一面，便盡國士之交。是時，朝儀典章，悉出於浩，浩以式博於古事，每所草創，恒顧訪之。性長者，雖羈旅飄泊，而淸貧守度，不失士節，時人甚敬重之，皆呼曰袁諮議。延和二年，衞大將軍、樂安王範爲雍州刺史，詔式與中書侍郎高允俱爲從事中郎，〔一四〕辭而獲免。式沉靖樂道，周覽書傳，至於詁訓、倉、雅，偏所留懷。作字釋，未就。以天安二年卒。贈豫州刺史，諡肅侯。

子濟，襲。位魏郡太守，政有清稱，加寧遠將軍。子姪遂居潁川之陽夏。

史臣曰：刁雍才識恢遠，著聲立事，禮遇優隆，世有人爵堂構之義也。王慧龍拔難自歸，頗歷夷險，撫人督衆，見憚嚴敵。世珍實有令子，克播家聲。韓延之報書劉裕，國體在焉。袁式贊禮崔浩，時稱長者，一時有稱，信爲美哉。

校勘記

〔一〕南阻大闕　李慈銘云：「『大』下當是『峴』字。」

〔二〕朝於行觀　北史卷二六刁雍傳「觀」作「宮」，疑是。

〔三〕此城已平　李慈銘云：「『此』當作『北』。」按上有「平其北城」語，李說是。

〔四〕高於水不過一丈　通典卷一水利田引雍表「水」上有「河」字。按下云：「高於河水二丈三尺。」

疑此脫「河」字。

〔五〕王政有闕所致也　諸本脫「所」字，今據册府卷五八〇六九五三頁補。

〔六〕太和中例降爲侯　按卷四下世祖紀下太平眞君三年九月見「東安公刁雍」，墓誌集釋刁遵墓誌圖版二二二稱雍爲「東安簡公」。是刁雍先曾進封爲公，雍傳失書，這裏所謂「例降爲侯」，便不可解。

〔七〕子沖字文助　北史卷二六「助」作「朗」，本書卷八四儒林刁沖傳補也作「朗」，疑「助」乃「朗」之訛。

〔八〕相州刺史中山王熙在鄴起兵　諸本「中山」作「山陽」。按卷一九下熙傳和其他紀載熙襲中山王，從未封山陽王，今改正。

〔九〕逵整與弟宣及子恭等幽縶之　諸本「宣」作「宜」。按下文刁雙傳作「宣」，北史卷二六刁雙傳同。刁遵墓誌陰錄諸子名也作「宣」。「宜」字形近而訛，今改正。

〔一〇〕遷驃騎大將軍左光祿大夫　北史卷二九「驃」作「驍」。按卷一一三官氏志載太和後品令驍騎將軍在第四品，既無加「大」之例，也不能兼第二品的左光祿大夫。「驍」字訛。但下文說雙死後「贈車騎大將軍、儀同三司」。「驃騎」班在「車騎」上，一般不可能贈官反低於身前所任官職。這裏當衍「大」字，驃騎將軍兼左光祿大夫魏末多見。

〔一一〕慧龍督司馬靈壽等一萬人拔其思陵戍　諸本「靈」作「盧」，北史卷三五王慧龍傳作「靈」。按卷三七司馬叔璠傳附長子靈壽，「盧」字訛，今據改。

〔一二〕遵業預講延業錄義　諸本「延業」作「延明」，北史卷三五作「延業」。按下云：「英英濟濟，王家兄弟。」延業是遵業第二弟，見北史卷三五，若是元延明，和所謂「王家兄弟」不合。「明」字涉上「安豐王延明」而訛，今據北史改。又按此傳王瓊四子，只舉遵業一人，傳中却一再稱王家兄弟。北史傳末附見遵業弟廣業、延業、季和，皆魏書所宜有，疑此傳脫去。

〔一三〕劉裕率伐司馬休之　按北史卷二七韓延之傳無「率」字。張森楷云：「此句殊費解，疑『率』下當有『兵』字。」按也可能是衍文。

〔一四〕延和二年衞大將軍樂安王範爲雍州刺史詔式與中書侍郎高允俱爲從事中郎　諸本「二年」作「三年」，「中郎」作「郎中」。按範爲雍州刺史，見卷四上世祖紀上延和二年正月。「三」字訛，今據改。從事中郎是三公和將軍開府的屬官，卷四八高允傳也說「以本官領衞大將軍樂安王範從事中郎」。「郎中」是倒誤。今乙正。

魏書卷三十九

列傳第二十七

李寶

李寶，字懷素，小字衍孫，隴西狄道人，私署涼王暠之孫也。父翻，字士舉，小字武彊，私署驍騎將軍，祁連、酒泉、晉昌三郡太守。寶沉雅有度量，驍勇善撫接。伯父歆爲沮渠蒙遜所滅，寶徙於姑臧。歲餘，隨舅唐契北奔伊吾，臣於蠕蠕。其遺民歸附者稍至二千。寶傾身禮接，甚得其心，衆皆樂爲用，每希報雪。屬世祖遣將討沮渠無諱於敦煌，無諱捐城遁走。寶自伊吾南歸敦煌，遂修繕城府，規復先業。遣弟懷達奉表歸誠。世祖嘉其忠款，拜懷達散騎常侍、敦煌太守，別遣使授寶使持節、侍中、都督西垂諸軍事、鎮西大將軍、開府儀同三司、領護西戎校尉、沙州牧、敦煌公，仍鎮敦煌，四品以下聽承制假授。眞君五年，因入朝，遂留京師，拜外都大官。轉鎮南將軍、幷州刺史。還，除內都大官。高宗初，代司馬文思鎮懷荒，改授鎮北將軍。太安五年薨，年五十三。詔賜命服一襲，贈以本官，謚曰宣。有六子：承、茂、輔、佐、公業、沖。公業早卒，沖別有傳。

承，字伯業，少有策略。初，寶欲謀歸款，民僚多有異議，承時年十三，勸寶速定大計，於是遂決。仍令承隨表入質。世祖深相器異，禮遇甚優，賜爵姑臧侯。後遭父憂，居喪以孝聞。承應傳先封，以自有爵，乃讓弟茂，時論多之。承方裕有鑒裁，爲時所重。高宗末，以姑臧侯出爲龍驤將軍、滎陽太守。爲政嚴明，甚著聲稱。延興五年卒，時年四十五。贈使持節、本將軍，雍州刺史，謚曰穆。

長子韶，字元伯，學涉，有器量。與弟彥、虔、蕤並爲高祖賜名焉。韶又爲季父沖所知重。延興中，補中書學生。襲爵姑臧侯，除儀曹令。時修改車服及羽儀制度，皆令韶典焉。遷給事黃門侍郎。後例降侯爲伯。兼大鴻臚卿，黃門如故。

高祖將創遷都之計，詔引侍臣訪以古事。韶對：「洛陽九鼎舊所，七百攸基，地則土中，實均朝貢，惟王建國，莫尚於此。」高祖稱善。遷太子右詹事。尋罷左右，仍爲詹事、秦州大中正。出爲安東將軍、兗州刺史。高祖自鄴還洛，韶朝於路，言及庶人恂事。高祖曰：「卿若不出東宮，或未至此。」

世宗初，徵拜侍中，領七兵尚書。尋除撫軍將軍、幷州刺史。以從弟伯尚同元禧之逆，在州禁止，徵還京師。雖不知謀，猶坐功親免除官爵。久之，起兼將作大匠，敕參定朝儀、律令。

呂苟兒反於秦州，除撫軍將軍、西道都督、行秦州事，與右衞將軍元麗率衆討之。事平，卽眞。璽書勞勉，復其先爵。時隴右新經師旅之後，百姓多不安業，韶善撫納，甚得夷夏之心。徵還，行定州事。尋轉相州刺史，將軍如故。

肅宗初，入爲殿中尚書，行雍州事。後除中軍大將軍、吏部尚書，加散騎常侍。韶在選曹，不能平心守正，通容而已，議者貶之。出爲冀州刺史。清簡愛民，甚收名譽，政績之美，聲冠當時。肅宗嘉之，就加散騎常侍。遷車騎大將軍，賜劍佩、貂蟬各一具，驊騮馬一匹，幷衣服寢具。韶以年及懸車，抗表遜位。優旨不許。轉定州刺史，常侍如故。及赴中山，冀州父老皆送出西境，相聚而泣。二州境既連接，百姓素聞風德，州內大治。正光五年四月，卒於官，年七十二。詔賵帛七百匹，贈侍中、持節、散騎常侍、車騎大將軍、司空公、雍州刺史，謚曰文恭。既葬之後，有冀州兵千餘人戍於荆州，還經韶墓，相率培冢，數日方歸。其遺愛如此。初，韶克定秦隴，永安中追封安城縣開國伯，邑四百戶。

長子璵，字道璠，襲。武定中，驃騎大將軍、東徐州刺史。

璵弟瑾，字道瑜。美容貌，頗有才學，特爲韶所鍾愛。清河王懌知賞之，懌爲司徒，辟參軍。轉著作佐郎，加龍驤將軍。稍遷通直散騎侍郎，與給事黄門侍郎王遵業、尚書郎盧觀典領儀注。臨淮王彧謂瑾等曰：「卿等三儁，共掌帝儀，可謂舅甥之國。」王、盧即瑾之外兄也。〔一〕肅宗崩，上謚策文，瑾所制也。莊帝初，於河陰遇害，年四十九。贈冠軍將軍、齊州刺史。

長子産之，字孫僑。容貌短陋，而撫訓諸弟，愛友篤至。年四十九，亡。

産之弟蒨之，武定末，司空主簿。

瑾弟璳，字道璋，少有風尚。辟司徒參軍事。神龜中卒。贈漢陽太守。

子脩年，大將軍開府士曹參軍。早亡。

韶弟彥，字次仲。頗有學業。高祖初，舉司州秀才，除中書博士。轉諫議大夫。後因考課，降爲元士。尋行主客曹事，徙郊廟下大夫。時朝儀典章咸未周備，彥留心考定，號爲稱職。

高祖南伐，彥以蕞爾江閩，不足親勞鑾駕，頻有表諫。雖不從納，然亦嘉其至誠。及六軍次於淮南，徵爲廣陵王羽長史，加恢武將軍、西翼副將軍。還，除冀州趙郡王幹長史。轉青州廣陵王羽長史，帶齊郡太守。徵爲龍驤將軍、司徒右長史，轉左長史、秦州大中正。出行揚州事。尋徵拜河南尹。還至汝陰，復敕行徐州事。轉平北將軍、平州刺史。還，平東將軍、徐州刺史。延昌二年夏，大霖雨，川瀆皆溢。彥相水陸形勢，隨便疏通，得無淹漬之害。朝廷嘉之，頻詔勞勉。入爲河南尹。遷金紫光祿大夫、光祿勳卿，轉度支尚書。出爲撫軍將軍、秦州刺史。

是時，破落汗拔陵等反於北鎮，二夏、豳、涼所在蜂起。而彥刑政過猛，爲下所怨，城民薛珍、劉慶、杜超等因四方離叛，遂潛結逆謀。正光五年六月，突入州門，擒彥於內齋，囚於西府，推其黨莫折大提爲帥，遂害彥。永安中，追贈侍中、驃騎大將軍、司徒公、雍州刺史，謚曰孝貞。

子燮，字德諧，少有風望。解褐司徒參軍。著作佐郞、司徒祭酒，轉主簿。卒，贈輔國將軍、太常少卿。

燮弟德廣，終於中散大夫。

德廣弟德顯，太尉行參軍，稍遷散騎侍郞。卒，贈征虜將軍、東秦州刺史。

德顯弟德明，祕書郞。

彥弟虔，字叔恭。太和初，爲中書學生。遷祕書中散，轉冀州驃騎府長史、太子中舍人。

世宗初，遷太尉從事中郎。出爲清河太守，屬京兆王愉反，虔棄郡奔闕。世宗聞虔至，謂左右曰：「李虔在冀州日久，恩信著物，今拔難而來，衆情自解矣。」乃授虔別領軍前慰勞事。事平，轉長樂太守。延昌初，冀州大乘賊起，令虔以本官爲別將，與都督元遙討平之。還後將軍、燕州刺史。還爲光祿大夫，加平西將軍，兼大司農卿。出爲散騎常侍、安東將軍、兗州刺史。追論平冀州之功，賜爵高平男。還京，除河南邑中正，遷鎭軍將軍、金紫光祿大夫。孝莊初，授特進、車騎大將軍、儀同三司，加散騎常侍。又進號驃騎大將軍、開府儀同三司。永安三年冬薨，年七十四。贈侍中、都督冀定瀛三州諸軍事、驃騎大將軍、太尉公、冀州刺史，男如故，謚曰宣景。

長子曖，字仁明。〔三〕解褐司空行參軍，稍遷尚書左外兵郎。孝莊初，於河陰遇害，年四十。贈安東將軍、度支尚書、青州刺史。

子褒，武定中，太師法曹參軍。

曖弟昞，字仁曜。起家高陽王雍常侍，員外散騎侍郎、太尉錄事參軍。孝莊初，與兄曖同時遇害，年三十八。〔三〕贈散騎常侍、左將軍、兗州刺史。

子爲，武定中，司空長流參軍。

昞弟昭，字仁照。卒於散騎侍郎。贈征虜將軍、涼州刺史。

子士元、操，〔四〕武定中，並儀同開府參軍事。

昭弟曉，字仁略。武定末，太尉諮議參軍。

虔弟蕤，字延賓。歷步兵校尉、東郡太守、司農少卿。卒，贈龍驤將軍、豫州刺史。

長子詠，〔五〕字義興，有幹局。起家太學博士。領殿中侍御史，稍遷東郡太守。莊帝初，遷安東將軍、濟州刺史。轉廣州刺史，加散騎常侍。前廢帝時，與第三弟通直散騎常侍義眞，第七弟中書侍郎、太常少卿義邕，同時爲尒朱仲遠所害。義邕，莊帝居蕃之日，以外親甚見親昵，及有天下，特蒙信任。尒朱榮之誅，義邕與其事，由是並及於禍。出帝初，贈詠侍中、驍騎將軍、吏部尙書、冀州刺史，義眞贈前將軍、齊州刺史，義邕贈安東將軍、青州刺史。

詠次弟義愼，司空屬。第四弟義遠，國子博士。莊帝初，並於河陰遇害。義愼贈散騎常侍、征東將軍、雍州刺史。

承弟茂，字仲宗。高宗末，襲父爵，鎭西將軍、敦煌公。高祖初，除長安鎭都將。轉西兗州刺史，將軍如故。入爲光祿大夫，例降爲侯。茂性謙愼，以弟沖寵盛，懼於盈，遂託以老疾，固請遜位。高祖不奪其志，聽食大夫祿，還私第，因居定州之中山。自是優遊里舍，〔六〕不入京師。景明三年卒，時年七十一。謚曰恭侯。

子靜，字紹安，襲。解褐太尉參軍事。定州別駕、東平原太守。神龜三年卒，年五十五。

子暹，字智遠，有几案才。起家司空行參軍，襲爵。稍遷右將軍、尚書駕部郎中。出爲河內太守。尒朱榮稱兵向洛，次其郡境，莊帝潛濟河北相會。暹既聞榮推奉莊帝，遂開門謁候，仍從駕南渡。及河陰，爲亂兵所害，時年四十二。事寧，追贈散騎常侍、車騎大將軍、尚書右僕射、秦州刺史。以候駕之功，封盧鄉縣開國伯，邑三百戶。

子孝儒，襲。齊受禪，爵例降。

靜弟孚，字仲安，恭順篤厚。起家鎮北府功曹參軍。定州別駕，汝陽、汝南、中山三郡太守。孝莊初，以外親超授撫軍將軍、金紫光祿大夫。出除鎮東將軍、滄州刺史，加散騎常侍。普泰元年卒，年六十二。有五子。

長子惠昭，太傅開府城局參軍。

惠昭弟惠諶，武定中，齊州別駕。

孚弟敬安，奉朝請。早亡。

敬安弟季安，粗涉書史。解褐彭城王行參軍。稍遷寧朔將軍、步兵校尉。出爲徐州北海王顥撫軍府長史。正光末，顥爲關西都督，復引爲長史，委以戎政。尋加驍騎將軍。孝昌三年，卒於軍，時年五十三。贈征虜將軍、涼州刺史。

子處默，少淸惠。起家青州彭城王府主簿。稍遷通直散騎常侍、安東將軍、光祿大夫、撫軍將軍、廣州開府長史。天平初卒，年三十九。

茂弟輔，字督眞，亦有人望。解褐中書博士，遷司徒議曹掾。太和初，高祖爲咸陽王禧納其女爲妃，除鎭遠將軍、潁川太守，帶長社戍。輔綏懷招集，甚得邊和。六年，卒於郡，年四十七。贈征虜將軍、秦州刺史、襄武侯，謚曰惠。

長子伯尙，少有重名。弱冠除祕書郎。高祖每云：「此李氏之千里駒。」稍遷通直散騎侍郎，敕撰太和起居注。尋遷祕書丞。世宗初，兼給事黃門侍郎。景明二年，坐與咸陽王禧謀反誅。時年二十九。

伯尙弟仲尙，儀貌甚美。少以文學知名。二十著前漢功臣序讚及季父司空沖誄，時兼侍中高聰、尙書邢巒見而歎曰：「後生可畏，非虛言也。」起家京兆王愉行參軍。景明中，坐兄事賜死，年二十五。

仲尙弟季凱，沉敏有識量。坐兄事，與母弟俱徙邊。久之，會赦免，遂寓居於晉陽，沉廢積年。孝昌中，解褐太尉參軍事，加威遠將軍。尋除幷州安北府長史。肅宗崩，尒朱榮陰圖義舉，季凱豫謀。莊帝踐阼，徵拜給事黃門侍郎，封博平縣開國侯，邑七百戶。尋加散騎常侍、平東將軍。轉祕書監，進號中軍將軍。普泰元年七月，尒朱世隆以榮之死，謂季凱通知，於是見害，年五十五。出帝初，追贈侍中、驃騎將軍、吏部尙書、定州刺史。

子統，字基伯，襲。武定末，太尉刑獄參軍。齊受禪，爵例降。

季凱弟延慶，孝昌中，解褐定州鎭北城局參軍。稍遷奉車都尉、陳留太守。遷鎭東將軍、金紫光祿大夫。永熙二年卒，年五十二。贈本將軍、雍州刺史。

子惠矩，武定中，儀同開府參軍事。

延慶弟延度，武定中，衞將軍、安德太守。

輔弟佐，字季翼，有文武才幹。高祖初，兼散騎常侍，銜命使高麗。以奉使稱旨，還，拜常山太守，賜爵眞定子。遷冠軍將軍、懷州刺史，賜爵山陽侯。尋加安南將軍、河內公。轉安東將軍、相州刺史。所在有稱績。

車駕南討，拜安南將軍，副大司馬、咸陽王禧爲殿中將軍。尋被敕與征南將軍、城陽王鸞，安南將軍盧淵等軍攻赭陽。各不相節度，諸軍皆坐甲城下，欲以不戰降賊。佐獨勒所部，晨夜攻擊。屬蕭鸞遣其太子右衞率垣歷生率衆來援，咸以勢弱不敵，規欲班師。佐乃簡騎二千逆賊，爲賊所敗。坐徙瀛州爲民。車駕征宛鄧，復起佐，假平遠將軍、統軍。蕭鸞新野太守劉忌憑城固守，佐率所領攻拔之。以功封涇陽縣開國子，邑三百戶。沔北既平，廣陽王嘉爲荆州刺史，仍以佐爲嘉鎭南府長史。加輔國將軍，別鎭新野。及大軍凱旋，高祖執佐手曰：「沔北，洛陽南門。卿既爲朕平之，亦當爲朕善守。」

高祖崩，遺敕以佐行荆州事，仍本將軍。佐在州，威信大行，邊民悅附，前後歸之者二萬許家。尋正刺史。世宗初，徵兼都官尙書。景明二年卒，年七十一。贈征虜將軍、秦州刺史，謚曰莊。子遵襲。

遵，爽儁有父風。歷相州治中，轉別駕、冀州征北府長史、司空司馬。卒，贈龍驤將軍、洛州刺史。孝莊初，以外戚超贈車騎大將軍、儀同三司、定州刺史。

子果，襲。司空諮議參軍。武定中，坐通西賊伏誅。

遵弟柬，字休賢。郡辟功曹。以父憂去職，遂終身不食酒肉，因屏居鄉里。肅宗初，司空、任城王澄嘉其操尙，以爲參軍事。尋轉司徒外兵參軍。歷任城、濟北二郡太守。孝莊初，遷鎭遠將軍、濟州刺史。卒，贈安北將軍、殿中尙書、相州刺史。

子經，司徒諮議參軍、行豫州事。興和初，坐妖言賜死。

柬弟神儁，小名提。少以才學知名，爲太常劉芳所賞。釋褐奉朝請，轉司徒祭酒、從事中郎。頃之，拜驍騎將軍、中書侍郎、太常少卿。出爲前將軍、荆州刺史。時四方多事，所在連兵。蕭衍遣將曹敬宗來寇，攻圍積時，又引水灌城，城不沒者數版。神儁循撫兵民，戮力固守。詔遣都督崔暹，別將王羆、裴衍等赴援，敬宗退走。時寇賊之後，城外多有露骸，神儁勑令收葬之。徵拜大司農卿。肅宗末，除鎭軍將軍、行相州事。於時葛榮南逼，神儁憂懼，乃故墜馬傷脚，仍停汲郡，有詔追還。莊帝纂統，以神儁外戚之望，拜散騎常侍、殿中尚書。追論固守荆州之功，封千乘縣開國侯，邑一千戶。轉中書監、吏部尚書。

神儁意尚風流，情在推引人物，而不能守正奉公，無多聲譽。有鉅鹿人李炎上書言神儁之失。天柱將軍尒朱榮曾補人爲曲陽縣令，神儁以階縣不用，榮聞大怒，謂神儁自樹親黨，排抑勳人。神儁懼，啓求解官。乃除衞將軍、右光祿大夫。〔七〕尋屬尒朱兆入京，乘輿幽執，神儁遂逃竄民間。出帝初，始來歸闕，拜散騎常侍、驃騎大將軍、左光祿大夫、儀同三司。孝靜初，行幷州事。尋除驃騎大將軍、肆州刺史。入爲侍中。興和二年薨，〔八〕年六十四。贈都督雍秦涇三州諸軍事、驃騎大將軍、尚書左僕射、司徒公、雍州刺史，侍中、開國公如故。

神儁風韻秀舉，博學多聞，朝廷舊章及人倫氏族，多所諳記。篤好文雅，老而不輟，凡所交遊，皆一時名士。汲引後生，爲其光價，四方才子，咸宗附之。而性通率，不持檢度，至於少年之徒，皆與褻狎，不能清正方重，識者以此爲譏。神儁喪二妻，又欲娶鄭嚴祖妹，神儁之從甥也。盧元明亦將爲婚，遂至紛競，二家閱於嚴祖之門。鄭卒歸元明，神儁惆悵不已，時人謂神儁鳳德之衰。神儁無子，從弟延度以第三子容兒後之。

韶從弟元珍，小名大墨。起家奉朝請，太尉錄事參軍，卒於步兵校尉。

元珍弟仲遵，有業尚。彭城王勰爲定州，請爲開府參軍。累轉員外散騎常侍、游擊將軍、太中大夫。出爲京兆內史。大將軍、京兆王繼西伐，請爲諮議參軍。〔九〕尋除左將軍、營州刺史。時四方州鎮謀逆，叛亂相續，營州城內，咸有異心。仲遵單車赴州，既至，與大使盧同以恩信懷誘，率皆怡悅。後肅宗又詔盧同爲行臺，北出慰勞。同疑彼人情難信，聚兵將往。城民劉安定等先有異志，謂欲圖己，還相恐動，遂執仲遵。二子淸石、阿罕，尋亦見殺。唯兄子徽仁得免。

韶從叔思穆，字叔仁。父抗，自涼州渡江左，仕劉駿，歷晉壽、安東、東萊三郡太守。思穆有度量，善談論，工草隸，爲當時所稱。太和十七年，攜家累自漢中歸國，除步兵校尉。遭母憂解任。起爲都水使者。及車駕南伐，以本官兼直閤將軍，從平南陽，以功賜爵爲伯。

尋除司徒司馬。彭城王勰爲定州，請爲司馬，帶鉅鹿太守。勰徙鎭揚州，仍請爲司馬。府解，除征虜將軍、太中大夫。出爲京兆內史，在郡八年，頗有政績。徵拜光祿大夫。肅宗初，除平北將軍、中山太守，未拜，遷安北將軍、營州刺史。卒於位，時年六十一。贈安西將軍、華州刺史。永安中，子獎爲莊帝所親待，復超贈思穆衞將軍、中書監、左光祿大夫，謚曰宣惠。有子十四人。

嫡子斌，襲。官至散騎侍郎。早卒。

斌兄獎，武定末，司徒左長史。

李氏自初入魏，人位兼舉，因沖寵遇，遂爲當世盛門。而仁義吉凶，情禮淺薄，期功之服，殆無慘容，相視窘乏，不加拯濟。識者以此貶之。

史臣曰：李寶家難流離，晚獲歸正，大享名器，世業不殞，諸子承基，俱有位望。韶清身履度，聲績洽美矣。神儁才尙風流，殆民望也，貞粹之地，君子或未許焉。

校勘記

〔一〕王盧即瑾之外兄也 諸本「王」訛「士」，今據北史卷一〇〇序傳、册府卷四五八五四三五頁改。

〔二〕長子曖字仁明　北史卷一〇〇「曖」作「喚」。按以下子孫名字，魏書與北史常有異同，見於唐書卷七二上宰相世系表者多同北史，下不一一列舉。

〔三〕孝莊初與兄曖同時遇害年三十八　諸本「三」作「四」，北史卷一〇〇作「三」。本書殿本考證及李慈銘、張森楷均疑昞爲曖弟，同時被殺，上文說曖死年四十，不應弟長於兄。但都沒有檢北史，今據北史改。

〔四〕子士元操　北史卷一〇〇「操」上有「士」字，不宜省，當是脫文。

〔五〕長子詠　北史卷一〇〇「詠」作「諺」。按墓誌集釋元子邃妻李艷華墓誌圖版五七八稱祖蕤，司農、豫州刺史；父該，散騎常侍、濟州刺史。該官位與詠同，知「詠」「諺」均爲「該」之訛。

〔六〕自是優遊里舍　百衲本、南本、北本「里舍」作「早舍」，汲本、殿本、局本作「早舍」，都不可解，今據北史卷一〇〇改。

〔七〕乃除衞將軍右光祿大夫　諸本「右」作「左」，册府卷九四九一一六九頁作「右」。按墓誌集釋李挺卽神儁墓誌圖版五九一也作「右」，與册府合。「左」字訛，今據改。

〔八〕興和二年薨　按墓誌稱「以興和三年六月十七日薨於位」。此誌當年所作，記年月較確，這裏「二」字當是「三」之訛。

〔九〕請爲諮議參軍　諸本「爲」作「而」，獨局本作「爲」。按殿本考證及李慈銘、張森楷都說「而」當作「爲」，局本當亦是以意改。但作「而」不可通，今從局本。

魏書卷四十

列傳第二十八

陸俟

陸俟，代人也。曾祖幹，祖引，世領部落。父突，太祖時率部民隨從征伐，數有戰功，拜厲威將軍、離石鎮將。天興中，爲上黨太守、關內侯。

俟少聰慧，有策略。太宗踐阼，拜侍郎，遷內侍，襲爵關內侯，轉龍驤將軍、給事中，典選部蘭臺事。當官而行，無所屈橈。世祖親征赫連昌，詔俟督諸軍鎮大磧，以備蠕蠕。車駕還，復典選部蘭臺事。與西平公安頡督諸軍攻虎牢，克之，賜爵建業公，拜冀州刺史，仍本將軍。時考州郡治功，唯俟與河內太守丘陳爲天下第一。轉都督洛豫二州諸軍事、本將軍、虎牢鎮大將。平涼休屠金崖、羌狄子玉等叛，復轉爲使持節、散騎常侍、平西將軍、安定鎮大將。既至，懷柔羌戎，莫不歸附。追討崖等，皆獲之。徵還，拜散騎常侍。

出爲平東將軍、懷荒鎭大將。未期，諸高車莫弗訟俟嚴急，待下無恩，還請前鎭將郎孤。世祖詔許之，徵俟還京。既至朝見，言於世祖曰：「陛下今以郎孤復鎭，以臣愚量，不過周年，孤身必敗，高車必叛。」世祖疑謂不實，切責之，以公歸第。明年，諸莫弗果殺郎孤而叛。世祖聞之，大驚，卽召俟，問其知敗之意。俟曰：「夫高車上下無禮，無禮之人，難爲其上。臣所以莅之以威嚴，節之以憲網，欲漸加訓導，使知分限。而惡直醜正，實繁有徒，故訟臣無恩，稱孤之美。孤獲還鎭，欣其名譽，必加恩於百姓，譏臣爲失，專欲以寬惠治之，仁恕待之。無禮之人，易生陵傲，不過期年，無復上下，然後收之以威，則人懷怨懟，怨懟旣多，敗亂彰矣。」世祖笑曰：「卿身乃短，慮何長也。」卽日，復除散騎常侍。世祖征蠕蠕，破涼州，常隨駕別督輜重。又與高涼王那渡河南，略地至濟南東平陵，徙其民六千家於河北。

又以俟都督秦雍二州諸軍事、平西將軍、長安鎭大將。與高涼王那擊蓋吳於杏城，大破之。獲吳二叔，諸將欲送京師，俟獨不許，曰：「夫長安一都，險絕之土，民多剛强，類乃非一。淸平之時，仍多叛動，今雖良民，猶以爲懼，況其黨與乎？若不斬吳，恐長安之變未已。吳一身藏竄，非其親信，誰能獲之？若停十萬之衆以追一人，非上策也。不如私許吳叔，免其妻子，使自追吳，擒之必也。」諸將咸曰：「今來討賊，旣破之，獲其二叔，唯吳一人，何所復至。」俟曰：「吳之悖逆，本自天性，今若獲免，必誑惑愚民，稱王者不死，妄相扇動，爲患必大。諸君不見毒蛇乎？斷其頭猶能爲害，況除腹心疾，而曰必遺其類，其可乎？」諸將曰：「公言是也。但得賊不殺，更有所求，遂去不返，其如罪何？」俟曰：「此罪我與諸君當之。」高涼王那亦從俟計，遂遣吳二叔，與之期。及吳叔不至，諸將各咎於俟。俟曰：「此未得其便耳，必不背也。」後數日，果斬吳以至，皆如其言。俟之明略獨決，皆此類也。遷內都大官。

安定盧水劉超等聚黨萬餘以叛，〔一〕世祖以俟威恩被於關中，詔以本官加都督秦雍諸軍事，鎮長安。世祖曰：「秦川險絕，奉化日近，吏民未被恩德，故頃年已來，頻有叛動。今超等恃險，不順王命，朕若以重兵與卿，則超等必合而爲一，據險拒戰，未易攻也；若以輕兵與卿，則不制矣。今使卿以方略定之。」於是俟單馬之鎮，超等聞之大欣，以爲無能爲也。既至，申揚威信，示以成敗，誘納超女，外若姻親。超猶自警，初無降意。俟乃率其帳下，往見超，觀其舉措，設掩襲之計。超使人逆曰：「三百人以外，適當以弓馬相待，三百人以內，當以酒食相供。」俟乃將二百騎詣超，超設備甚嚴。俟遂縱酒盡醉而還。後謂將士曰：「超可取也。」乃密選精兵五百人，陳國恩德，激厲將士，言至懇切。士卒奮勇，各曰：「以死從公，必無二也。」遂僞獵而詣超，與士卒約曰：「今會發機，當以醉爲限。」俟於是詐醉，上馬大呼，手斬超首。士卒應聲縱擊，殺傷千數，遂平之。世祖大悅，徵俟還京師，轉外都大官，散騎常侍如故。

高宗踐阼，以子麗有策立之勳，拜侯征西大將軍，進爵東平王。太安四年薨，年六十七，謚曰成。有子十二人。

長子叡，多智，有父風。高宗見叡而悅之，謂朝臣曰：「吾常歎其父智過其軀，是復踰於父矣。」少爲內都下大夫，奉上接下，行止取與，每能逆曉人意，與其從事者無不愛之。興安初，賜爵聊城侯，出爲散騎常侍、安南將軍、相州刺史，假長廣公。爲政清平，抑强扶弱。州中有德宿老名望重者，以友禮待之，詢之政事，責以方略。如此者十人，號曰「十善」。又簡取諸縣强門百餘人，以爲假子，誘接殷勤，賜以衣服，令各歸家，爲耳目於外。於是發姦摘伏，事無不驗。百姓以爲神明，無敢劫盜者。在州七年，家至貧約。徵爲散騎常侍，民乞留叡者千餘人。顯祖不許，謂羣臣曰：「叡之善政，雖復古人何以加之？」賜絹五百匹、奴婢十口。叡之還也，吏民大斂布帛以遺之，叡一皆不受，民亦不取，於是以物造佛寺焉，名長廣公寺。後襲父爵，改封建安王。

時劉彧司州刺史常珍奇以懸瓠內附，而新民猶懷去就。叡銜旨撫慰，諸有陷軍爲奴婢者，叡皆免之。百姓忻悅，民情乃定。蠕蠕犯塞，車駕親討，詔叡爲選部尚書，錄留臺事，督兵運糧，一委處分。

顯祖將禪位於京兆王子推，任城王雲、隴西王源賀等並皆固諫。馛抗言曰：「皇太子聖德承基，四海屬望，不可橫議，干國之紀。臣請刎頸殿庭，有死無貳。」久之，帝意乃解，詔曰：「馛，直臣也，其能保吾子乎！」遂以馛爲太保，與太尉源賀持節奉皇帝璽紱，傳位于高祖。

延興四年薨，贈以本官，諡曰貞王。馛有六子，琇、凱知名。

琇，字伯琳，馛第五子。母赫連氏，身長七尺九寸，甚有婦德。馛有以爵傳琇之意。琇年九歲，馛謂之曰：「汝祖東平王有十二子，我爲嫡長，承襲家業，今已年老，屬汝幼沖，詎堪爲陸氏宗首乎？」琇對曰：「苟非鬭力，何患童稚。」馛奇之，遂立琇爲世子。馛薨，襲爵。琇沉毅少言，雅好讀書，以功臣子孫爲侍御長、給事中，遷黃門侍郎，轉太常少卿、散騎常侍、太子左詹事、領北海王師、光祿大夫，轉祠部尚書、司州大中正。會從兄叡事免官。景明初，試守河內郡。咸陽王禧謀反，令子曇和與尹仵期、薛繼祖等先據河內。琇聞禧敗，斬曇和首。時以琇不先送曇和，禧敗始斬首，責其通情，徵詣廷尉。廷尉少卿崔振窮治罪狀，按琇大逆，陸宗大小，咸見收捕。會將赦，先薨於獄。琇弟凱仍上書訴寃，世宗詔復琇爵。子景祚襲。

凱，字智君，謹重好學。年十五，爲中書學生，拜侍御中散，轉通直散騎侍郎，遷太子庶子、給事黃門侍郎。凱在樞要十餘年，以忠厚見稱，希言屢中，高祖嘉之。後遇患，頻上書乞骸骨，詔不許，敕太醫給湯藥。除正平太守，在郡七年，號爲良吏。初，高祖將議革變舊風，大臣並有難色。又每引劉芳、郭祚等密與規謨，共論時政，而國戚謂遂疏己，快快有不平之色。乃令凱私喻之曰：「至尊但欲廣知前事，直當問其古式耳，終無親彼而相疏也。」國戚舊人意乃稍解。咸陽王禧謀逆，凱兄琇陷罪，凱亦被收，遇赦乃免。凱痛兄之死，哭無時節，目幾失明，訴寃不已，備盡人事。至正始初，世宗復琇官爵，凱大喜，置酒集諸親曰：「吾所以數年之中抱病忍死者，顧門戶計耳。逝者不追，今願畢矣。」遂以其年卒。贈龍驤將軍、南青州刺史，謚曰惠。

長子暐，字道暉，與弟恭之並有時譽。洛陽令賈禎見其兄弟，歎曰：「僕以老年，更覩雙璧。」又嘗兄弟共候黃門郎孫惠蔚，惠蔚謂諸賓曰：「不意二陸復在座隅，吾德謝張公，無以延譽。」暐起家司徒行參軍，太尉西閣祭酒，兼尚書右民、三公郎，坐事免。後除伏波將軍。正光中卒。贈司州治中。孝昌中，重贈冠軍將軍、恒州刺史。暐擬急就篇爲悟蒙章，及七誘、十醉、章表數十篇。暐與恭之晚不睦，爲時所鄙。

子元規，武定中，尙書郎。

恭之，字季順，有操尙。釋褐侍御史、著作佐郎。建義初，除中書侍郎，領著作郎，尋除河北太守，轉征虜將軍、殷州刺史。前廢帝初，拜廷尉卿，加鎭西將軍。所歷並有聲績，後坐事免。孝靜初，還復本任，出除征南將軍、東荆州刺史。天平四年卒。贈散騎常侍、衞將軍、吏部尙書、定州刺史，謚曰懿。恭之所著文章詩賦凡千餘篇。

子曄，開府中兵參軍。

馛弟石跋，涇州刺史。

石跋弟歸，東宮舍人、駕部校尉。

歸弟尼，內侍校尉、東陽鎭都將。

尼弟麗，少以忠謹入侍左右，太武特親昵之。舉動審愼而無愆失。賜爵章安子，稍遷南部尙書。

太武崩，南安王余立，既而爲中常侍宗愛等所殺。百僚憂惶，莫知所立。麗以高宗世嫡之重，民望所係，乃首建大義，與殿中尙書長孫渴侯、尙書源賀、羽林郎劉尼奉迎高宗於苑中，立之。社稷獲安，麗之謀矣。由是受心膂之任，在朝者無出其右。興安初，封平原王，加撫軍將軍。麗辭曰：「陛下以正統之重，承基繼業，至於奉迎守順，臣職之常，豈敢昧冒以干大典。」頻讓再三，詔不聽。麗乃啓曰：「臣父歷奉先朝，忠勤著稱，今年至西夕，未登王爵。臣幼荷寵榮，於分已過，愚款之情未申，犬馬之効未展，願裁過恩，聽遂所請。」高宗曰：「朕爲天下主，豈不能得二王封卿父子也。」乃以其父俟爲東平王。麗尋遷侍中、撫軍大將軍、司徒公，復其子孫，賜妻妃號。麗以優寵旣頻，固辭不受，高宗益重之。領太子太傅。麗好學愛士，常以講習爲業。其所待者，皆篤行之流，士多稱之。性又至孝，遭父憂，毁瘠過禮。

和平六年，高宗崩。先是麗療疾於代郡溫泉，聞諱欲赴，左右止之曰：「宮車晏駕，王德望素重，姦臣若疾民譽，慮有不測之禍。願少遲回，朝廷寧靜，然後奔赴，猶爲未晚。」麗曰：「安有聞君父之喪，方慮禍難，不卽奔波者！」遂便馳赴。乙渾尋擅朝政，忌而害之。初，渾悖傲，每爲不法，麗數諍之，由是見忌。顯祖甚追惜麗，謚曰簡王，陪葬金陵。高祖追錄先朝功臣，以麗配饗廟庭。麗二妻，長曰杜氏，次張氏。長子定國，杜氏所生；次叡，張氏所生。

定國在襁抱，高宗幸其第，詔養宮內，至於遊止常與顯祖同處。年六歲，爲中庶子。及顯祖踐阼，拜散騎常侍，特賜封東郡王，加鎭南將軍。定國以承父爵，頻辭不許，又求以父爵讓弟叡，乃聽之。俄遷侍中、儀曹尙書，轉殿中尙書。前後大駕征巡，每擢爲行臺錄都曹事。超遷司空。定國恃恩，不修法度，延興五年，坐事免官爵爲兵。太和初，復除侍中、鎮南將軍、秦益二州刺史，復王爵。八年，薨於州。贈以本官，謚曰莊王，賜命服一襲。

子昕之，字慶始，風望端雅。襲爵，例降爲公。尚顯祖女常山公主，拜駙馬都尉。歷通直郎，景明中，以從叔琇罪免官。尋以主壻，除通直散騎常侍。未幾，遷司徒司馬，加輔國將軍，出爲兗州刺史。尋進號安東將軍，治有名績，仍除青州刺史。在州著寬平之稱，轉安北將軍、相州刺史。永平四年夏卒。贈鎮東將軍、冀州刺史，謚曰惠。

初，定國娶河東柳氏，生子安保，後納范陽盧度世女，生昕之。二室俱爲舊族而嫡妾不分。定國亡後，兩子爭襲父爵。僕射李沖有寵於時，與度世子淵婚親相好。〔一〕沖遂左右申助，昕之由是承爵尚主，職位赫弈。安保沉廢貧賤，不免飢寒。

昕之容貌柔謹，高祖以其主壻，特垂昵眷。世宗時，年未四十，頻撫三蕃，當世以此榮之。昕之卒後，母盧悼念過哀，未幾而亡。公主奉姑有孝稱，神龜初，與穆氏頓丘長公主並爲女侍中。又性不妬忌，以昕之無子，爲納妾媵，而皆育女。公主有三女無男，以昕之從兄希道第四子子彰爲後。

子彰，字明遠，本名士沈。年十六出後，事公主盡禮。丞相高陽王雍嘗言曰：「常山妹雖無男，以子彰爲兒，乃過自生矣。」正光中，襲爵東郡公，尋除散騎侍郎，拜山陽太守。莊帝卽位，徵拜給事黃門侍郎。子彰妻卽咸陽王禧女。禧誅，養於彭城王第，莊帝親之，略同諸姊。建義初，尒朱榮欲修舊事，庶姓封王，由是封子彰濮陽王，食邑七百戶。尋而詔罷，仍復先爵。除安西將軍、洛州刺史。還，拜征東將軍、金紫光祿大夫，領廣平王贊開府諮議參軍事。天平中，拜衞將軍、潁州刺史。以母憂去職。元象中，以本將軍除齊州刺史，又加驃騎將軍，行懷州事。轉北豫州刺史，仍除徐州刺史，將軍並如故。一年歷三州，當世榮之。還朝，除衞大將軍、左光祿大夫。又行瀛州事。尋拜侍中。復行滄州事。進號驃騎大將軍，行冀州事。除侍讀、兼七兵尚書。行青州事。子彰之爲州，以聚斂爲事，晚節修改，自行青、冀、滄、瀛，甚有時譽，加以虛己納物，人敬愛之。武定八年二月，除中書監。三月卒，年五十四。賻帛一百匹，追贈都督青光齊三州諸軍事、驃騎大將軍、開府儀同三司、青州刺史，公如故，諡曰文宣。子彰崇好道術，曾嬰重疾，藥中須桑螵蛸，子彰不忍害物，遂不服焉。其仁恕如此。教訓六子，雅有法度。

子昂，武定中，中書舍人。

昂弟駿，太子洗馬。

駿弟杳，尚書倉部郎。

叡，字思弼。其母張氏，字黃龍，本恭宗宮人，以賜麗，生叡。麗之亡也，叡始十餘歲，襲爵撫軍大將軍、平原王。沉雅好學，折節下士。年未二十，時人便以宰輔許之。娶東徐州刺史博陵崔鑒女，〔三〕鑒謂所親云：「平原王才度不惡，但恨其姓名殊爲重複。」時高祖未改其姓。叡婚自東徐還，經於鄴，見李彪，甚敬悅之，仍與俱趨京師，以爲館客，資給衣馬僮使，待之甚厚。爲北征都督，拜北部長，轉尚書，加散騎常侍。

太和八年正月，叡與隴西公元琛並持節爲東西二道大使，褒善罰惡，聲稱聞於京師。五月，詔賜叡夏服一具。後以叡爲北征都督，擊蠕蠕，大破之。遷侍中、都曹尚書。時蠕蠕又犯塞，詔叡率騎五千以討之，蠕蠕遁走，追至石磧，擒其帥赤河突等數百人而還。加散騎常侍，遷尚書左僕射，領北部尚書。

十六年，降五等之爵，以麗勳著前朝，封叡鉅鹿郡開國公，食邑三百戶。尋爲使持節、鎮北大將軍，與陽平王頤並爲都督，督領軍將軍斛律桓等北征三道諸軍事，步騎十萬以討蠕蠕。叡以下各賜衣物布帛。高祖親幸城北，訓誓羣帥。除尚書令、衞將軍。叡大破蠕蠕而還。尋以母憂解令。高祖將有南伐之事，以本官起之，改授征北將軍。叡固辭，請終情禮。詔曰：「叡猶執私痛，致違往旨，金革方馳，何宜曲遂也。加領衞尉。可重敕有司，速令敦喻。」後除使持節、都督恒肆朔三州諸軍事、本將軍、恒州刺史，行尚書令。高祖大考百官，奪叡尚書令祿一周。

十九年，叡表曰：「臣聞先天有弗違之略，後天有順時之規。今蕭鸞盜有名目，竊據江左，惡盈罪稔，天人棄之。取亂攻昧，誠在茲日。愚以長江浩蕩，彼之巨防，可以德招，難以力屈。又南土昏霧，暑氣鬱蒸，師人經夏，必多疾病。而鼎遷草創，庶事甫爾，臺省無論政之館，府寺靡聽治之所，百僚居止，事等行路，沉雨炎陽，自成癘疫。且兵徭並舉，聖王所難。今介冑之士，外攻讎寇；羸弱之夫，內動土木；運給之費，日損千金。驅罷弊之兵，討堅城之虜，將何以取勝乎？陛下往冬之舉，政欲曜武江漢，示威衡湘，自春幾夏，理宜釋甲。願櫜旌卷旆，爲持久之方；崇成帝居，深重本之固。聖懷無內念之虞，兆庶休斤板之役，修禮華區，諷風洛浦。然簡英略之將，任猛毅之雄，南取荆湘，據其要府，則梁秦以西覩機自服；撫附振威，回麾東指，則義陽以左馳聲可制。然後布仁化以綏近，播恩施以懷遠，凡在有情，孰不思奮！還遣慕德之人効其餘力，乘流而下，勢勝萬倍，蕞爾閩甌，敢不稽顙！豈必茲年，競斯寸尺。惟願顧存近敕，納降而旋，不紆鑾輿，久臨炎暑。」高祖從之。叡表請車駕還代，親臨太師馮熙之葬，坐削奪都督三州諸軍事。尋除都督恒朔二州諸軍事，進號征北大將軍。以有順遷之表，加邑四百户。

時穆泰爲定州刺史，辭以疾病，土温則甚，請恒州自効，高祖許之。乃以叡爲散騎常侍、定州刺史，將軍如故。叡未發，遂與泰等同謀構逆。賜死獄中，聽免孥戮，徙其妻子爲遼西郡民。詔僕射李冲、領軍于烈曰：「陸叡、元丕，早蒙寵禄，位極人臣。自與卿等同受非常之詔，朕許以不死之旨，思得上下齊信，以保大義。朕於卿等常忘短棄瑕，務相含養。豈謂陸叡無心之甚，一至於斯！乃與穆泰結禍，數圖反噬。以朕遷洛，内懷不可，擬舉諸王，議引子恂，若斯之論，前後非一。始欲推故南安王，次推陽平王，若不肯從，欲逼樂陵王。訕謗朝廷，書信炳然。事既垂就，叡以洛都休明，勸令小緩，於是之後，兩人復競。然猶隱而弗聞。賴陽平王忠貞奮發，獲泰之言，便爾馳表，得使王人糾慝，恒岳無塵。是以叡之愆失，處入門誅。朕諦尋前旨，許不盡法。反逆之志，自負幽冥，違誓在彼，不關朕也。反心逆意，既異餘犯，雖欲矜恕，末如之何。然猶憶先言，兼以末頗異議，聽自死別府，免厥孥戮，其門子孫，永世不齒。元丕二子一弟，首爲賊端，其父無人明證，理在可覩。但以言無炳灼，隱而弗窮，以連坐應死，特恕爲民。朕本期有終，而彼自棄。卿等之間，忽及今日，違心乖念，一何可悲，故此別示，想無致怪也。謀反之外，皎如白日耳。」

沖、烈表曰：「臣等邀逢幸會，生遇昌辰。才非利用，坐班位列；功無汗馬，猥受山河。叨忝之寵，終古無比；莫大之施，萬殞靡酬。而叡、丕識乖犬馬，心同梟獍，潛引童稚，構茲妖逆，違悖天常，罪踰萬殞。叡結釁在心，陰構不息，間說戚蕃，擬窺乾象。雖覩休平，未懷疑惑，何嘗片辭披露宿志，原心語跡，實爲賊首。丕之二子，從惡累年，交扇東西，規擾弁夏，測覩此狀，無容不知。雖聖慈含育，恕其生命，其若天地何！其若神祇何！夫効誠盡節，爲下之恒分；刑茲無捨，在上之常法。況曲蒙莫大之恩，奬以忠貞之義，而更違天背道，包藏姦逆，求情推理，罪乃常誅。而慈造寬渥，更流恩貸，續叡三斷之骸，還丕已絕之魄，二三縱宥，實虧憲典。猶復上延天眷，言念疇日。不以臣等背負餘黨，別垂明詔，再申齊信之恩，重喻皎日之旨，伏讀悲慚，惟深愧惕。」

叡長子希道，字洪度，有風貌，美鬚髯。歷覽經史，頗有文致。初拜中散，遷通直郎，坐父事徙於遼西。於後得還，從征自效。以軍功拜給事中，遷司徒記室、司空主簿。征南將軍元英攻蕭衍司州，以希道爲副，及克義陽，以功賜爵淮陽男。拜諫議大夫。以學闕今古，參議新令。轉廷尉少卿。加龍驤將軍、南青州刺史。以本將軍轉梁州刺史。希道頻表辭免。又除東夏州刺史，不拜。轉北中郎將，遷前將軍、郢州刺史。希道善於馭邊，甚有威略，轉平西將軍、涇州刺史。正光四年卒官。贈撫軍將軍、定州刺史。希道有六子。

士懋，字元偉。天平中，以其曾祖麗有翼戴之勳，詔特復鉅鹿郡開國公，邑三百戶，令士懋襲。武定中，平東將軍、營州刺史。

士懋弟士宗，字仲彥。尚書左外兵郎中。

士宗弟士述，字幼文。符璽郎中。士宗、士述，建義初，並於河陰遇害。

士述弟士沈，出繼從叔昕之。

士沈弟士廉，字季脩。建州平北府長史。永安末，爲尒朱世隆攻陷州城，見害。

士廉弟士佩，字季偉。武定中，安東將軍、司州治中。

希道弟希悅，尚書外兵郎中、驃騎諮議參軍、通直散騎常侍、平南將軍、光祿大夫。遇害於河陰。贈散騎常侍、衞將軍、相州刺史。

希悅弟希諡，太尉參軍，早卒。

希諡弟希靜，字季默。司徒默曹，稍遷邵郡太守。

希靜弟希質，字幼成。起家員外郎，領侍御史，稍遷散騎侍郎、陽城太守。孝莊初，除龍驤將軍、膠州刺史。蕭衍遣將率衆數萬從郁洲浮海據島，來侵州界，希質討破之。轉建州刺史，將軍如故。尒朱榮之死也，世隆率衆北還晉陽，希質固守拒之，城陷，兄子被害。希質妻元氏，榮妻之兄孫，由是獲免。天平初，給事黃門侍郎，遷魏尹，轉太常卿、衞大將軍、都官尚書。武定七年夏卒，年五十八。贈驃騎大將軍、中書監、青州刺史，謚曰文。希質名家子，位宦又通，不能平心於物，唯與山偉、宇文忠之等共爲朋黨，排毀朝俊，有識者薄之。

子珣，字子琰。開府參軍。次瑾，字子瑜。性並粗險，乃爲劫盜，珣、瑾俱死。

瑾弟瓘，字子璧。次悉達。武定中，並儀同開府參軍。

麗弟頵，早卒。子□，字淸都。性機巧，歷位長水校尉，賜爵廣牧子。遷龍驤將軍、游擊將軍、北中郎將。轉南中郎將，帶魯陽太守，進號前將軍。卒，贈本將軍、夏州刺史，謚曰順。

頵弟陵成，中校尉、河間太守、祕書中散、新城子。

陵成弟龍成，有父兄之風。少以功臣子爲中散，稍遷散騎常侍，賜爵永安子。加平遠將軍，出爲安南將軍、青州刺史，假樂安公。愛民恤下，百姓稱之。卒。

子昶，字細文，襲爵。正始中，爲太尉屬，加寧遠將軍，以本官行滎陽郡事。被劾，會赦免。久之，進號廣武將軍，遷司空司馬，尋拜光祿大夫。昶無他才能，唯飲酒爲事。出爲平西將軍、京兆內史，固辭不拜。轉平北將軍、肆州刺史。入爲衞將軍、大鴻臚卿，仍除車騎將軍、左光祿大夫。天平中，進號驃騎大將軍，加散騎常侍、領左右、兼給事黃門侍郎，仍兼太僕卿。復以本將軍爲東徐州刺史。尋卒。贈本將軍、衞尉卿、青州刺史。

龍成季弟騏驎，侍御中散，〔四〕轉侍御長。太和初，新平太守、銀青光祿大夫，以彭城勳除夏州刺史。

子高貴，孝昌中，兗州鎮東府法曹參軍。

子操，武定末，度支尚書。操弟楚。

高貴弟順宗，員外郎、祕書中散。

子槪之，武定末，東莞太守。

俟族弟宜，雲中鎭將。

子雋，高宗世，歷侍中、給事。顯祖初，侍御長。以謀誅乙渾，拜侍中、樂部尚書。遷散騎常侍、吏部尚書，賜爵安樂公，甚見委任。尋拜尚書令。後除安東將軍、定州刺史，轉征東大將軍、相州刺史。政尚寬惠，民吏安定。卒，謚貞公。

子登，澄城太守。

子匡，司空倉曹參軍。

登弟子景元，元象初，衞將軍、儀同三司、南青州刺史。

史臣曰：陸俟威略智器有過人者。馛識幹明厲，不替家風。麗忠國奉主，爲時梁棟，蹈忠履義，制於一豎。惜哉！叡、琇以沉雅顯達，而釁逆陷禍。深山大澤，實有龍蛇。希道風度有聲，子彰令終之美也。

校勘記

〔一〕安定盧水劉超等聚黨萬餘以叛　諸本「水」作「永」。北史卷二八陸俟傳作「水」，通鑑卷一二四三九二八頁「水」下更有「胡」字。按盧水胡屢見後漢書、三國志、晉書等史籍。若作「永」，則是人名，但下文只稱「超」等。知「永」乃「水」之形訛，今據改。

〔二〕與度世子淵婚親相好　諸本「淵」作「泉」。按盧淵，卷四七有傳。這裏當是唐人避諱改，今回改。

〔三〕娶東徐州刺史博陵崔鑒女　諸本無「東」字，北史卷二八陸叡傳有。按下明云：「叡婚自東徐還。」卷六二李彪傳稱陸叡「娶東徐州刺史博陵崔鑒女」。卷四九崔鑒傳也只稱鑒「出爲奮威將軍、東徐州刺史」，不云「徐州」。此傳脫「東」字，今據補。

〔四〕侍御中散　諸本「御」作「郎」，北史卷二八作「御」。按「侍御中散」魏初已有此官，太和後品令在從五品上。「侍郎中散」無此官名，今據改。

魏書卷四十一

列傳第二十九

源賀

源賀，自署河西王秃髮傉檀之子也。傉檀爲乞伏熾磐所滅，賀自樂都來奔。賀偉容貌，善風儀。世祖素聞其名，及見，器其機辯，賜爵西平侯，加龍驤將軍。謂賀曰：「卿與朕源同，因事分姓，今可爲源氏。」從擊叛胡白龍，又討吐京胡，皆先登陷陳。進號平西將軍。世祖征涼州，以賀爲鄉導。詔問攻戰之計，賀對曰：「姑臧城外有四部鮮卑，各爲之援。然皆是臣祖父舊民，臣願軍前宣國威信，示其福禍，必相率歸降。外援既服，然後攻其孤城，拔之如反掌耳。」世祖曰：「善。」於是遣賀率精騎歷諸部招慰，下三萬餘落，獲雜畜十餘萬頭。及圍姑臧，由是無外慮，故得專力攻之。涼州平，遷征西將軍，進號西平公。又從征蠕蠕，擊五城、吐京胡，討蓋吳諸賊，皆有功。拜散騎常侍。從駕臨江，爲前鋒大將。賀爲人雄果，每遇強寇，輒自奮擊。世祖戒之曰：「兵凶戰危，不宜輕犯，卿可運籌處分，勿恃身力也。」賀本名破羌，是役也，世祖曰：「人之立名，宜其得實，〔二〕何可濫也。」賜名賀焉。拜殿中尚書。

南安王余爲宗愛所殺也，賀部勒禁兵，靜遏外內，與南部尚書陸麗決議定策，翼戴高宗。令麗與劉尼馳詣苑中，奉迎高宗，賀守禁中爲之內應。俄而麗抱高宗單騎而至，賀乃開門。高宗卽位，社稷大安，賀有力焉。轉征北將軍，加給事中。以定策之勳，進爵西平王。高宗卽位，班賜百僚，謂賀曰：「朕大賚善人，卿其任意取之，勿謙退也。」賀辭，固使取之，賀唯取戎馬一匹而已。

是時，斷獄多濫，賀上書曰：「案律：謀反之家，其子孫雖養他族，追還就戮，所以絕罪人之類，彰大逆之辜；其爲劫賊應誅者，兄弟子姪在遠，道隔關津，皆不坐。竊惟先朝制律之意，以不同謀，非絕類之罪，故特垂不死之詔。若年十三已下，家人首惡，計謀所不及，愚以爲可原其命，沒入縣官。」高宗納之。出爲征南將軍、冀州刺史，改封隴西王。賀上書曰：「臣聞：人之所寶，莫寶於生全；德之厚者，莫厚於宥死。然犯死之罪，難以盡恕，權其輕重，有可矜恤。今勁寇遊魂於北，狡賊負險於南，其在疆埸，猶須防戍。臣愚以爲自非大逆、赤手殺人之罪，其坐贓及盜與過誤之愆應入死者，皆可原命，謫守邊境。是則已斷之體，更受全生之恩；徭役之家，漸蒙休息之惠。刑措之化，庶幾在玆。虞書曰『流宥五刑』，此其義也。臣受恩深重，無以仰答，將違闕庭，豫增係戀，敢上瞽言，唯加裁察。」高宗納之。已後入死者，皆恕死徙邊。久之，高宗謂羣臣曰：「源賀勸朕宥諸死刑，徙充北番諸戍，自爾至今，一歲所活殊爲不少，生濟之理既多，邊戍之兵有益。卿等事朕，致何善意也？苟人人如賀，朕治天下復何憂哉！顧憶誠言，〔三〕利實廣矣。」羣臣咸曰：「非忠臣不能進此計，非聖明不能納此言。」

賀之臨州，鞫獄以情，徭役簡省。武邑郡姦人石華告沙門道可與賀謀反，有司以聞。高宗謂羣臣曰：「賀誠心事國，朕爲卿等保之，無此明矣。」乃精加訊檢，華果引誣。於是遣使者詔賀曰：「卿以忠誠款至，著自先朝，以丹青之潔而受蒼蠅之汙。朕登時研檢，已加極法，故遣宣意。其善綏所莅，勿以囂謗之言致損慮也。」賀上書謝，書奏，高宗顧謂左右曰：「以賀之忠誠，尚致其誣，不若是者，可無愼乎！」時考殿最，賀治爲第一，賜衣馬器物，班宣天下。

賀上表請代，朝議以賀得民情，不許。在州七年，乃徵拜太尉。

蠕蠕寇邊，賀從駕追討，破之。顯祖將傳位于京兆王子推，時賀都督諸軍屯漠南，乃馳傳徵賀。賀既至，乃命公卿議之。賀正色固執不可。卽詔賀持節奉皇帝璽綬以授高祖。是歲，河西敕勒叛，遣賀率衆討之，降二千餘落，倍道兼行，追賊黨郁朱于等至枹罕，大破之，斬首五千餘級，虜男女萬餘口、雜畜三萬餘頭。復追統萬、高平、上邽三鎮叛敕勤至于金城，斬首三千級。賀依古今兵法及先儒耆舊之說，略採至要，爲十二陳圖以上之。顯祖覽而嘉焉。

賀以年老辭位，詔不許。又詔都督三道諸軍，屯于漠南。是時，每歲秋冬，遣軍三道並出，以備北寇，至春中乃班師。賀以勞役京都，又非禦邊長計，乃上言：「請募諸州鎮有武健者三萬人，復其徭賦，厚加賑恤，分爲三部。二鎮之間築城，城置萬人，給強弩十二床，武衞三百乘。弩一床，給牛六頭；武衞一乘，給牛二頭。多造馬槍及諸器械，使武略大將二人以鎮撫之。冬則講武，春則種殖，並戍並耕，則兵未勞而有盈畜矣。又於白道南三處立倉，運近州鎮租粟以充之，足食足兵，以備不虞，於宜爲便。不可歲常舉衆，連動京師，令朝庭恒有北顧之慮也。」事寢不報。

又上書稱病篤，乞骸骨，至于再三，乃許之。朝有大議皆就詢訪，又給衣藥珍羞。太和元年二月，療疾於溫湯，高祖、文明太后遣使者屢問消息，太醫視疾。患篤，還京師。賀乃遺令敕諸子曰：「吾頃以老患辭事，不悟天慈降恩，爵逮於汝。汝其毋傲吝，毋荒怠，毋奢越，毋嫉妬；疑思問，言思審，行思恭，服思度，遏惡揚善，親賢遠佞；目觀必真，耳屬必正；誠勤以事君，清約以行己。吾終之後，所葬時服單櫝，足申孝心，芻靈明器，一無用也。」三年秋薨，年七十三。贈侍中、太尉、隴西王印綬，謚曰宣，賻雜綵五百匹，賜轀輬車及命服、溫明祕器，陪葬于金陵。

長子延，性謹厚好學。初以功臣子拜侍御中散，賜爵武城子，西冶都將。〔三〕卒，贈涼州刺史、廣武侯，謚曰簡。子鱗襲。

延弟思禮，後賜名懷，謙恭寬雅，有大度。高宗末，爲侍御中散。父賀辭老，詔懷受父爵，拜征南將軍。尋爲持節、督諸軍，屯於漠南。還，除殿中尙書，出爲長安鎭將、雍州刺史。清儉有惠政，善於撫恤，劫盜息止，流民皆相率來還。歲餘，復拜殿中尙書，加侍中，參都曹事。又督諸軍征蠕蠕，六道大將咸受節度。遷尙書令，參議律令。後例降爲公。除司州刺史。從駕南征，加衞大將軍，領中軍事。以母憂去職，賜帛三百匹、穀千石。十九年，除征北大將軍、夏州刺史，轉都督雍岐東秦諸軍事、征西大將軍、雍州刺史。

景明二年，徵爲尙書左僕射，加特進。時有詔，以姦吏犯罪，每多逃遁，因眚乃出，並皆釋然。自今已後，犯罪不問輕重，而藏竄者悉遠流。若永避不出，兄弟代徙。懷乃奏曰：「謹按條制：逃吏不在赦限。竊惟聖朝之恩，事異前宥，諸流徙在路，尙蒙旋反，況有未發而仍遣邊戍？按守宰犯罪，逃走者衆，祿潤既優，尙有茲失，及蒙恩宥，卒然得還。今獨苦此等，恐非均一之法。如臣管執，謂宜免之。」書奏，門下以成式既班，駁奏不許。懷重奏曰：「臣以爲法貴經通，治尚簡要，刑憲之設，所以網羅罪人。苟理之所備，不在繁典；行之可通，豈容峻制。此乃古今之達政，救世之恒規。伏尋條制，勳品已下，罪發逃亡，遇恩不宥，仍流妻子。雖欲抑絕姦途，匪爲通式。謹按事條，侵官敗法，專據流外，豈九品已上，人皆貞白也？其諸州守宰，職任清流，至有貪濁，事發逃竄，而遇恩免罪。勳品已下，獨乖斯例。如此，則寬縱上流，法切下吏，育物有差，惠罰不等。又謀逆滔天，輕恩尚免，〔四〕吏犯微罪，獨不蒙赦，使大宥之經不通，開生之路致壅，進違古典，退乖今律，輒率愚見，以爲宜停。」書奏，世宗納之。

其年，除車騎大將軍、涼州大中正。懷奏曰：「南賊遊魂江揚，職爲亂逆，肆厥淫昏，月滋日甚，貴臣重將，靡有孑遺，崇信姦回，昵比閹豎，內外離心，骨肉猜叛。蕭寶融僭號於荆郢，其雍州刺史蕭衍勒兵而東襲，上流之衆已逼其郊。廣陵、京口各持兵而懷兩望，鍾離、淮陰並鼎峙而觀得失。秣陵孤危，制不出門。君子小人，並罹災禍，延首北望，朝不及夕。斯實天啓之期，呑幷之會。乘厥蕭牆之釁，藉其分崩之隙，東據歷陽，兼指瓜步，緣江鎮戍，達於荆郢。然後奮雷電之威，布山河之信，則江西之地，不刃自來，吳會之鄉，指期可舉。昔士治有言，皓若暴死，更立賢主，文武之官，各得其任，則勁敵也。若蕭衍克就，上下同心，非直後圖之難，實亦揚境危逼。何則？壽春之去建鄴，七百而已，山川水陸，彼所諳利。脫江湘無波，君臣效職，藉水憑舟，倏忽而至，壽春容不自保，江南將若之何？今寶卷邑居有土崩之形，邊城無繼援之兆，淸蕩江區，實在今日。臣受恩旣重，不敢不言。」詔曰：「不君不臣，江南常弊，有粟不食，其在斯矣。上天將欲亡之，諸蕃又願取之，人事天道，孰云匪會？但以養害，仁者不爲。且十月五日，衍軍已達大航，其大傷小亡之勢，久應有決。假令天罰寶卷，衍兵獲進，則衍之主佐，又是亂亡遺孽，皇靈其能久祐之乎？今之所矜者，正以南黔企德，邊書繼至，殄悴之氓，理須救接。若爾者，揚州兵力，配積不少，但可速遣任城，委以處分，別加慰勉，令妙盡邊算也。」以衍事克，遂停。

懷又表曰：「昔世祖昇遐，南安在位，出拜東廟，爲賊臣宗愛所弑。時高宗避難，龍潛苑中，宗愛異圖，神位未定。臣亡父先臣賀與長孫渴侯、陸麗等表迎高宗，〔五〕纂徽寶命。麗以扶負聖躬，親所見識，蒙授撫軍大將軍、司徒公、平原王。興安二年，追論定策之勳，進先臣爵西平王。皇興季年，顯祖將傳大位於京兆王。先臣時都督諸將，屯於武川，被徵詣京，特見顧問。先臣固執不可，顯祖久乃許之，遂命先臣持節授皇帝璽綬於高祖。至太和十六年，麗息叡狀秘書，〔六〕稱其亡父與先臣援立高宗，朝廷追錄，封叡鉅鹿郡開國公。臣時丁艱草土，不容及例。至二十年，除臣雍州刺史，臨發奉辭，面奏先帝，申先臣舊勳。時敕旨但赴所臨，尋當別判。至二十一年，車駕幸雍，臣復陳聞，時蒙敕旨，征還當授。自宮車晏駕，遂爾不白。竊惟先臣遠則援立高宗，寶曆不墜；近則陳力顯祖，神器有歸。如斯之勳，超世之事。麗以父功而獲河山之賞，〔七〕臣有家勳，不霑茅社之賜。得否相懸，請垂裁處。」詔曰：「宿老元丕，云如所訴，訪之史官，頗亦言此。可依比授馮翊郡開國公，邑百戶。」〔八〕

又詔爲使持節，加侍中、行臺，巡行北邊六鎮、恒燕朔三州，賑給貧乏，兼採風俗，考論殿最，事之得失，皆先決後聞。自京師遷洛，邊朔遙遠，加連年旱儉，百姓困弊。懷銜命巡撫，存恤有方，便宜運轉，有無通濟。時后父于勁勢傾朝野，勁兄于祚與懷宿昔通婚，時爲沃野鎮將，頗有受納。懷將入鎮，祚郊迎道左，懷不與語，卽劾祚免官。懷朔鎮將元尼須與懷少舊，亦貪穢狼藉，置酒請懷，謂懷曰：「命之長短，由卿之口，豈可不相寬貸？」懷曰：「今日之集，乃是源懷與故人飲酒之坐，非鞫獄之所也。明日公庭，始爲使人撿鎮將罪狀之處。」尼須揮淚而已，無以對之。懷既而表劾尼須。其奉公不撓，皆此類也。

懷又表曰：「景明以來，北蕃連年災旱，高原陸野，不任營殖，唯有水田，少可菑畝。然主將參僚，專擅腴美，瘠土荒疇給百姓，因此困弊，日月滋甚。諸鎮水田，請依地令分給細民，先貧後富，若分付不平，令一人怨訟者，鎮將已下連署之官，各奪一時之祿，四人已上奪祿一周。北鎮邊蕃，事異諸夏，往日置官，全不差別。沃野一鎮，自將已下八百餘人，黎庶怨嗟，僉曰煩猥。邊隅事尠，實少畿服，請主帥吏佐五分減二。」詔曰：「省表具恤民之懷，已敕有司一依所上，下爲永準。如斯之比，不便於民，損化害政者，其備列以聞。」時細民爲豪强陵壓，積年枉滯，一朝見申者，日有百數。所上事宜便於北邊者，凡四十餘條，皆見嘉納。

正始元年九月，有告蠕蠕率十二萬騎六道並進，欲直趨沃野、懷朔，南寇恒代。詔懷以本官，加使持節、侍中，出據北蕃，指授規略，隨須徵發，諸所處分皆以便宜從事。又詔懷子直寢徽隨懷北行。詔賜馬一匹、細鎧一具、御矟一枚。懷拜受訖，乃於其庭跨鞍執矟，躍馬大呼，顧謂賓客曰：「氣力雖衰，尚得如此。蠕蠕雖畏壯輕老，我亦未便可欺。今奉廟勝之規，總驍捍之衆，足以擒其酋帥，獻俘闕下耳。」時年六十一。懷至雲中，蠕蠕亡遁。

懷旋至恒代，案視諸鎮左右要害之地，可以築城置戍之處。皆量其高下，揣其厚薄，及儲糧積仗之宜，犬牙相救之勢，凡表五十八條。表曰：「蠕蠕不羈，自古而爾。遊魂鳥集，水草爲家，中國患者，皆斯類耳。歷代驅逐，莫之能制。雖北拓榆中，遠臨瀚海，而智臣勇將，力算俱竭，胡人頗遁，中國以疲。于時賢哲，思造化之至理，推生民之習業。量夫中夏粒食邑居之民、蠶衣儒步之士，荒表茹毛飲血之類、鳥宿禽居之徒，親校短長，因宜防制。知城郭之固，暫勞永逸。自皇魏統極，都於平城，威震天下，德籠宇宙。今定鼎成周，去北遙遠。代表諸蕃北固，高車外叛，尋遭旱儉，戎馬甲兵，十分闕八。去歲復鎮陰山，庶事蕩盡，遣尚書郎中韓貞、宋世量等檢行要險，防遏形便。謂準舊鎭東西相望，令形勢相接，築城置戍，分兵要害，勸農積粟，警急之日，隨便翦討。如此則威形增廣，兵勢亦盛。且北方沙漠，夏乏水草，時有小泉，不濟大衆。脱有非意，要待秋冬，因雲而動。若至冬日，冰沙凝厲，遊騎之寇，終不敢攻城，亦不敢越城南出，如此北方無憂矣。」世宗從之。今北鎭諸戍東西九城是也。遷驃騎大將軍。

時武興氐王楊紹先叔集起反叛，詔懷使持節、侍中、都督平氐諸軍事以討之，須有興廢，任從權計。其邢巒、李煥並稟節度。三年六月卒，年六十三。詔給東園祕器、朝服一具、衣一襲、錢二十萬、布七百匹、蠟三百斤，贈司徒、冀州刺史。兼吏部尚書盧昶奏：「太常寺議謚曰：懷體尚寬柔，器操平正，依謚法，柔直考終曰『靖』，宜謚靖公。司徒府議，懷作牧陝西，民餘惠化，入總端貳，朝列歸仁，依謚法，布德執義曰『穆』，宜謚穆公。二謚不同。」詔曰：「府、寺所執，並不克允，愛民好與曰『惠』，可謚惠公。」

懷性寬容簡約，不好煩碎，恒語人曰：「爲貴人，理世務當舉綱維，何必須太子細也。譬如爲屋，但外望高顯，楹棟平正，基壁完牢，風雨不入，足矣。斧斤不平，斲削不密，非屋之病也。」又性不飲酒而喜以飲人，好接賓友，雅善音律，雖在白首，至宴居之暇，常自操絲竹。懷有七子。

長子規，字靈度。中書學生、羽林監，襲爵。年三十三卒。

子肅，襲。卒。

子紹，襲。景明初，詔復王爵，〔九〕尋除隴西郡開國公。卒於光祿大夫。贈度支尚書、冀州刺史，謚曰文。

子文遠，襲。齊受禪，例降。

規弟檠，字靈並。年三十二，卒於司徒掾，贈光州刺史。

檠弟徽，字靈祚。年二十八，卒於直閤將軍，特贈洛州刺史，謚曰質。

徽弟玄諒，出後懷弟奐。卒，贈代郡太守。

玄諒弟子雍，字靈和。少好文雅，篤志於學，推誠待士，士多歸之。自祕書郎，除太子舍人、涼州中正。肅宗踐阼，以宮臣例轉奉車都尉，遷司徒屬。轉太中大夫、司徒司馬。除恒農太守，遷夏州刺史。

時沃野鎮人破落汗拔陵首爲反亂，所在蜂起，統萬逆胡，與相應接。子雍嬰城自守，城中糧盡，煮馬皮而食之。子雍善綏撫，得士心，人人戮力，無有離貳。以飢饉轉切，欲自出求糧，留子延伯據守。僚屬僉云：「今天下分析，寇賊萬重，四方音信，莫不斷絕，俄頃之間，變在不意，何宜父子如此分張？未若棄城俱去，更展規略。」子雍泣而謂衆曰：「吾世荷國恩，早受藩寄，此是吾死地，更欲何求！然守禦以來，歲月不淺，所患乏糧，不得制勝。吾今向東州，得數月之食，還與諸人保全必矣。」遂自率羸弱，向東夏運糧。延伯與將士送出城外，哭而拜辭，三軍莫不嗚咽。子雍行數日，爲朔方胡帥曹阿各拔所邀，力屈見執。子雍乃密遣人齎書，間行與城中文武云：「大軍在近，努力固守，必令諸人福流苗裔。」又勑延伯令共固守。子雍雖被囚執，雅爲胡人所敬，常以民禮事之。子雍爲陳安危禍福之理，勸阿各拔令降，阿各拔將從之，未果而死。拔弟桑生代總部衆，竟隨子雍降。時北海王顥爲大行臺，子雍具陳賊可滅之狀。顥給子雍兵馬，令其先行。時東夏合境反叛，所在屯結。子雍轉鬬而前，九旬之中凡數十戰，仍平東夏，徵稅租粟，運於統萬。於是二夏漸寧。

及蕭寶夤等爲賊所敗，賊帥宿勤明達遣息阿非率衆邀路。華州、白水被圍逼，關右騷擾，咫尺不通。時子雍新平黑城，遂率士馬并夏州募義之民，攜家席卷，鼓行南出。賊帥康維摩擁率羌胡守鋸谷，斷甄棠橋，子雍與交戰，大破之，生禽維摩。又攻賊帥契官斤於楊氏堡，破之。子雍出自西夏，漸至於東，轉戰千里，至是，朝廷始得其委問。除散騎常侍、使持節、假撫軍將軍、都督、兼行臺尚書。復破賊帥紇單步胡提於曲沃堡。肅宗璽書勞勉之。子雍在白水郡復破阿非軍，多所斬獲。詔遣侍中、尚書令、城陽王徽於潼關宣旨慰勞。除中軍將軍、金紫光祿大夫、給事黄門侍郎，封樂平縣開國公，邑一千戶。還洛，以葛榮久逼信都，詔假子雍征北將軍，爲北討都督。時相州刺史安樂王鑒據鄴反，敕子雍與都督李神軌先討之。子雍行達湯陰，鑒遣弟斌之夜襲子雍軍，不克，奔敗而返。子雍乘機繼進，徑圍鄴城，與裴衍、神軌等攻鑒，平之。改封陽平縣開國公，增邑千五百戶，進號鎮東將軍。遂與裴衍發鄴以討葛榮，而信都城陷。除子雍冀州刺史，餘官如故。子雍以冀州不守，上書曰：「賊中甚飢，專仰野掠。今朝廷足食，兵卒飽暖。高壁深壘，勿與爭鋒，彼求戰則不得，野掠無所獲，不盈數旬，可坐制凶醜。」時裴衍復表求行，詔子雍與衍速進。子雍重表固請，如謂不可，乞令裴衍獨行。若不賜解，求停裴衍。苟逼同行，〔一〇〕取敗旦夕。詔不聽，遂與衍俱進。至陽平郡東北漳曲，榮率賊十萬來逼官軍。子雍戰敗被害，年四十。朝野痛惜之。贈車騎大將軍、儀同三司、雍州刺史，公如故。永安中，重贈司空，謚曰莊穆。

長子延伯，出後從伯。次子士則，早亡。士則弟士正、士規，並坐事死。次楷，字士質，小字那延，襲。武定中，齊文襄王府參軍，齊受禪，例降。

延伯，初爲司空參軍事。時南秦民吳富反叛，詔以河間王琛爲都督，延伯叔父子恭爲軍司。延伯爲統軍，隨子恭西討，戰必先鋒。子恭見其年幼，常訶制之而不能禁。

子雍在夏州，表乞兵援，詔延伯率羽林一千人赴之，城闕野戰，勇冠三軍。子雍之向東夏，留延伯城守，付以後事。延伯與兵士共分湯菜，防固城隍。及子雍爲胡所執，合城憂懼，延伯乃人人曉喻曰：「吾父吉凶不測，方寸焦爛，實難裁割。但奉命守城，所爲處重，若以私害公，誠孝並闕，諸君幸得此心，無虧所寄。」於是衆感其義，莫不勵憤。朝廷聞而嘉之。除龍驤將軍，行夏州事，封五城縣開國子，食邑三百戶。卒能固守。及後刺史至，延伯率領義衆還赴子雍，共平黑城。在㲉棠橋戰，先鋒陷陳，身擒維摩。及至白水，首摧阿非。與隨子雍至都，進爵浮陽伯，增封百戶，爲諫議大夫。假冠軍將軍、別將，隨子雍北討。與葛榮戰歿，時年二十四。贈持節、平北將軍、涼州刺史，開國如故。

子孝孫，襲。齊受禪，爵例降。

子雍弟子恭，字靈順，聰惠好學。初辟司空參軍事。司徒祭酒、尚書北主客郎中，攝南主客事。

蕭衍亡人許周自稱爲衍給事黃門侍郎，朝士翕然，咸共信待。子恭奏曰：「徐州表投化人許團并其弟周等。究其牒狀，周列云己蕭衍黃門侍郎。又稱心存山水，不好榮宦，屢曾辭讓，貽彼赫怒，遂被出爲齊康郡。因爾歸國，顧畢志嵩嶺。比加採訪，略無證明；尋其表狀，又復莫落。案牒推理，實有所疑。何者？昔夷齊獨往，周王不屈其志；伯況辭祿，漢帝因成其美。斯實古先哲王，必有不臣之人者也。蕭衍雖復崎嶇江左，竊號一隅，至於處物，未甚悖禮。豈有士辭榮祿而苟不聽之哉？推察情理，此則孟浪。假蕭衍昏狂，〔二〕不存雅道，逼士出郡，未爲死急，何宜輕去生養之土，長辭父母之邦乎？若言不好榮官，志願嵩嶺者，初届之日，卽應杖策尋山，負帙沿水，而乃廣尋知己，遍造執事，希榮之心已見，逃宦之志安在？昔梁鴻去鄉，終傭吳會；逢萌浮海，遠客遼東。並全志養性，逍遙而已，考之事實，何其懸哉？又其履歷清華，名位高達，計其家累，應在不輕。今者歸化，何其孤迴？設使當時忽遽，不得攜將，及其來後，家貲產業應見簿斂，尊卑口累亦當從法。而周兄弟怡然，嘗無憂戚。若無種族，理或可通，如有不坐，便應是衍故遣，非周投化。推究二三，眞僞難辨，請下徐揚二州密訪，必令獲實，不盈數旬，玉石可覩。」於是詔推訪，周果以罪歸闕，假稱職位，如子恭所疑。

河州羌却鐵忽反，〔三〕殺害長吏，詔子恭持節爲行臺，率諸將討之。子恭嚴勒州郡及諸軍，不得犯民一物，輕與賊戰，然後示以威恩，兩旬間悉皆降款。朝廷嘉之。正光元年，爲行臺左丞，巡行北邊。

轉爲起部郎。明堂、辟雍並未建就，子恭上書曰：「臣聞辟臺望氣，軌物之德既高；方堂布政，範世之道斯遠。是以書契之重，理冠於造化；推尊之美，事絕於生民。至如郊天饗帝，蓋以對越上靈；宗祀配天，是用酬膺下土。大孝莫之能加，嚴父以茲爲大，乃皇王之休業，有國之盛典。竊惟皇魏居震統極，總宙馭宇，革制土中，垂式無外。自北徂南，同卜維於洛食；定鼎遷民，均氣候於寒暑。高祖所以始基，世宗於是恢構。按功成作樂，治定制禮，乃訪遺文，修廢典，建明堂，立學校，興一代之茂矩，標千載之英規。永平之中，始創雉構，基趾草昧，迄無成功。故尚書令、任城王臣澄按故司空臣沖所造明堂樣，幷連表詔答、兩京模式，奏求營起。緣期發旨，卽加葺繕。侍中、領軍臣叉，總動作官，〔一三〕宣贊授令。自茲厥後，方配兵人，或給一千，或與數百，進退節縮，曾無定準，欲望速了，理在難克。若使專役此功，長得營造，委成責辦，容有就期。但所給之夫，本自寡少，諸處競借，動卽千計。雖有繕作之名，終無就功之實。爽塏荒茫，淹積年載，結架崇構，指就無兆。仍令肄冑之禮，掩仰而不進；養老之儀，寂寥而不返。構厦止於尺土，爲山頓於一匱，良可惜歟！愚謂召民經始，必有子來之歌；興造勿亟，將致不日之美。況本兵不多，兼之牽役，廢此與彼，循環無極。便是輟創禮之重，資不急之費，廢經國之功，供寺館之役，求之遠圖，不亦闕矣？今諸寺大作，稍以粗舉，並可徹減，專事經綜，嚴勒工匠，務令克成。使祖宗有薦配之期，蒼生覩禮樂之富。」書奏，從之。除冠軍將軍、中散大夫，又領治書侍御史。

秦益氏反，詔子恭持節爲都督、河間王琛軍司以討之。事平，仍行南秦州事。及六鎮反，以子恭兼給事黃門郎，持節慰勞。還，拜河內太守，加後將軍，平絳蜀反。丹谷、清廉二路險澀不通，以子恭爲當郡別將。〔四〕俄而建興蜀復反，相與連勢，進子恭爲持節、散騎常侍、假平北將軍、征建興都督，仍兼尚書行臺，與正平都督長孫稚合勢進討，大破之。正平賊帥范明遠與賊帥劉牙奴並面縛請降。事平，除平南將軍、豫州刺史，尋加散騎常侍、撫軍將軍。

武泰初，郢州刺史元願達以城降蕭衍，詔徵都督尉慶賓還京師，回衆隸子恭以討之。衍將夏侯夔率衆數萬來寇，遠近不安。夔乘勢分兵，遂逼新蔡，自攻毛城。子恭隨方應援，賊並破走。蕭衍豫州刺史夏侯亶復遣四將，率衆三萬，入圍南頓，北攻陳項。子恭遣軍禦之，賊復奔退。加鎭南將軍，又兼尚書行臺。子恭勒衆渡淮，徙民於淮北，立郡縣，置戍而還。蕭衍直閤將軍、軍主胡智達等八將，與其監軍閻次洪入寇，屯於州城東北四十餘里。子恭擊破之，斬智達，生擒次洪。

元顥之入洛也，加子恭車騎將軍，子恭不敢拒之，而頻遣間使參莊帝動靜。未幾，顥敗，車駕還洛，進征南將軍、兼右僕射，假車騎將軍，後加散騎常侍。

板橋蠻文石活、石忌羸受蕭衍印節，扇誘黨類，據險寇竊。子恭躬率將士，徑襲其柵，數日之中，殲殪略盡。諸蠻款服，咸求輸稅。徵拜右光祿大夫、給事黃門侍郎，仍本將軍。錄其前後征討功，封臨潁縣開國侯，食邑六百戶，加散騎常侍。俄遷侍中。

尒朱榮之死也，世隆、度律據斷河橋，詔子恭爲都督以討之，出頓於大夏門北。尋而太府卿李苗夜燒河橋，世隆退走，仍以子恭兼尚書僕射，爲大行臺、大都督。尋遷衞將軍、假車騎將軍，率諸將於太行築壘以防之。既而尒朱兆率衆南出，子恭所部都督史仵龍、羊文義開栅降兆。子恭退走，爲兆所破。衆既退散，兆因入洛。子恭竄于緱氏，仍被執送。俄而見釋。

前廢帝初，除驃騎將軍、左光祿大夫，侍中如故。尋授散騎侍郎、都督三州諸軍事、本將軍、假車騎大將軍、行臺僕射、荆州刺史。以與定策之勳，封臨汝縣開國子，食邑三百戶。時叛蠻雷亂淸受蕭衍兗州刺史章綬，入爲寇掠，諸蠻從之，置立郡縣。子恭討平之。永熙中，入爲吏部尚書，加驃騎大將軍。以子恭前在豫州戰功，追賞襄城縣開國男，食邑二百戶。又論子恭餘効，封新城縣開國子，食邑四百戶。子恭尋表請轉授第五子文盛，許之。天平初，除中書監。三年，拜魏尹，又爲齊獻武王軍司。元象元年。〔一五〕興和二年，贈都督徐兗二州諸軍事、驃騎大將軍、尚書左僕射、司空公、兗州刺史，謚曰文獻。

子彪，字文宗。子恭存日，轉授臨潁縣開國侯。武定末，太子洗馬。

彪弟文瑤，武定中，襲襄城縣開國男。齊受禪，爵並降。

子恭弟纂，字靈秀。員外散騎侍郎，累遷征虜將軍、通直散騎常侍、涼州大中正，轉太府少卿。建義初，遇害河陰，年三十七。贈散騎常侍、征北將軍、定州刺史。

懷弟奐，字思周，少而謹密。初爲中書學生。隨父討敕勒，有斬獲之功，遷中散。前後使檢察州鎭十餘所，皆有功績。除長樂太守，以母老解官歸養。卒，無子。

史臣曰：源賀堂堂，非徒武節而已，其翼戴高宗，庭抑禪讓，殆社稷之臣也。懷幹略兼舉，出內有聲，繼迹賢考，不墜先業。子雍劾立夏方，身亡冀野，惜乎！

校勘記

〔一〕宜其得實　李慈銘云：「『其得』當乙作『得其』。北史卷二八源賀傳作『宜保其實』，『保』乃『得』字之誤。」

〔二〕顧憶誠言　李慈銘云：「『誠言』本當作『忠言』，此或隋人所追改。下延伯傳『誠孝』二字亦同。」

〔三〕西治都將　諸本「治」作「治」。按「西治」無義，隋書卷二七百官志中北齊太府寺所統有「諸治東道」及「諸治西道」諸局，乃鑄治機構。北齊多本魏制，「西治都將」當是管理諸治西道的官員。舊本「治」字帶草，以後各本訛作「治」。今改正。

〔四〕輕恩尙免 北史卷二八源懷傳「輕」作「經」，這裏「輕」字當是形訛。

〔五〕臣亡父先臣賀與長孫渴侯陸麗等表迎高宗 北史卷二八「表」作「奉」。按上文源賀傳、卷四〇陸麗傳都說「奉迎高宗」。這裏「表」字當是「奉」之訛。

〔六〕麗息叡狀秘書 諸本「秘」作「私」，北史卷二八作「秘」。按「狀私書」不可通。秘書省掌修史，藏有文書檔案，當是陸叡上狀秘書省，請查核其父所謂「功績」。這次源懷上表論「功」，下文詔書也說「訪之史官，頗亦言此」。可知這類前朝臣僚事跡例由秘書所屬史官查核。「私」乃「秘」字形訛，今據改。

〔七〕麗以父功而獲河山之賞 按「麗」乃「叡」之誤，觀上文自見。

〔八〕可依比授馮翊郡開國公邑百戶 北史卷二八「百」上有「九」字。按公的封戶百戶太少，當脫「九」字。

〔九〕子紹襲景明初詔復王爵 張森楷云：「按懷以正始三年卒，再傳而至紹，不得在景明初也。」按「景明」年號在「正始」前，哪有源懷未死，爵已傳襲到曾孫之理。據卷一〇孝莊紀建義元年四月稱：「馮翊郡開國公源紹景復先爵隴西王。」「紹景」卽「紹」，傳雙名單稱。這裏「景明」二字顯誤。

〔一〇〕苟逼同行 諸本「同」訛「固」，今據册府卷四二八五〇九九頁改。

〔一一〕假蕭衍昏狂　諸本「昏」訛「皆」，今據册府卷四七二五六三四頁改。

〔一二〕河州羌却鐵忽反　諸本「忽」作「忽」，北史卷一八源子恭傳作「忽」。按卷九肅宗紀神龜元年七月、卷四二寇讚附寇治傳都作「忽」。「忽」字訛，今據改。參卷二七校記〔六〕。

〔一三〕侍中領軍臣叉總動作官　諸本「總」作「物」，册府卷五八三六九八二頁作「總勤」。李慈銘云：「『物』當是『總』字之誤。因隸俗書『總』作『惣』，遂誤作『物』。」按「總動」「總勤」不知孰是，「物」字據册府及李說改作「總」。

〔一四〕以子恭爲當郡別將　百衲本、汲本「當」字下空一格，南、北、殿、局四本「當」下注「闕」字。按「當郡別將」可通，似無脫文，今不空格，删「闕」字。

〔一五〕元象元年　李慈銘、張森楷並云此句下當脫「卒」字。

魏書卷四十二

列傳第三十

薛辯 寇讚 酈範 韓秀 堯暄

薛辯，字允白。其先自蜀徙於河東之汾陰，因家焉。祖陶，與薛祖、薛落等分統部衆，故世號三薛。父强，復代領部落，而祖、落子孫微劣，强遂總攝三營。善綏撫，爲民所歸，歷石虎、苻堅，常憑河自固。仕姚興爲鎮東將軍，入爲尚書。强卒，辯復襲統其營，爲興尚書郎、建威將軍、河北太守。辯稍驕傲，頗失民心。劉裕平姚泓，辯舉營降裕，司馬德宗拜爲寧朔將軍、平陽太守。及裕失長安，辯來歸國，仍立功於河際，太宗授平西將軍、雍州刺史，賜爵汾陰侯。泰常七年卒於位，年四十四。

子謹，字法順，容貌魁偉，頗覽史傳。劉裕擒泓，辟相府行參軍，隨裕渡江。尋轉記室參軍。辯將歸國，密使報謹，遂自彭城來奔。朝廷嘉之，授河東太守。後襲爵平西將軍、汾陰侯。謹所治與屈丐連接，結士抗敵，甚有威惠。始光中，世祖詔奚斤討赫連昌，〔一〕敕謹領偏師前鋒鄉導。既克蒲坂，世祖以新舊之民幷爲一郡，謹仍爲太守，遷秦州刺史，將軍如故。山胡白龍憑險作逆，世祖詔鎮南將軍奚眷與謹自太平北入，討平之。除安西將軍、涪陵公，刺史如故。太延初，征吐沒骨，平之。謹自郡遷州，威惠兼備，風化大行。時兵荒之後，儒雅道息。謹命立庠，敎以詩書，三農之暇，悉令受業，躬巡邑里，親加考試，於是河汾之地，儒道興焉。眞君元年，徵還京師，除內都坐大官。五年，爲都將，從駕北討，以後期與中山王辰等斬於都南，時年四十四。尋贈鎮西將軍、秦雍二州刺史，謚曰元公。

長子初古拔，一曰車輅拔，本名洪祚，世祖賜名。沉毅有器識，年始弱冠，司徒崔浩見而奇之。眞君中，蓋吳擾動關右，薛永宗屯據河側，世祖親討之。乃詔拔糾合宗鄉，壁於河際，斷二寇往來之路。事平，除中散，賜爵永康侯。世祖南討，以拔爲都將，從駕臨江而還。又共陸眞討反氐仇傉檀、强免生，平之。皇興三年，除散騎常侍，尙西河長公主，拜駙馬都尉。其年，拔族叔劉彧徐州刺史安都據城歸順，敕拔詣彭城勞迎。除冠軍將軍、南豫州刺史。延興二年，除鎮西大將軍、開府，進爵平陽公。三年，拔與南兗州刺史游明根、〔三〕南陽平太守許含等以治民著稱，徵詣京師。顯祖親自勞勉，復令還州。太和六年，改爵爲河東公。八年三月，詔拔入朝，暴病卒，年五十八，贈左光祿大夫，謚曰康。

長子胤，字寧宗，少有父風。弱冠，拜中散，襲爵鎮西大將軍、河東公，除懸瓠鎮將。蕭賾遣將寇邊，詔胤爲都將，與穆亮等拒於淮上。尋授持節義陽道都將。十四年，文明太后崩，胤隨例入朝。屬開革五等，降公爲侯。公除，高祖詔諸刺史、鎮將曾經近侍者，皆聽赴闕，胤隨例入朝。屬開革五等，降公爲侯。十七年，高祖南討，詔趙郡王幹、司空穆亮爲西道都將。時幹年少，未涉軍旅。高祖乃除胤假節、假平南將軍，爲幹副軍。行達哀父，以蕭賾死，班師。又爲都將，共討秦州反，敗支酉，生擒斬之。除立忠將軍、河北太守。郡帶山河，路多盜賊。有韓馬兩姓，各二千餘家，恃强憑險，最爲狡害，劫掠道路，侵暴鄉閭。胤至郡之日，即收其姦魁二十餘人，一時戮之。於是羣盜懾氣，郡中清肅。二十三年秋，遇疾，卒於郡，時年四十四，謚曰敬。

子裔，字豫孫，襲爵。性豪爽，盛營園宅，賓客聲伎，以恣嬉遊。歷尚書左外兵郎、左軍將軍，遷征虜將軍、中散大夫。出爲洛州刺史。卒，贈平西將軍、岐州刺史。

子孝紳，襲爵。稍遷前將軍、太中大夫。孝紳立行險薄，坐事爲河南尹元世儁所劾，死。後贈征西將軍、華州刺史。

胤弟□，字崇業。廣平王懷郎中令、〔三〕汝陰太守。

子修仁，司空行參軍。

修仁弟玄景，陳留太守。

拔弟洪隆，字菩提。解褐陽平王國常侍，稍遷河東太守。

長子驎駒，好讀書。舉秀才，除中書博士。太和九年，蕭賾使至，乃詔驎駒兼主客郎以接之。十年秋，遇疾卒，時年三十五。贈寧朔將軍、河東太守，謚曰宣。

長子慶之，字慶集，頗以學業聞。解褐奉朝請。領侍御史，遷廷尉丞。廷尉寺隣接北城，曾夏日於寺傍執得一狐。慶之與廷尉正博陵崔纂，或以城狐狡害，宜速殺之，或以長育之月，宜待秋分。二卿裴延儁、袁翻互有同異。雖曰戲謔，詞義可觀，事傳於世。轉尚書郎、兼尚書左丞，爲幷肆行臺，賜爵龍丘子，行幷州事。遷征虜將軍、滄州刺史，爲葛榮攻圍，城陷。尋患卒。後贈右將軍、華州刺史。

慶之弟英集，性通率。隨舅李崇在揚州積年，以軍功歷司徒鎧曹參軍，稍遷治書侍御史、通直散騎常侍。卒。

驎駒弟鳳子。自徙都洛邑，鳳子兄弟移屬華州河西郡焉。太和二十年，爲太子詹事丞、本州中正。世宗登阼，轉太尉府鎧曹參軍，稍遷治書侍御史。正始初，爲持節、征義陽軍司。還京，其年秋卒，時年四十九，贈陵江將軍、光城太守。

鳳子弟驥奴，州主簿。

洪隆弟破胡，州治中別駕。稍遷河東太守、征仇池都將。有六子。

長子聰，字延智。有世譽。累遷治書侍御史、直閤將軍，爲高祖所知。世宗踐阼，除輔國將軍、齊州刺史。卒於州。贈征虜將軍、華州刺史。

長子景茂，司州記室從事、猗氏令。早卒。

景茂弟孝通，頗有文學。永安中，中尉高道穆引爲御史，歷中書舍人、中書侍郎、常山太守。遇惡疾而卒。

聰弟道智，尙書郞。卒。

子長瑜，天平中，爲征東將軍、洛州刺史，擊賊潼關，沒於陳。贈都督冀定太三州諸軍事、車騎將軍、冀州刺史。

道智弟仙智，郡功曹。

仙智弟曇賢，卒於國子博士。

小子景淵，尙書左民郞。

曇賢弟和，字導穆。解褐大將軍劉昶府行參軍。轉司空長流參軍，除太尉府主簿，遷諫議大夫。永平四年正月，山賊劉龍駒擾亂夏州，詔和發汾、華、東秦、夏四州之衆討龍駒，平之。和因表立東夏州，世宗從之。又行正平、潁川二郡事，除通直散騎常侍。蕭衍遣將張齊寇晉壽，詔和兼尙書左丞，爲西道行臺，節度都督傅豎眼諸軍，大破齊軍。正光初，除左將軍、南青州刺史，卒於州，年五十五。贈安北將軍、瀛州刺史。

長子元信，武定末，中軍將軍、儀同開府長史。

和弟季令，奉朝請。

破胡弟破氐，爲本州別駕，早卒。四子。

長子敬賢，爲鉅鹿太守。

破氐弟積善，爲中書博士、臨淮王提友。

子隆宗，太原太守。

寇讚，字奉國，上谷人，因難徙馮翊萬年。父脩之，字延期，苻堅東萊太守。讚弟謙之有道術，世祖敬重之，故追贈脩之安西將軍、秦州刺史、馮翊公，賜命服，謚曰哀公，詔秦雍二州爲立碑於墓。又贈脩之母爲馮翊夫人。及宗從追贈太守、縣令、侯、子、男者十六人，其臨民者七郡、五縣。

讚少以清素知名，身長八尺，姿容嚴嶷，非禮不動。苻堅僕射韋華，州里高達，雖年時有異，恒以風味相待。華爲馮翊太守，召爲功曹，後除襄邑令。姚泓滅，秦雍人千有餘家推讚爲主，歸順。拜綏遠將軍、魏郡太守。其後，秦雍之民來奔河南、滎陽、河內者戶至萬數，拜讚安遠將軍、南雍州刺史、軹縣侯，治于洛陽，立雍州之郡縣以撫之。由是流民繦負自遠而至，叄倍於前。賜讚爵河南公，加安南將軍，領護南蠻校尉，仍刺史，分洛豫二州之僑郡以益之。雖位高爵重而接待不倦。

初，讚之未貴也，嘗從相者唐文相，文曰：「君額上黑子入幘，位當至方伯封公。」及貴也，文以民禮拜謁，仍曰：「明公憶民疇昔之言乎？爾日但知公當貴，然不能自知得爲州民也。」讚曰：「往時卿言杜瓊不得官長，人咸謂不然。及瓊被選爲盩厔令，卿猶言相中不見，而瓊果以暴疾，未拜而終。昔魏舒見主人兒死，自知己必至公，吾常以卿言瓊之驗，亦復不息此望也。」乃賜文衣服、良馬。讚在州十七年，甚獲公私之譽，年老表求致仕。眞君九年卒，年八十六。遺令薄葬，斂以時服。世祖悼惜之。謚曰宣穆。

長子元寶，襲爵，爲豫州別駕。興安元年卒，贈安南將軍、豫州刺史。子祖，襲爵。〔四〕高祖時，爲安南將軍、東徐州刺史，卒。子靈孫，襲。赭陽太守。

元寶弟虎皮，有才器。本縣令。

虎皮弟臻，字仙勝。年十二，遭父憂，居喪以孝稱。輕財好士。顯祖末，爲中川太守。

時馮熙爲洛州刺史，政號貪虐。仙勝微能附之，甚得其意。轉弘農太守。後以母老屢求解任，久乃從之。高祖初，母憂未闋，以恒農大盜張煩等賊害良善，徵爲都將，與荆州刺史公孫初頭等追捕之。拜振武將軍、比陽鎮將，〔五〕有威惠之稱。遷建威將軍、郢州刺史。及高祖南遷，郢州地爲王畿，除弘農太守。坐受納，爲御史所彈，遂廢卒於家。

長子祖訓，順陽太守。

祖訓弟治，字祖禮。自洛陽令稍遷鎮遠將軍、東荆州刺史。代下之後，蠻民以刺史酈道元峻刻，請治爲刺史。朝議以邊民宜悅，乃以治代道元，進號征虜將軍。坐遣戍兵送道元，免官。治兄弟並孝友敦穆，白首同居。父亡雖久，而猶於平生所處堂宇，備設幃帳几杖，以時節開堂列拜，垂淚陳薦，若宗廟然，吉凶之事必先啓告，遠出行反亦如之。治，世宗末，遷前將軍、河州刺史。在任數年，遇却鐵忽反，又爲城民詣都列其貪狀十六條。會赦免。久之，兼廷尉卿，又兼尚書。畏避勢家，承顏候色，不能有所執據。尋遷金紫光祿大夫。是時，蠻反於三鵶，治爲都督追討，戰沒。贈持節、都督雍華岐三州諸軍事、衞大將軍、七兵尚書、雍州刺史、昌平男。

治弟彌，兼尚書郎。爲城陽王徽所親待。永安末，徽避尒朱兆脫身南走，歸命於彌。彌不納，遣人加害，時論深責之。後沒關西。

治長子朏之，字長明。自直後、奉朝請，再遷鎭遠將軍、諫議大夫，仍直後。建義中，出除冠軍將軍、東荆州刺史，兼尚書，爲荆郢行臺。代還，〔六〕除征虜將軍。普泰中，襲爵，又爲東荆州刺史。永熙中，鎭東將軍、金紫光祿大夫。武定四年卒，年五十八。

酈範，字世則，小名記祖，范陽涿鹿人。祖紹，慕容寶濮陽太守。太祖定中山，以郡迎降，授兗州監軍。父嵩，天水太守。範，世祖時給事東宮。高宗踐阼，追錄先朝舊勳，賜爵永寧男，加寧遠將軍。以治禮郎奉遷世祖、恭宗神主於太廟，進爵爲子。

征南大將軍慕容白曜南征，範爲左司馬。師次無鹽，劉或戍主申纂憑城拒守。識者僉以攻具未周，不宜便進。範曰：「今輕軍遠襲，深入敵境，無宜淹留，久稽機候。且纂必以我軍來速，不去攻守，〔七〕謂方城可憑，弱卒可恃。此天亡之時也。今若外潛威形，內整戎旅，密厲將士，出其非意，可一攻而克之。」白曜曰：「一日縱敵，數世之患，今若舒遲，民心固矣。司馬之策是也。」遂潛軍僞退，示以不攻。纂果不設備，於是卽夜部分，旦便騰城，崇朝而克。白曜將盡以其人爲軍實。範曰：「齊四履之地，世號『東秦』，不遠爲經略，恐未可定也。今皇威始被，民未霑澤，連城有懷貳之將，比邑有拒守之夫。〔八〕宜先信義，示之軌物，然後民心可懷，二州可定。」白曜曰：「此良策也。」乃免之。進次肥城，白曜將攻之。範曰：「肥城雖小，攻則淹日，得之無益軍聲，失之有損威勢。且見無鹽之卒，死者塗炭，成敗之機，足爲鑒矣。若飛書告喻，可不攻自伏；縱其不降，亦當逃散。」白曜乃以書曉之，肥城果潰。白曜目範於衆曰：「此行也，得卿，三齊不足定矣。」

軍達升城，劉彧太原太守房崇吉棄母妻東走。或青州刺史沈文秀遣其寧朔將軍張元孫奉牋歸款，請軍接援。白曜將遣偏師赴之。範曰：「桑梓之戀，有懷同德。文秀家在江南，青土無墳栢之累。擁衆數萬，勁甲堅城，强則拒戰，勢屈則走。師未逼之，朝夕無患，竟何所畏，已求援軍？且觀其使，詞煩而顏愧，視下而志怯，幣厚言甘，誘我也。若不遠圖，懼虧軍勢。既進無所取，退逼强敵，羝羊觸蕃，羸角之謂。未若先守歷城，平盤陽，下梁鄒，克樂陵，然後方軌連鑣，揚旌直進，何患不壺漿路左以迎明公者哉！」白曜曰：「卿前後納策，皆不失衷，今日之算，吾所不取。何者？道固孤城，裁能自守；盤陽諸戍，勢不野戰；文秀必克殄，〔九〕意在先誠。天與不取，後悔何及。」範曰：「短見猶謂不虛。歷城足食足兵，非一朝可拔。文秀既據東陽爲諸城根本，多遣軍則歷城之固不立，少遣衆則無以懼敵心。脫文秀還叛，閉門拒守，偏師在前，爲其所挫，梁鄒諸城追擊其後，文秀身率大軍，必相乘迫。腹背受敵，進退無途，雖有韓白，恐無全理。願更思審，勿入賊計中。」白曜乃止。遂表範爲青州刺史以撫新民。後進爵爲侯，加冠軍將軍，遷尙書右丞。

後除平東將軍、青州刺史，假范陽公。範前解州還京也，夜夢陰毛拂踝。他日說之。時齊人有占夢者曰史武，進云：「豪盛於齊下矣。使君臨撫東秦，道光海岱，必當重牧全齊，再祿營丘矣。」範笑而答曰：「吾將爲卿必驗此夢。」果如其言。是時，鎭將元伊利表範與外賊交通。高祖詔範曰：「卿身非功舊，位無重班，所以超遷顯爵，任居方夏者，正以勤能致遠。雖外無殊效，亦未有負時之愆。而鎭將伊利妄生姦撓，表卿造船市玉與外賊交通，規陷卿罪，窺覦州任。有司推驗，虛實自顯，有罪者今伏其辜矣。卿其明爲算略，勿復懷疑。待卿別犯，處刑及鞭，今恕刑罷鞭，止罸五十。卿宜克循，綏輯邊服，稱朕意也。」還朝，年六十二，卒於京師，諡曰穆。範五子，道元在酷吏傳。

道元第四弟道愼，字善季。涉歷史傳，有幹略。自奉朝請，遷尙書二千石郎中，加威遠將軍，爲漢川行臺，迎接降款。以功除員外常侍，領郎中。轉輔國將軍、驍騎將軍。出爲正平太守，治有能名。遷長樂相。正光五年卒，年三十八。贈後將軍、平州刺史。

子中，字伯偉。武定初，司徒刑獄參軍。

道愼弟約，字善禮。起家奉朝請，再遷冠軍將軍、司徒諮議參軍。樸質遲鈍，頗愛琴書。性多造請，好以榮利干謁，乞丐不已，多爲人所笑弄。坎壈於世，不免飢寒。晚歷東萊、魯郡二郡太守，爲政淸靜，吏民安之。年六十三，武定七年卒。

範弟神虎，尙書左民郎中。

神虎弟夔。子惲，字幼和，好學，有文才，尤長吏幹。正光中，刺史裴延儁用爲主簿，令其修起學校。又舉秀才，射策高第，爲奉朝請。後延儁爲討胡行臺尙書，引爲行臺郎。以招撫有稱，除尙書外兵郞，仍行臺郎。及延儁解還，行臺長孫稚又引爲行臺郎，〔一〇〕加征虜將軍。惲頗兼武用，常以功名自許，每進計於稚，多見納用。以功賞魏昌縣開國子，邑三百戶。惲在軍，啓求減身官爵爲父請贈，詔贈夔征虜將軍、安州刺史。惲後與唐州刺史崔元珍固守平陽。武泰中，尒朱榮稱兵赴洛，惲與元珍不從其命，爲榮行臺郎中樊子鵠所攻，城陷被害，時年三十六，世咸痛惜之。所作文章，頗行於世。撰慕容氏書，不成。

子懷則，武定末，司空長流參軍。

夔弟神期，中書博士。

神期弟顯度，司州秀才、尙書庫部郎。

韓秀，字白虎，昌黎人也。祖宰，慕容儁謁者僕射。父昞，皇始初歸國，拜宣威將軍、騎都尉。秀歷吏任，稍遷尚書郎，賜爵遂昌子，拜廣武將軍。高宗稱秀聰敏清辨，才任喉舌，遂命出納王言，幷掌機密。行幸遊獵，隨侍左右。顯祖踐阼，轉給事中，參征南慕容白曜軍事。

延興中，尚書奏以敦煌一鎮，介遠西北，寇賊路衝，慮或不固，欲移就涼州。羣官會議，僉以爲然。秀獨謂非便，曰：「此蹙國之事，非闢土之宜。愚謂敦煌之立，其來已久。雖土隣强寇，而兵人素習，縱有姦竊，不能爲害，循常置戍，足以自全。進斷北狄之覘途，退塞西夷之闚路。若徙就姑臧，慮人懷異意。或貪留重遷，情不願徙，脫引寇內侵，深爲國患。且敦煌去涼州及千餘里，捨遠就近，遙防有闕。一旦廢罷，是啓戎心，則夷狄交構，互相來往。恐醜徒協契，侵竊涼土及近諸戍，則關右荒擾，烽警不息，邊役煩興，艱難方甚。」乃從秀議。太和初，遷內侍長。後爲平東將軍、青州刺史，假漁陽公。在州數年，卒。子務襲爵。

務，字道世，性端謹，有治幹。初爲中散，稍遷太子翊軍校尉。時高祖南征，行梁州刺史楊靈珍謀叛。以務爲統軍，受都督李崇節度以討靈珍。有戰功，授後軍長史，徵赴行在所。還，遷長水校尉。景明初，假節行肆州事，轉左中郎將、寧朔將軍，試守常山郡。又爲征蠻都督李崇司馬。崇揃蕩羣蠻，除近畿之患，務有力焉。後除鎮北府司馬。初試守常山。府解，復爲平北長史。務頗有受納，爲御史中尉李平所劾，付廷尉，會赦免。後除龍驤將軍、郢州刺史。務獻七寶牀、象牙席。詔曰：「晉武帝焚雉頭裘，朕常嘉之，今務所獻亦此之流也。奇麗之物，有乖風素，可付其家人。」邊人李旻、馬道進等許殺蕭衍黃坂戍主，率戶來降。務信之，遣兵千餘人迎接。戶既不至，而詐表破賊，坐以免官。久之，拜冠軍將軍、太中大夫，進號左將軍。神龜初卒。

堯暄，字辟邪，上黨長子人也。本名鍾葵，後賜爲暄。祖僧賴，太祖平中山，與趙郡呂舍首來歸國。

暄聰了，美容貌，爲千人軍將、東宮吏。高宗以其恭謹，擢爲中散。奉使齊州，檢平原鎮將及長史貪暴事，推情診理，皆得其實。除太尉中給事、兼北部曹事，後轉南部。太和中，遷南部尚書。于時始立三長，暄爲東道十三州使，更比戶籍。賜獨車一乘，廐馬四匹。時蕭賾遣其將陳顯達寇邊，以暄爲使持節、假中護軍、都督南征諸軍事、平陽公。軍次許昌，會陳顯達遁走，暄乃班師。暄前後從征及出使檢察三十餘許度，皆有克己奉公之稱。賞賜衣服二十具、綵絹十四、細絹千餘段、奴婢十口，賜爵平陽伯。及改置百官，授太僕卿。車駕南征，加安南將軍。轉大司農卿。太和十九年，卒於平城。高祖爲之舉哀。贈安北將軍、相州刺史，賻帛七百匹。

初，暄使徐州，見州城樓觀，嫌其華盛，乃令往往毀撤，由是後更損落。及高祖幸彭城，聞之曰：「暄猶可追斬。」

暄長子洪，襲爵。鎮北府錄事參軍。

子桀，字永壽。元象中，開府儀同三司、樂城縣開國公。

洪弟遵，伏波將軍、河州冠軍府長史、臨洮太守。卒，贈龍驤將軍，謚曰思。

遵弟榮，員外散騎侍郎。

子雄，字休武。元象中，儀同三司、豫州刺史、城平縣開國公。

雄弟奮，字彥舉。興和中，驃騎將軍、潁州刺史。

奮弟難宗，武定中，征西將軍、南岐州刺史、征羌縣開國伯。

呂舍既歸國，從至京師，給賜田宅。

子方生，機識明辯，卒於主書郎。贈建武將軍、定州刺史、高邑子，謚曰敬。

子受恩，爲侍御中散，典宜官曹，累遷外都曹令，轉北部給事、秦州刺史。卒於官。

史臣曰：薛辯、寇讚歸身有道，並以款效見嘉。議敦煌得馭遠之算。〔三〕務武夫鄙詐，貢琳飾寶，棄而不御，斯乃人主之盛德。堯暄聽察奉公，以致名位，禮加存歿，有餘榮矣。

校勘記

〔一〕始光中世祖詔奚斤討赫連昌　諸本「祖」作「宗」。按「始光」是拓跋燾年號，「宗」字顯誤，今改正。

〔二〕三年拔與南兗州刺史游明根　錢氏考異卷二八云：「明根傳卷五五作『東兗』，此誤也。正光中，始置南兗州於譙城，延興中尚無『南兗』之名。」按南兗州實是正始間置見地形志校記，錢氏說微誤，但延興中無南兗，當從游明根傳作「東兗」，錢氏說是。

〔三〕廣平王懷郎中令　百衲本「郎中」二字空格，汲本空一格，南、北、殿、局四本有「中」字，上注「闕一字」。李慈銘云：「宋本『懷』下空處有『屮』形，蓋『中』字也。魏制王國有郎中令。宋本『屮』上有黑圍，當是『郎』字。」按「中」字宋本有殘跡，南、北等本不闕，今從之。所闕上一字，只能是「郎」，李說是，今補。

〔四〕子祖襲爵　墓誌集釋寇演墓誌圖版二二六稱「父祖㦤」，卽此寇祖。「祖」字乃兄弟排行，下文有祖訓，祖禮，均從兄弟。當時雖多雙名單稱，也不應取兄弟所同的「祖」字，知此傳「祖」下脫「咲」字。墓誌集釋載寇氏墓誌多件，官、爵、謚和名、字和此傳頗有不同，今不列舉。

〔五〕比陽鎮將　諸本「比」作「北」。墓誌集釋寇臻墓誌圖版二〇六之二作「泚陽鎮將」。按比陽，漢縣，本書地形志雖不載此縣，也不言置鎮，但屢見紀傳。水經注卷二九比水篇、太平寰宇記卷一四二引周地圖記都說魏東荆州刺史治比陽故城。「比」「北」二字常相混，卷四五韋闐傳「比陽」也訛「北陽」。「泚陽」即「比陽」，今據墓誌改。

〔六〕代遷　李慈銘、張森楷都說「『遷』當作『還』」。按李、張說是。但「代遷」作受代遷官解，也可通，今仍之。

〔七〕不去攻守　按「去」字當訛，册府卷四二〇五〇〇四頁作「在」，也與文義不洽。

〔八〕比邑有拒守之夫　百衲本、南本「比」作「北」，北、汲、殿三本作「此」，獨局本作「比」。按通典卷一五一兵四示義條作「比」。「比邑」與上「連城」對文，當是先訛「北」，北本以下以意改作「此」，局本當亦是以意改，但通典引文同，今從之。

〔九〕文秀必克殄　李慈銘云：「『必』上當有『知』字。」

〔一〇〕行臺長孫稚又引爲行臺郎　諸本「稚」作「雅」，殿本考證以爲唐人避諱改，李慈銘、張森楷以爲形似而訛。今據卷二六長孫稚傳改。下同。

〔二〕議敦煌得馭遠之算　李慈銘云：「『議』上有脫文，當是舉酈範贊取三齊事，與韓秀議敦煌相對，不止脫一『秀』字也。」按李說是。此句上有脫文，連上句便似「議敦煌」也是薛辯、寇讚事。魏書傳論通常於正傳諸人都加評論，這裏不應獨遺酈範。

魏書卷四十三

列傳第三十一

嚴稜　毛脩之　唐和　劉休賓　房法壽

嚴稜，馮翊臨晉人。遇亂避地河南，劉裕以爲廣威將軍、陳留太守，戍倉垣。泰常中，山陽公奚斤南討，軍至潁川，稜率文武五百人詣斤降，驛送稜朝太宗於冀州。嘉其誠款，拜平遠將軍，賜爵郃陽侯，假荊州刺史。隨駕南討，還爲上客。及世祖踐阼，以稜歸化之功，除中山太守，有淸廉之稱。年九十，卒於家。

子雅玉，襲爵。眞君中，詔雅玉副長安鎭將元蘭率衆一萬，迎漢川附化之民，入自斜谷，至甘亭。劉義隆梁州刺史王玄載遣將拒嶮，路不得通，班師。太和二年，太倉令。五年，出爲平南將軍、東兗州刺史，假馮翊公。卒，子曇襲爵。

毛脩之，字敬文，滎陽陽武人也。父瑾，司馬德宗梁秦二州刺史。劉裕之擒姚泓，留子義眞鎭長安，以脩之爲司馬。及赫連屈丏破義眞於青泥，脩之被俘，遂沒統萬。世祖平赫連昌，獲脩之。神䴥中，以脩之領吳兵討蠕蠕大檀，以功拜吳兵將軍，領步兵校尉。後從世祖征平涼有功，遷散騎常侍、前將軍、光祿大夫。脩之能爲南人飲食，手自煎調，多所適意。世祖親待之，進太官尚書，賜爵南郡公，加冠軍將軍，常在太官，主進御膳。

從討和龍，別破三堡，賜奴婢、牛羊。是時，諸軍攻城，宿衞之士多在戰陳，行宮人少。雲中鎭將朱脩之，劉義隆故將也，時從在軍，欲率吳兵謀爲大逆，因入和龍，冀浮海南歸。以告脩之，脩之不聽，乃止。是日無脩之，大變幾作。朱脩之遂亡奔馮文通。又以脩之收三堡功多，遷特進、撫軍大將軍、金紫光祿大夫，位次崔浩之下。

浩以其中國舊門，雖學不博洽，而猶涉獵書傳，每推重之，與共論說。言次，遂及陳壽三國志有古良史之風，其所著述，文義典正，皆揚于王廷之言，微而顯，婉而成章，班史以來無及壽者。脩之曰：「昔在蜀中，聞長老言，壽曾爲諸葛亮門下書佐，被撻百下，故其論武侯云『應變將略，非其所長』。」浩乃與論曰：「承祚之評亮，乃有故義過美之譽，案其迹也，不爲負之，非挾恨之矣。何以云然？夫亮之相劉備，當九州鼎沸之會，英雄奮發之時，君臣相得，魚水爲喻，而不能與曹氏爭天下，委棄荆州，退入巴蜀，誘奪劉璋，僞連孫氏，守窮踦蹠之地，僭號邊夷之間。此策之下者。可與趙他爲偶，而以爲管蕭之亞匹，不亦過乎？謂壽貶亮非爲失實。且亮既據蜀，恃山嶮之固，不達時宜，弗量勢力。嚴威切法，控勒蜀人；矜才負能，高自矯舉。欲以邊夷之衆抗衡上國。出兵隴右，再攻祁山，一攻陳倉，疏遲失會，摧衂而反；後入秦川，不復攻城，更求野戰。魏人知其意，閉壘堅守，以不戰屈之。知窮勢盡，憤結攻中，發病而死。由是言之，豈合古之善將見可而進，知難而退者乎？」脩之謂浩言爲然。

太延二年，爲外都大官。卒，謚曰恭公。

脩之在南有四子，唯子法仁入國。高宗初，爲金部尚書，襲爵。後轉殿中尚書，加散騎常侍。法仁言聲壯大，至於軍旅田狩，唱呼處分，振於山谷。和平六年卒。贈征東大將軍、南郡王，謚曰威。

長子猛虎，太安中，爲東宮主書，轉中舍人，又遷中散大夫。初襲爵，爲散騎常侍。皇興中，蠕蠕犯塞，從顯祖討之，有勇決之稱。太和初卒，贈豫州刺史，謚曰康公。

子泰寶，襲爵。征虜長史。例降爲侯。卒，子乾祐襲。

朱脩之者，劉義隆司徒從事中郎。守滑臺，安頡圍之。其母在家，乳汁忽出。母號慟告家人曰：「我年老，非復有乳汁之時，今忽如此，兒必歿矣。」果以其日爲頡所擒。世祖善其固守，授以內職，以宗室女妻之。而佞巧輕薄，爲人士所賤。爲雲中鎭將。及入馮文通，文通送之江南。

唐和，字稚起，晉昌冥安人也。〔一〕父繇，以涼土喪亂，民無所歸，推隴西李暠於敦煌，以寧一州。李氏爲沮渠蒙遜所滅，和與兄契攜外甥李寶避難伊吾，招集民衆二千餘家，臣於蠕蠕。蠕蠕以契爲伊吾王。

經二十年，和與契遣使來降，爲蠕蠕所逼，遂擁部落至于高昌。蠕蠕遣部帥阿若率騎討和。至白力城，和率騎五百先攻高昌，契與阿若戰歿。和收餘衆，奔前部王國。時沮渠安周屯橫截城，和攻拔之，斬安周兄子樹，又克高寧、白力二城，斬其戍主。遣使表狀，世祖嘉其誠款，屢賜和。和後與前部王車伊洛擊破安周，斬首三百。

世祖遣成周公萬度歸討焉耆，詔和與伊洛率所領赴度歸。和奉詔。會度歸喻下柳驢以東六城，因共擊波居羅城，拔之。後同征龜茲，度歸令和鎭焉耆。時柳驢戍主乙眞伽率諸胡將據城而叛，和領輕騎一百匹入其城，擒乙真伽，斬之，由是諸胡款附。西域克平，和有力也。

正平元年，和詣闕，世祖優寵之，待以上客。高宗以和歸誠先朝，拜鎮南將軍、酒泉公。太安中，出爲濟州刺史，甚有稱績。徵爲內都大官，評決獄訟，不加捶楚，察疑獲實者甚多，世以是稱之。皇興中卒，年六十七。贈征西大將軍、太常卿、酒泉王，謚曰宣。

子欽，字孟直。中書學生，襲爵。太和中，拜鎮南將軍、長安鎮副將，轉陝州刺史，將軍如故。後降爵爲侯。二十年卒。

子景宣，襲爵。歷幷州城陽王徽後軍府長史，加中堅將軍，遷東郡太守。普泰中卒。贈撫軍將軍、秦州刺史。

景宣弟季㢸，武定中，滄州別駕。

契子玄達，性果毅，有父風。與叔父和歸闕，俱爲上客。拜安西將軍、晉昌公。顯祖時，出爲華州刺史，將軍如故。杏城民蓋平定聚衆爲逆，顯祖遣給事楊鍾葵擊平定，不克而還，詔玄達討平之。杏城民成赤李又聚黨，自號爲王，逼掠郡縣，殘害百姓。玄達率騎二百，邀其狹路，擊破之。叛民曹平原復聚爲亂，玄達追擊悉平之。延興三年，有罪免官。太和十六年，降爵爲侯。卒。

子崇，字繼祖，襲爵。盛樂太守。崇弟興業，定陽、闡熙二郡太守。

劉休賓，字處幹，本平原人。祖昶，從慕容德度河，家于北海之都昌縣。父奉伯，劉裕時北海太守。休賓少好學，有文才，兄弟六人，乘民、延和等皆有時譽。休賓爲劉彧虎賁中郎將，稍遷幽州刺史，鎭梁鄒。及慕容白曜軍至升城，遣人說之，令降，休賓不從。劉彧龍驤將軍崔靈延、行勃海郡房靈建等數十家皆入梁鄒，同舉休賓爲征虜、兗州。會劉彧遣使授休賓輔國將軍、兗州刺史。休賓妻，崔邪利女也，生一男，字文曄。崔氏先歸寧在魯郡，邪利之降也，文曄母子遂與俱入國。至是，白曜表請崔與文曄。既至，白曜以報休賓，又於北海執延和妻子，送至梁鄒，巡視城下。休賓答白曜，許歷城降，當卽歸順，密遣兼主簿尹文達向歷城，覲國軍形勢。文達詣白曜，詐言聞王臨境，故來祇候。私謂白曜曰：「劉休賓父子兄弟，累郡連州，今若識運知機，束手歸化，不審明王加何賞敍？」白曜曰：「休賓仕南，爵寵如此，今若不勞兵甲望風自降者，非直處卿富貴，兼還其婦兒。」休賓縱令不畏攻圍，豈不憐其妻子也！今在升城，〔二〕卿自往見。」文達乃至升城，見休賓妻子。文曄攀援文達，哭泣號咷，以爪髮爲信。文達回還，復經白曜，誓約而去。白曜曰：「卿是休賓耳目腹心，親見其妻子，又知我衆旅少多，善共量議，自求多福。」文達還見休賓，出其妻兒爪髮，兼宣白曜所言及國軍形勢，謂休賓曰：「升城已敗，歷城非朝則夕，公可早圖之。」休賓撫爪髮泣涕曰：「妻子幽隔，誰不愍乎？吾荷南朝厚恩，受寄邊任，今顧妻子而降，於臣節足乎！」然而密與其兄子聞慰議爲降計。聞慰曰：「此故當文達誑詐耳。年常抄掠，豈有多軍也？但可撫强兵，勤肅衞，方城狹嶮，何爲便生憂怯，示人以弱也。」

休賓又謂文達曰：「卿勿憚危苦，更爲吾作一返，善觀形勢。」於是遣文達偷道而出，令與白曜爲期，剋日許送降款。文達既至，白曜喜曰：「非直休賓父子荷榮，城內賢豪，亦隨人補授。卿便卽爲梁鄒城主。」以酒灌地，啓告山河曰：「若負休賓，使我三軍覆沒！」初，白曜之表取休賓妻子也，顯祖以道固旣叛，詔授休賓持節、平南將軍、冀州刺史、平原公。至是，付文達詔策。文達還，謂休賓曰：「白曜信誓如此，公可早爲決計，恐攻逼之後，降悔無由。」休賓於是告兄子聞慰曰：「事勢可知，汝早作降書。」聞慰沉疑，固執不作，〔三〕遂差本契。白曜尋遣著作佐郎許赤虎夜至梁鄒南門下，告城上人曰：「汝語劉休賓，何由遣文達頻造僕射，許送降文，歸誠大化，何得無信，違期不來！」於是門人唱告，城內悉知，遂相維持，欲降不得，皆云：「劉休賓父子，欲以我城內人易榮位也。」尋被攻逼，經冬至春。歷城降，白曜遣道固子景業與文曄至城下。休賓知道固降，乃出請命。白曜送休賓及宿有名望者十餘人，俱入代都爲客。及立平齊郡，乃以梁鄒民爲懷寧縣，休賓爲縣令。延興二年卒。

文曄，有志尚，綜覽羣書，輕財重義。太和中，坐從兄聞慰南叛，與二弟文顥、季友被徙北邊，高祖特聽還代。

高祖曾幸方山，文曄大言於路側曰：「求見聖明，申宣久屈。」高祖遣尚書李沖宣詔問曰：「卿欲何言，聽卿面自申盡。」於是引見。文曄對曰：「臣之陋族，出自平原，往因燕亂，流離河表，居齊以來，八、九十載。眞君十一年，世祖太武皇帝巡江之日，時年二歲，隨外祖魯郡太守崔邪利於鄒山歸國。邪利蒙賜四品，除廣寧太守。以臣年小，不及齒錄。至天安之初，皇威遠被，臣亡父休賓，劉氏持節、兗州刺史，戍梁鄒。時慕容白曜以臣父居全齊之要，水陸道衝，青冀二城，往來要路，三城岳峙，並拒王師。白曜知臣母子先在代京，表請臣母子慰勞。臣卽被先帝詔，遣乘傳詣軍，又賜亡父官爵。白曜遣右司馬盧河內等送臣母子至鄒。臣既見亡父，備申皇澤。云：『吾蒙本朝寵遇，捍禦藩屏，尊卑百口，並在二城。吾若先降，百口必被誅滅，既不固誠於本朝，又令尊卑塗炭，豈堪爲人臣以奉大魏乎？汝且申吾意白僕射，降意已判，平歷城，即率士衆送款軍前。』既克歷城，白曜遣赤虎送臣并崔道固子景業等向梁鄒。亡父既見赤虎之信，仰感聖朝遠遣妻子，又知天命有歸，擁衆一萬，以城降款。乘驛赴臺，蒙爲客例。臣私釁深重，亡父以延興二年孤背明世，血誠微心，未獲申展。如臣等比，並蒙榮爵，爲在事孤抑，以人廢勳。」高祖曰：「卿訴父賞而卿父無勳。歷城齊之西關，歸命請順。梁鄒小戍，豈能獲全？何足以爲功也。」文曄對曰：「誠如聖旨，愚臣所見，猶有未申。何者？昔樂毅破齊七十餘城，唯有即墨獨在，此豈非根亡而條立？且夫降順之人，驗之古今，未有不由危逼者。故黄權無路歸款，列地封侯。且薛安都、畢衆敬危急投命，並受茅土之爵。論古則如彼，語今則如此，明明之世，不及比流。竊惟梁鄒嚴固，地據中齊，粟支十載，控弦數千萬，方之升城，不可同日而語。升城猶能抗兵累旬，傷殺甚衆，若臣亡父固守孤城，則非一朝可克。」高祖曰：「歷城既陷，梁鄒便是掌中，何煩兵力。」對曰：「若如聖旨，白曜便應窮兵極意，取勝俯仰，何爲上假赤虎之信，下銜知變之民？」高祖曰：「卿父此勳，本自至少，以卿才地，豈假殷勤。」對曰：「臣阨愚六蔽，文武無施，響絕九皐，聞天無日，遭逢聖運，萬死猶生。但臣竊見徐兗是賊藩要，徐兗既降，諸戍皆應國有。而東徐州刺史張讜所戍團城，領二郡而已。徐兗降後，猶閉門拒命，授以方嶽，始乃歸降。父子二人，並蒙侯爵。論功比勳，不先臣父。」高祖曰：「卿引張讜，讜事小異。」對曰：「臣未識異狀。」高祖曰：「張讜始來送款，終不差信。卿父進非先覺，退又拒守，何得不異？」對曰：「張讜父子，始有歸順之名，後有閉門之罪，以功補過，免罪爲幸。臣又見崔僧祐母弟，隨其叔父道固在歷城。僧祐遙聞王威遠及，恐母弟淪亡，督率鄉閭來欲救援。既至郁洲，歷城已沒，束手歸誠，救母弟之命。聖朝嘉其附化，賞以三品。亡父之誠，豈後僧祐？」高祖曰：「僧祐身居東海，去留任意，來則有位，去則他人，是故賞之。卿父被圍孤城，已是己物，所以不賞。」對曰：「亡父據城歸國，至公也；僧祐意計而來，爲私也。爲私蒙賞，至公不酬，臣未見其可。」高祖笑而不言。

比部尚書陸叡叱文曄曰：「假令先朝謬賞僧祐，豈可謬相賞也！」文曄曰：「先帝中代聖主，與日月等曜，比隆堯舜，宰相則十亂五臣，今言謬賞，豈不仰誣先朝乎？」尚書高閭曰：「卿謂母弟與妻子何者爲重？」文曄曰：「母弟爲重。」閭曰：「卿知母弟爲重，朝廷賞僧祐是也。卿父爲妻子而來，事何相反？」對曰：「僧祐若無母弟，來歸以不？」閭曰：「不來。」文曄曰：「若僧祐赴母弟之難，此是其私。而亡父本爲大丈夫，立身處世，豈可顧妻子而虧高節也！昔樂羊食子，有顧以不？亡父本心，實不垂顧，所以歸化者，自知商周不敵，天命有所歸。」高祖謂文曄曰：「卿之所訴，〔四〕頗亦有途。賞從重，罰從輕，尋敕酬敍。」文曄泣曰：「臣愚頓理極，再見無期，陛下既垂慈澤，願敕有司，特賜矜理。」高祖曰：「王者無戲，何待勤勲。」既而賜文曄爵都昌子，深見待遇。拜協律中郎，〔五〕改授羽林監。世宗世，除高陽太守。延昌中卒。贈平遠將軍、光州刺史，謚曰貞。

子元，襲。拜員外郎、襄威將軍、青州别駕。卒。

文顥，性仁孝篤厚。徐州安豐王府騎兵參軍。

季友，南青州左軍府錄事參軍。

聞慰，博識有才思。至延興中，南叛。

休賓叔父旋之，其妻許氏，二子法鳳、法武。〔六〕而旋之早亡。東陽平，許氏攜二子入國，孤貧不自立，並疏薄不倫，爲時人所棄。母子皆出家爲尼，〔七〕既而反俗。太和中，高祖選盡物望，河南人士，才學之徒，咸見申擢。法鳳兄弟無可收用，不蒙選授。後俱奔南。法武後改名孝標云。

房法壽，小名烏頭，清河繹幕人也。幼孤，少好射獵，輕率勇果，結群小而爲劫盜。從叔元慶、範鎮等坐法壽被州郡切責，時月相繼，宗族甚患之。弱冠，州迎主簿。後以母老，不復應州郡之命。常盜殺猪牛，以共其母。招集壯士，常有百數。

母亡歲餘，遇沈文秀、崔道固起兵應劉子勛。明僧暠、劉乘民起兵應劉彧，攻討文秀。法壽亦與清河太守王玄邈起兵西屯，合討道固。玄邈以法壽爲司馬，累破道固軍，甚爲歷城所憚。加法壽綏邊將軍、魏郡太守。子勛死，道固、文秀悉復歸彧，乃罷兵。道固慮其扇亂百姓，遂切遣之。而法壽外託裝辦而內不欲行。

會從弟崇吉在升城，爲慕容白曜所破，母妻沒於白曜軍。崇吉奔還舊宅。法壽與崇吉年志粗相諧協，而親則從祖兄弟也。崇吉以母妻見獲，託法壽爲計。法壽既不欲南行，恨道固逼切，又矜崇吉情理。時道固以兼治中房靈賓督清河、廣川郡事，戍盤陽。法壽遂與崇吉潛謀襲靈賓，克之。仍歸款於白曜以贖母妻。白曜遣將軍長孫觀等自大山南入馬耳關以赴盤陽，還崇吉母妻。初，道固遣軍圍盤陽，法壽等拒守二十餘日。觀軍至，賊乃散走。觀軍入城，詔以法壽爲平遠將軍，與韓騏驎對爲冀州刺史，督上租糧。以法壽從父弟靈民爲清河太守，思順爲濟南太守，靈悅爲平原太守，伯憐爲廣川太守，叔玉爲高陽太守，叔玉兄伯玉爲河間太守，伯玉從父弟思安爲樂陵太守，思安弟幼安爲高密太守，以安初附。

及歷城、梁鄒降，法壽、崇吉等與崔道固、劉休賓俱至京師。以法壽爲上客，崇吉爲次客，崔劉爲下客。法壽供給，亞於安都等。以功賜爵壯武侯，加平遠將軍，〔八〕給以田宅、奴婢。性好酒，愛施，親舊賓客率同飢飽，坎壈常不豐足。畢衆敬等皆尚其通愛。太和中卒。

贈平東將軍、青州刺史，謚敬侯。

子伯祖，襲，例降爲伯。歷齊郡內史。伯祖闇弱，委事於功曹張僧皓，僧皓大有受納，伯祖衣食不充。後廣陵王羽爲青州，伯祖爲從事中郎、平原相。轉幽州輔國長史，坐公事免官。卒。

子翼，襲。宣威將軍、大城戍主。永安中，青州太傅開府從事中郎。

伯祖弟叔祖，別以功賜爵魏昌子。歷廣陵王國郎中令、長廣東萊二郡太守、龍驤將軍、中散大夫。永安中，安東將軍、郢州刺史。

叔祖弟幼愍，安豐、新蔡二郡太守。坐事奪官，居家，忽聞有客聲，出無所見，還至庭中，爲家群犬所噬，遂卒。

初，長孫觀之將至盤陽也，城中稍以震懼。時劉彧給事中崔平仲欲歸江南，自歷下至圍城軍中，與十餘騎遙共法壽語，靈賓密遣人捕執之。始法壽克盤陽之後，常禁靈賓於別齋。旣得平仲，引與同室，致酒食，敍國軍明將入意。夜中，北城上縋出平仲、靈賓等十餘人。厥明，官軍至城，靈賓遂歸梁鄒。

靈賓，文藻不如兄靈建，而辯悟過之。靈建在南，官至州治中、勃海太守，以才名見稱。兄弟俱入國，爲平齊民。雖流漂屯圮，操尙卓然。並卒於平齊。

靈建子宣明，亦文學著稱，雅有父風。高祖擢爲中書博士。遷洛，轉議郎，試守東清河郡。正始中，京兆王愉出除征東、冀州，以宣明爲記室參軍。愉反，逼宣明爲太守。〔九〕

靈賓從父弟堅，字千秋，少有才名。亦內徙爲平齊民。太和初，高祖擢爲祕書郎，遷司空諮議、齊州大中正。高祖臨朝，令諸州中正各舉所知，千秋與幽州中正陽尼各舉其子。高祖曰：「昔有一祁，名垂往史；今有二奚，當聞來牒。」出爲濮陽太守。世宗時，復爲司空諮議，加立忠將軍。卒，贈南青州刺史，謚曰懿。

長子祖淵，羽林監。從章武王融討葛榮，沒於陳。贈安東將軍、濟州刺史。

祖淵弟祖皓，長水校尉。後討蕭衍將於九山，戰歿。贈撫軍將軍、兗州刺史。

崔平仲自東陽南奔，妻子於歷城入國。太和中，高祖聽其還南。

思安，有勇力；伯玉，果敢有將略。思安賜爵西安子、建威將軍、北平太守，遷大司馬司馬、齊州武昌王府司馬。高祖南伐，徵爲步兵校尉、直閤將軍、中統軍。善撫士衆，高祖嘉之。漢陽既平，復爲武昌王司馬，帶東魏郡太守，加寧朔將軍，改爵清河子，卒官。子敬寶襲爵。

敬寶，亦壯健。奉朝請、征北中兵參軍、北征統軍、寧遠將軍，每有戰功。早卒。子去病襲。

伯玉，坐弟叔玉南奔，徙於北邊。後亦南叛，爲蕭鸞南陽太守。高祖南伐，克宛外城，命舍人公孫延景宣詔於伯玉曰：「天無二日，土無兩王，是以躬總六師，蕩一四海。宛城小戍，豈足以禦抗王威？深可三思，封侯胙土，事在俯仰。」伯玉對曰：「外臣荷國厚恩，奉任疆境，爲臣之道，未敢聽命。伏惟遊鑾遠涉，頗不損神。」高祖又遣謂曰：「朕親率麾旆，遠清江沔，此之小戍，豈足徘徊王師。但戎輅所經，纖介須殄，宜量力三思，自求多福。且卿早蒙蕭賾殊常之眷，曾不懷恩，報以塵露。蕭鸞妄言入繼道成，賾子無孑遺。卿不能建忠於前君，方立節於逆豎，卿之罪一。又頃年傷我偏師，卿之罪二。今鑾旆親戎，清一南服，不先面縛，待罪麾下，卿之罪三。卿之此戍，多則一年，中則百日，少則三旬，克殄豈遠。宜善思之，後悔無及。」伯玉對曰：「昔蒙武帝愷悌之恩，忝侍左右，此之厚遇，無忘夙夜。但繼主失德，民望有歸。主上龍飛踐極，光紹大宗，非直副億兆之深望，實兼武皇之遺敕。是以懃懃懇懇，不敢失墜。往者，北師深入，寇擾邊民，輒厲將士，以救蒼生。此乃邊戍常事，陛下不得垂責。」

及克宛，伯玉面縛而降。高祖引見伯玉并其參佐二百人，詔伯玉曰：「朕承天馭宇，方欲淸一寰域，卿蕞爾小戍，敢拒六師，卿之愆罪，理在不赦。」伯玉對曰：「臣既小人，備荷驅使，緣百口在南，致拒皇略，罪合萬死。」高祖曰：「凡立忠抱節，皆應有所至。若奉逆君，守迷節，古人所不爲。卿何得事逆賊蕭鸞，自貽伊譴！」伯玉對曰：「臣愚癡晚悟，罪合萬斬，今遭陛下，願乞生命。」高祖曰：「凡人惟有兩途：知機獲福，背機受禍。勞我王師，彌歷歲月，如此爲降，何人有罪！且朕前遣舍人公孫延景城西共卿語云：『天無二日，土無二王。』卿答云：『在此不在彼。』天道攸遠，變化無方，卿寧知今日在此不在彼乎？」伯玉乞命而已，更無所言。高祖以思安頻爲伯玉泣請，故特宥之。

伯玉在南之日，放妾楊氏爲尼。入國，遂令還俗，復愛幸焉。爲有司所奏，高祖聽之。〔一〇〕世宗卽位，拜長史，兼游擊將軍，出爲馮翊相，卒官。

崇吉，少驍勇，爲沈文秀中兵參軍。及太原戍守傅靈越率衆棄郡南赴子勛，文秀以崇吉督郡事。既而背文秀，同於劉彧。母叔在歷城，爲崔道固所拘繫，又將致刑於市以恐之，而崇吉卒無所顧。會道固歸彧，乃出其母。彧以崇吉爲龍驤將軍、并州刺史，領太原太守，戍升城。崇吉以其從兄靈獻爲長史，姨兄賈延年爲司馬。

未幾而白曜軍至。白曜遣人招之，崇吉不降，遂閉門固守。升城至小，人力不多，勝仗者不過七百人，而白曜侮之，乃遣衆陵城。崇吉設土韋方梁，下相舂擊，不時克殄。白曜遂築長城，圍三重，更造攻具，日夜攻擊。自二月至四月，糧矢俱盡，崇吉突圍出走，遁藏民舍，母妻見獲。道固遣治中房靈賓慰引之，崇吉不肯見道固，遂東歸舊村，陰募壯士，欲以偸母，還奔河南。白曜慮其如此，守備嚴固。後與法壽取盤陽，俱降。

及立平齊郡，以歷城民爲歸安縣，崇吉爲縣令。頗懷昔憾，與道固接事，意甚不平。後委縣出臺，訟道固罪狀數條。會赦不問。崇吉乞解縣，許之。停京師半歲，乃南奔。崇吉夫婦異路，剃髮爲沙門，改名僧達，投其族叔法延。住歲餘，淸河張略之亦豪俠士也，崇吉遺其金帛，得以自遺。妻從幽州南出，亦得相會。崇吉至江東，尋病死。

崇吉從父弟三益，字敬安，於南陽內附。高祖與語，善之，曰：「三益了了，殊不惡。」拜員外散騎侍郎。尋出爲太山太守，轉兗州左軍府司馬，所在以淸和著稱。還，除左將軍。正光中卒，年六十三。九子。

長子士隆，興和中，東淸河太守，帶盤陽鎭將。

士隆弟士達，少有才氣。其族兄景先，有鑒識，每曰：「此兒俶儻，終當大其門戶。」起家濟州左將軍府倉曹參軍。時京兆王繼爲大將軍，出鎭關右，聞其名，徵補騎兵參軍，領帳內統軍。

孝昌中，其鄉人劉蒼生、劉鈞、房須等作亂，攻陷郡縣，頻敗州軍。時士達父憂在家，刺史元欣欲逼其爲將，士達以禮固辭。欣乃命其友人馮元興謂之曰：「今合境從逆，賊徒轉熾，若萬一陷州，君家豈得獨全？既急病如此，安得顧名教也。」士達不得已而起，率州郭之人二千餘人，東西討擊，悉破平之。武泰初，就家拜平原太守，抑挫豪强，境内肅然。時邢杲寇亂，憚其威名，越郡城西度，不敢攻逼。

永安末，轉濟南太守。士達不入京師，而頻爲本州郡，時人榮之。

永安末，尒朱兆入洛，刺史蕭贊爲城民趙洛周所逐，城内無主。洛周等以士達鄉情所歸，乃就郡請之，命攝州事。永熙二年卒，年三十八，時人傷惜之。贈平東將軍、齊州刺史，謚曰武。

士達弟士素，武定末，太尉諮議參軍。

士素弟士章，尚書郎。

法壽族子景伯，字長暉。高祖諶，避地渡河，居於齊州之東淸河繹幕焉。祖元慶，仕劉駿，歷七郡太守，後爲沈文秀青州建威府司馬。劉彧之殺子業自立也，子業弟子勛起兵攻之，文秀遣其將劉珍之率兵助彧。後背彧歸于子勛，元慶不同，爲文秀所害。父愛親，率勒鄉部攻文秀。劉彧嘉之，起家授龍驤將軍。尋會文秀降彧，乃止。顯祖時，三齊平，隨例內徙，爲平齊民。以父非命，疏服終身。

景伯生於桑乾，少喪父，以孝聞。家貧，傭書自給，養母甚謹。尚書盧淵稱之於李沖，沖時典選，拔爲奉朝請、司空祭酒、給事中、尚書儀曹郎。除齊州輔國長史，值刺史死，敕行州事。政存寬簡，百姓安之。後值清河太守杜昶外叛，郡居山險，盜賊羣起，除清河太守。郡民劉簡虎曾失禮於景伯，聞其臨郡，闔家逃亡。景伯督切屬縣捕擒之，卽署其子爲西曹掾，命喻山賊。賊以景伯不念舊惡，一時俱下，論者稱之。舊守令六年爲限，限滿將代，郡民韓靈和等三百餘人表訴乞留，復加二載。後遷太尉中郎、司徒諮議參軍、輔國將軍、司空長史。以母疾去官。

景伯性淳和，涉獵經史，諸弟宗之，如事嚴親。及弟妓亡，〔二〕蔬食終喪，期不內御，憂毀之容，有如居重。其次弟景先亡，其幼弟景遠期年哭臨，亦不內寢。鄉里爲之語曰：「有義有禮，房家兄弟。」廷尉卿崔光韶好標牓人物，〔三〕無所推尙，每云景伯有士大夫之行業。及母亡，景伯居喪，不食鹽菜，因此遂爲水病，積年不愈。孝昌三年卒于家，時年五十。贈左將軍、齊州刺史。

子文烈，武定中，尚書三公郎中。

景先，字光胄。幼孤貧，無資從師，其母自授毛詩、曲禮。年十二，請其母曰：「豈可使兄傭賃以供景先也？請自求衣，然後就學。」母哀其小，不許。苦請，從之，遂得一羊裘，忻然自足。晝則樵蘇，夜誦經史，自是精勤，遂大通贍。太和中，例得還鄉，郡辟功曹。州舉秀才，值州將卒，不得對策。解褐太學博士。時太常劉芳、侍中崔光當世儒宗，歎其精博，光遂奏兼著作佐郎，修國史。尋除司徒祭酒、員外郎。侍中穆紹又啓景先撰世宗起居注。累遷步兵校尉，領尚書郎，齊州中正，所歷皆有當官之稱。

景先沉敏方正，事兄恭謹，出告反面，晨昏參省，側立移時，兄亦危坐，相敬如對賓客。兄曾寢疾，景先侍湯藥，衣冠不解，形容毀瘁。親友見者莫不哀之。

神龜元年，蕭衍龍驤將軍田申能據東義陽城內屬，敕景先爲行臺，發二荆兵以援之，在軍遇疾而還。其年卒於家，時年四十三。贈持節、冠軍將軍、洛州刺史，謚曰文景。先作五經疑問百餘篇，其言該典，今行於時，文多，略舉其切於世教者：

問王者受命，木火相生曰：五精代感，稟靈者興。金德方隆，禎發華渚；水運告昌，瑤光啓祚。人道承天，天理應實，受謝既彰，玄命若契。相生之義，有允不違。至如湯武革命，殺伐是用，水火爲次，遵而不改。既事乖代終，而數同納麓。逆順且殊，禎運宜異，而兆徵不差，有疑符應。

問禹以鯀配天，舜不尊父曰：明明上天，下土是冒。道高者負扆四方，神積者郊原斯主。是以則天，不能私其子；紹堯，不敢尊其父。鯀旣罪彰於山川，受殛於羽裔，化質與鱗甲爲群。銘精不能上乘箕尾，而厚尊配於國陽，當升煙之大禮。苟存及躬，以亂祀典。降上帝爲罪鬼之賓，奏夾鍾爲介蟲之樂，奉天之道，不乃有淪乎？

問湯尊稷廢柱曰：神積道存，異世同尊；列山見享，綿紀前代。成湯革命承天，當愆陽之運，不思理數之有時，黜元功於百世。且畢、箕感應，風雨異徵，尊播殖之靈，而邀滂澍之潤，升廢之道，無乃謬與？若柱不合薦，虞夏應失之於前；如以歲久宜遷，百神可計日而代。求之一三，未究往旨。

問湯克桀，欲遷夏社爲不可；武王滅紂，以亳社爲亡國之誡曰：神無定方，唯人爲主，道協無爲，天地是依，棄德弗崇，百靈更祀。周武承天，禮存咸秩，升后稷當四圭之尊，貶土祇隔牲幣之享。就如言之，稷禀靈威，誠允聿追之宜，社非商祖，孝孚乃考之咎，殷鑒致誡，何獨在斯？

問易著革命之爻，而無揖讓之象曰：玄黃剖別，人道爲尊，含靈佇化，故義始元首。是以飛龍啓徵，大人載就。及理運相推，帝圖異序。虞賓以爲善終順守，有慚未盡，不顯揖讓之象，而著已日之美。豈可兆巨釁爲貽厥之謀，訓萬世而開安忍之□？求之反衷，未識理恕。

問周禮秋官司烜氏，邦若屋誅，爲明竁焉曰：王道貴產，法理尙恩。舊德見食，八象載其美；五宥三刺，禮經寶其仁。是以祿父巨釁，殷禮不輟；三監亂德，蔡胤猶存。罪莫極於無上，逆莫甚於違天。行大辟禍不及族，理正刑慾止於身。何惡當參夷之禍？何戾受淪殄之辜？

問儀禮，繼母出嫁，從爲之服，傳云「貴終其恩」曰：繼母配父，本非天屬，與尊合德，名義以興。兼鞠育有加，禮服是重。旣體違義盡，棄節毀慈，作嬪異門，爲鬼他族，神道不全，何終恩之有？方齊服是追，哭於野次，苟存降重，無乃過猶不及乎？

問禮記，生不及祖父母，父母稅喪，已則否曰：服以恩制，禮由義立。慈母三年，孫無緦葛者，以戚非天屬，報養止身。祖雖異域，恩不及己，但正體於下，可無服乎？且縞冠玄武，子姓之服。縓練之後，纕絰已除，猶懷慘素，未忍從吉，況斬焉。初之創巨方始，〔三〕復弔之賓，尙改緇襲，奉哀苫次，而無追變，孝子孝孫，豈天理是與？

問左氏傳，齊人殺哀姜，君子以爲不可曰：受醮從天，人倫所重。保育異宗，承奉郊奠。而乃肆極昏淫，禍傾合巹之尊；怙亂無終，殄滅誕鞠之愛。齊桓匡翼四方，正存刑矩。割不忍之恩，行至公之法。方生貶違，以殺爲甚。而神道幽默，禍降未期，雖窮勃履朝，〔一四〕臣不宜糾，旣事反人靈，咎將有所，施之取衷，孰爲優允？

問公羊傳，王者之後郊天曰：神不謬享，帝無妄尊。介丘偏祀，猶不歆季氏之旅；昊天至重，豈可納廢饗之虔？唐虞已往，事無斯典；三后已降，始見其文。揖讓之胄，禮不上通，昏痛後燼，四圭是主。此便至道相承，乾無二統。純風旣詖，玄牡肆尊，禮不虛革，庶昭異聞。

問穀梁傳，魯僖三十一年夏四月，「卜郊不從，乃免牲」，傳曰「乃者，亡乎人之辭也」曰：樂以觀風，禮爲敎本，其細已甚，民不堪命。齊不加兵，屈於周典。僖公魯之盛君，告誡虔祀，穆卜迎吉，而休徵不至。若推咎於天，則神不棄鑒；歸愆於人，則頌聲宜替。旣命龜失辰，靈威弗眷，郊享不從，配天斯缺。卽傳所言，殆非虛美，何承而制？

問尚書胤征，羲和詁其罪，乃季秋月，朔辰弗合於房曰：衡紀不移，日月有度。炎涼啓辰，次舍無代。履端屢臻，歸餘成閏。是以爰命羲和，升準徂節，使晷數應時，火流協運。致望舒後律，耀靈爽次。卽官闕永，容可爲愆。玄象一差，未成巨戾。且杪秋豈回星之辰，授衣非合璧之月。斂食弗當，積失加誅；律度暫差，便遘殄絕。仁者之兵，義不妄興；王赫斯舉，將有異說。

問毛詩，「十月之交，朔日辛卯，日有食之，亦孔之醜」曰：日月次周，行舍有常，分至之候，不爲愆咎。今同之辰而爲深戾者，專以金木相殘，指日成釁。推步不一，容可如之。若譎見正陽，日維戊午，生育相因，猶子歸母，但以陰陽得無深忌乎？若爲忌也，朔亦應爲災；如不忌也，辛卯豈獨成醜？且舉凡之始，以屬月時，繫之在日，有爽明例。義不妄構，理用何依？

問論語，河不出圖，泣麟自傷曰：聖人稟靈天地，資識未形，齊生死於一同，等榮辱於彼我。孔子自生不辰，從心告齒，樂正既修，素王斯著。方興吾已之歎，結反袂之悲，進涉無上之心，退深負杖之懼。聖達之理，無乃缺如？

符璽郎王神貴答之，名爲辯疑，合成十卷，亦有可觀。前廢帝時奏上之。帝親自執卷，與神貴往復，嘉其用心，特除神貴子鴻彥爲奉朝請。

景先子延祐，武定末，太子家令。

景遠，字叔遐。重然諾，好施與。頻歲凶儉，分贍宗親，又於通衢以食餓者，存濟甚衆。平原劉郁行經齊兗之境，忽遇劫賊，已殺十餘人。次至郁，郁呼曰：「與君鄉近，何忍見殺！」賊曰：「若言鄉里，親親是誰？」郁曰：「齊州主簿房陽是我姨兄。」陽是景遠小字。賊曰：「我食其粥得活，何得殺其親！」遂還衣服，蒙活者二十餘人。景遠好史傳，不爲章句。天性小急，不類家風，然事二兄至謹，撫養兄孤恩訓甚篤。益州刺史傳豎眼慕其名義，啓爲昭武府功曹參軍，以母老不應，豎眼頗恨之。卒於家。

子敬道，永熙中，開府參軍事。

史臣曰：嚴稜夙款可嘉。脩之晚有誠効。唐和萬里慕義，歸身著績。休賓窮而委質。法壽、伯玉未能投命。景伯兄弟，儒風雅業，良可稱焉。

校勘記

〔一〕晉昌冥安人也　諸本「冥」作「宜」，北史卷二七唐和傳作「冥」。按冥安，漢舊縣，因冥水得名，北周時始省，見元和志卷四〇瓜州晉昌縣條及隋書卷二九地理志上敦煌郡常樂縣注。「宜」字訛，今據北史改。

〔二〕今在升城　諸本脫「在」字，今據册府卷四二六五〇七六頁補。

〔三〕固執不作　諸本「固」訛「因」，今據北史卷三九劉休賓傳、册府同上卷頁改。

〔四〕卿之所訴　諸本「訴」訛「許」，今據册府卷八三四九九〇四頁改。

〔五〕拜協律中郎　諸本「中郎」作「郎中」，北史卷三九作「中郎」。按卷一一三官氏志載太和前品令、通典卷二五太常屬官，魏有「協律中郎」，此傳誤倒作「郎中」，今乙正。

〔六〕二子法鳳法武　册府卷九四〇一一〇六七頁「武」作「虎」。按北史卷三九也作「武」。疑魏書本作「虎」，北史避唐諱改，後人又據北史改此傳。册府所據尚是未改舊本。但別無他證，今仍之。

〔七〕母子皆出家爲尼　北史卷三九「尼」下有「僧」字。張森楷云：「母爲尼，子不應爲尼，有『僧』字是。」

〔八〕以功賜爵壯武侯加平遠將軍　錢氏考異卷二八云：「按上文，法壽已授平遠將軍矣，不應更加『平遠』之號，前後當有一誤。考房彥謙碑金石萃編卷四三述其先世，云法壽以魏郡太守立功歸魏，封莊武侯、『莊』、『壯』二文古相通。使持節、龍驤將軍、東冀州刺史。然則後所加者蓋龍驤將軍也。平遠將軍第四品，龍驤將軍第三品，故云『加』。」

〔九〕逼宣明爲太守　按元愉敗後，宣明如何，傳不應一無交待，此句下當有脫文。

〔一〇〕高祖聽之　諸本「祖」作「宗」，獨局本作「祖」。按上文作「高祖」。伯玉城破被擒在元宏高祖時，「宗」字顯誤，今從局本。

〔一一〕及弟妓亡　北史卷三九房景伯傳無「妓」字，册府卷八五二一〇一二六頁「妓」作「妹」。疑「弟」字下本是其弟之名，訛作「妓」，原作何字，已不可知，北史遂徑删去。册府當是以意改作「妹」，按照當時封建禮俗，於妹喪不會那樣重視。

〔一二〕廷尉卿崔光韶好標牓人物　諸本「光」作「先」，册府同上卷頁作「光」。按崔光韶附卷六六崔亮傳，「先」字訛，今據改。

〔一三〕况斬焉初之創巨方始　語意晦澀。疑「初之」爲「之初」誤倒，讀作「况斬焉之初，創巨方始」，但無他據，今姑於「斬焉」斷句，「初之」屬下讀。

〔一四〕雖窮勃履朝　按齊人殺哀姜，見左傳閔二年。「窮勃」不知所出。

魏書卷四十四

列傳第三十二

羅結　伊馛　乙瓌　和其奴　苟頽　薛野䐗

宇文福　費于　孟威

羅結，代人也，其先世領部落，爲國附臣。劉顯之謀逆也，太祖去之。結翼衞鑾輿，從幸賀蘭部。後以功賜爵屈蛇侯。太宗時，除持節、散騎常侍、寧南將軍、河內鎭將。世祖初，遷侍中、外都大官，總三十六曹事。年一百七歲，精爽不衰。世祖以其忠慤，甚見信待，監典後宮，出入臥內，因除長信卿。年一百一十，詔聽歸老，賜大寧東川以爲居業，幷爲築城，卽號曰羅侯城，至今猶存。朝廷每有大事，驛馬詢訪焉。年一百二十歲，卒。贈寧東將軍、幽州刺史，諡曰貞。

子斤，太宗時爲侍御中散。後從世祖討赫連昌，世祖追奔入城，昌邀擊，左右多死，斤力戰有功。世祖嘉之。後錄勳，除散騎常侍、侍中、四部尚書，又加平西將軍。後平涼州，攻城野戰，多有克捷，以功賜爵帶方公，除長安鎮都大將。會蠕蠕侵境，馳驛徵還，除柔玄鎮都大將。後以斤機辯，敕與王倹使蠕蠕，迎女備後宮。又以本將軍開府，爲長安鎮都大將。卒，贈本將軍、雍州刺史，謚曰靜，陪葬金陵。

子敦，襲爵。有姿貌，善舉止。自太子洗馬稍遷散騎常侍、庫部尚書。卒，贈安東將軍、幽州刺史，謚曰恭。

子伊利，高宗時襲爵。除內行長，以沉密小心、恭勤不怠領御食、羽獵諸曹事。伊利曾病，顯祖幸其宅，自視醫藥，其見待如此。稍遷散騎常侍、儀曹尚書，出爲安東將軍、兗州刺史。善撫導，在州數年，邊民歸之五千餘戶。高祖時，蠕蠕來寇，詔伊利追擊之，不及而反。後依例降爲侯。除司農卿、光祿大夫。卒。世宗初，贈征北將軍、燕州刺史，謚曰靜。

子阿奴，亦忠實寡言，有智度。以勳臣之子，除侍御中散，襲爵。稍遷中散大夫。卒。

子殺鬼，襲爵。武泰中，驃騎將軍、南青州刺史。

敦弟拔，歷殿中尚書，賜爵濟南公。高祖時，進爵爲王。除征西將軍、吏部尚書，改封趙郡王。後例降爲公。卒，贈寧東將軍、定州刺史，謚曰康，陪葬金陵。

子道生，肆州安北府外兵參軍。卒。

子延，天興中，驃騎將軍、左光祿大夫。〔一〕

結從子渥，渥子提，並歷通顯。提從世祖討赫連昌有功，賜昌女爲妻。

子雲，早有名位。顯祖時給事中，西征敕勒，爲賊所襲殺。

子蓋，世宗時右將軍、直閤將軍。轉龍驤將軍、濟州刺史。卒，贈本將軍、兗州刺史。

長子鑒，累遷冠軍將軍、岐州刺史。入除散騎常侍、金紫光祿大夫、主衣都統。卒，贈侍中、都督冀定瀛三州諸軍事、尚書右僕射、司空公、衞將軍、冀州刺史，以孝靜外戚故也。

鑒弟衡，累遷天水、樂陵二郡太守，輔國將軍，光州刺史。

結宗人彌，善射有膂力。世祖時爲軍將，數從征伐有功，官至范陽太守。卒，贈幽州刺史。

彌孫念，字子懷。武定中，驃騎將軍、膠州刺史。

伊馛，代人也。少而勇健，走及奔馬，善射，多力，曳牛却行。神䴥初，擢爲侍郎，轉三郎，賜爵汾陽子，加振威將軍。

世祖之將討涼州也，議者咸諫，唯司徒崔浩勸世祖決行。羣臣出後，𢘿言於世祖曰：「若涼州無水草，何得爲國？議者不可用也，宜從浩言。」世祖善之。旣克涼州，世祖大會於姑臧，謂羣臣曰：「崔公智計有餘，吾亦不復奇之。吾正奇𢘿弓馬之士，而所見能與崔同，此深自可奇。」顧謂浩曰：「𢘿智力如此，終至公相。」浩曰：「何必讀書，然後爲學。衞青、霍去病亦不讀書，而能大建勳名，致位公輔。」世祖笑曰：「誠如公言。」

𢘿性忠謹，世祖愛之，親待日殊，賞賜優厚。眞君初，世祖欲拜𢘿爲尚書，封郡公。𢘿辭曰：「尚書務殷，公爵至重，非臣年少愚近所宜荷任，請收過恩。」世祖問其欲，𢘿曰：「中、祕二省多諸文士，若恩矜不已，請參其次。」世祖賢之，遂拜爲中護將軍、祕書監。以功賜爵魏安侯，加冠軍將軍。後出爲東雍州刺史，恩化大行，百姓思之。轉殿中尚書，常典宿衞，世祖親任之。從幸瓜步，頻有戰功，進號鎭軍將軍。興安二年，遷征北大將軍、都曹尚書，加侍中，進爵河南公。興光元年，拜司空。及爲三公，淸約自守，爲政舉大綱而已，不爲苛碎。太安二年，領太子太保。三年，與司徒陸麗等並平尚書事。五年薨。

子蘭，襲。散騎常侍、庫部尚書。卒。

子盆生，驍勇有膽氣。初爲統軍，累有戰功，遂爲名將。以勳賜爵平城子。神龜二年，自驍騎將軍、直閤將軍爲持節、右將軍、洛州刺史。與荆州刺史、淮南王世遵，魯陽太守崔模俱討襄陽，不克而還，坐免官。後除安西將軍、光祿大夫。又爲撫軍將軍、太僕卿、假鎮西將軍、西道別將，每戰頻捷。自崔延伯之後，盆生爲次焉。進號征西將軍，行岐州刺史。復爲西道都督，戰歿。贈車騎將軍、雍州刺史。永熙中，重贈驃騎大將軍、儀同三司、定州刺史。

子武平，司徒祭酒。

武平弟武榮，直閤將軍。

猷族孫豹子，武衞將軍。

豹子從子琳，亦武衞將軍。

乙瓌，代人也。其先世統部落。世祖時，瓌父匹知慕國威化，遣瓌入貢，世祖因留之。瓌便弓馬，善射，手格猛獸，膂力過人。數從征伐，甚見信待。尙上谷公主，世祖之女也。除鎮南將軍、駙馬都尉，賜爵西平公。從駕南征，除使持節、都督前鋒諸軍事。每戰，身先士卒，勇冠三軍。後除侍中、征東將軍、儀同三司、定州刺史，進爵爲王。又爲西道都將。〔三〕和平中薨，時年二十九。贈太尉公，謚曰恭。

子乾歸，襲爵。年十二，爲侍御中散。及長，身長八尺，有氣幹，頗習書疏，尤好兵法。復尚恭宗女安樂公主，除駙馬都尉、侍中。顯祖初，除征西將軍、秦州刺史，有惠政。高祖初即位，爲征西道都將，又爲中道都將。延興五年卒，時年三十一。贈左光祿大夫、開府儀同，謚曰康。

子海，字懷仁。少歷侍御中散、散騎侍郎，卒時年四十一。贈散騎常侍、衞將軍、濟州刺史，謚曰孝。

子瑗，字雅珍。尚淮陽公主，高祖之女也，除駙馬都尉，汝南王友，固辭不拜。歷濟南太守。時爲逆賊劉桃攻郡，瑗踰城獲免。後都督李叔仁討桃平之，瑗乃還郡。後除司農少卿，銀青、金紫、左、右光祿大夫，中軍將軍，西兗州刺史。天平元年，舉兵應樊子鵠，與行臺左丞宋顯戰，〔三〕敗死，時年四十六。

瑗弟諧，字遵和。武定中，司馬。

諧弟琛，字仲珍。解褐司空參軍事。稍遷東平、濟陰二郡太守，散騎常侍。卒時年四十九。

和其奴，代人也。少有操行，善射御。初爲三郎，轉羽林中郎，以恭勤致稱。賜爵東陽子，除奮武將軍。高宗初，〔四〕遷尚書，加散騎常侍，進爵平昌公，拜安南將軍，遷尚書左僕射。太安元年，詔羣臣議立皇太子名。其奴與司徒麗等以爲宜以德命名，帝從之。又與河東王閭毗、太宰常英等並平尚書事。在官慎法，不受私請。時以西征吐谷渾諸將淹停不進，久囚未決。其奴與尚書毛法仁等窮問其狀連日，具伏。和平六年，遷司空，加侍中。高宗崩，乙渾與林金閭擅殺尚書楊保年等。殿中尚書元郁率殿中宿衞士欲加兵於渾。渾懼，歸咎於金閭，執金閭以付郁。時其奴以金閭罪惡未分，乃出之爲定州刺史。皇興元年，長安鎮將東平王道符反，詔其奴領征西大將軍，率殿中精甲萬騎以討之，未至而道符敗，軍還。三年薨，內外咸歎惜之。贈平昌王，謚曰宣。

子天受，襲爵。初爲內行令。太和六年，遷弩庫曹下大夫，卒。

苟頹，代人也。曾祖烏提，登國初，有勳於太祖，賜吳寧子。父洛跋，內行長。頹性厚重少言，嚴毅清直，武力過人。擢爲中散，小心謹敬。世祖南討，以頹爲前鋒都將，每臨敵對戰，常先登陷陳。世祖至江，賜爵建德男，加寧遠將軍。還，遷奏事中散，典涼州作曹。遷內行令，轉給事中，遷司衞監。以本將軍拜洛州刺史。爲政剛嚴，抑强扶弱，山蠻畏威，不敢爲寇。承明元年，文明太后令百官舉才堪幹事、人足委仗者，〔五〕於是公卿咸以頹應選。太和元年，加散騎常侍，尋遷侍中、安東將軍、都曹尚書，進爵河南公。

頹方正好直言，雖文明太后生殺不允，頹亦言至懇切，未曾阿諛。李訢、李敷之誅也，〔六〕頹並致諫，太后不從。三年，遷征北大將軍、司空公，進爵河東王。以舊老，聽乘步挽，杖於朝。

大駕行幸三川，頹留守京師，沙門法秀謀反，頹率禁衞收掩畢獲，內外晏然。駕還飲至，文明太后曰：「當爾之日，卿若持疑不卽收捕，處分失所，則事成不測矣。今京畿不擾，宗社獲安者，實卿之功也。」七年，詔曰：「頹爲台鼎，論道是寄，歷奉四朝，庸績彌遠。宜加崇異，以彰厥功。自茲已後，可永受復除。」十三年冬薨。高祖痛悼者久之。贈賵有加，謚僖王。

長子愷，累遷冠軍將軍，柔玄、懷荒、武川鎭大將，襲爵河東王，例降爲公。正光二年卒。贈平北將軍、恒州刺史。

子寶，武定中，北梁太守。

愷弟養，步兵校尉，早卒。

養弟資，武騎侍郎、河間太守、太僕少卿、汲郡太守。遷龍驤將軍、肆州刺史。還，除武衞將軍，加後將軍。延昌末卒。贈平北將軍、幷州刺史，幷給帛二百匹，布一百匹，謚曰愍。

子景鸞，〔七〕莊帝時，撫軍將軍、金紫光祿大夫。

頹弟若周，散騎常侍、尚書。太和中，安南將軍、豫州刺史、潁川侯。卒，贈光祿大夫。

若周弟壽樂，太和中，北部尚書、安南將軍、懷州刺史，假山陽公，未拜。尋除散騎常侍、殿中尚書、晉安侯。卒，贈安東將軍、冀州刺史。

頹從叔孤，少以忠直稱。太宗卽位，以定策功拜車騎將軍。後除鎭軍大將軍、幷州刺史、博陵公。不治產業，死之日家無餘財，百姓追思之。

薛野䐗，代人也。父達頭，自姚萇時率部落歸國。太祖嘉其忠款，賜爵聊城侯，散員大夫，待以上客之禮，賜妻鄭氏。達頭閑雅恭愼，太祖深器之。卒，贈平南將軍、冀州刺史，謚曰悼。野䐗少失父母，養於宗人利家。及長，好學善射。高宗初，召補羽林。遷給事中，典民籍事，校計戶口，號爲稱職。賜爵順陽子。野䐗少孤，父侯不襲，至是錫爵。和平中，除平南將軍、并州刺史，進爵河東公。轉太州刺史，在治有聲。卒，年六十一。贈散騎常侍、大將軍、并州刺史，謚曰簡。

子虎子，姿貌壯偉，明斷有父風。年十三，入侍高宗。太安中，遷內行長，典奏諸曹事。當官正直，內外憚之。及文明太后臨朝，出虎子爲枋頭鎮將。

虎子素剛簡，爲近臣所疾，因小過黜爲鎮門士。及顯祖南巡，次於山陽。虎子拜訴於路，曰：「臣昔事先帝，過霑重恩。陛下在諒闇之日，臣橫罹非罪，自擯黜此蕃，已經多載，不悟今日得奉聖顏。」遂流涕嗚咽。顯祖曰：「卿先帝舊臣，久屈非所，良用憮然。」詔虎子侍行，訪以政事，數十里中，占對不絕。時山東飢饉，盜賊競起。相州民孫誨等五百餘人，稱虎子在鎮之日，土境清晏，訴乞虎子。乃復除枋頭鎮將，即日之任。至鎮，數州之地，姦徒屏跡。顯祖璽書慰喩。後除平南將軍、相州刺史。顯祖崩，不行。太和二年，襲爵。三年，詔虎子督三將出壽春，與劉昶南討。四年，徐州民桓和等叛逆，屯於五固。詔虎子爲南征都副將，與尉元等討平之。以本將軍爲彭城鎮將。至鎮，雅得民和。除開府、徐州刺史。

時州鎮戍兵，資絹自隨，不入公庫，任其私用，常苦飢寒。虎子上表曰：「臣聞金湯之固，非粟不守；韓白之勇，非糧不戰。故自用兵以來，莫不先積聚，然後圖兼并者也。今江左未賓，鯨鯢待戮，自不委粟彭城，以强豐沛，將何以拓定江關，掃一衡霍？竊惟在鎮之兵，不減數萬，資糧之絹，人十二匹，即自隨身，用度無準，未及代下，不免飢寒。論之於公，無毫釐之潤；語其利私，則橫費不足。非所謂納民軌度，公私相益也。徐州左右，水陸壤沃，清、汴通流，足盈激灌。其中良田十萬餘頃。若以兵絹市牛，分減戍卒，計其牛數，足得萬頭。興力公田，必當大獲粟稻。一歲之中，且給官食，半兵耘植，餘兵尚衆，且耕且守，不妨捍邊。一年之收，過於十倍之絹；暫時之耕，足充數載之食。於後兵資，唯須內庫，五稔之後，穀帛俱溢。匪直戍士有豐飽之資，於國有吞敵之勢。昔杜預田宛葉以平吳，充國耕西零以强漢。臣雖識謝古人，任當邊守，庶竭塵露，有增山海。」高祖納之。

又上疏曰：「臣聞先王建不易之軌，萬代承之；聖主垂不刊之制，千載共仰。伏惟陛下道洽羣生，恩齊造化，仁德所覃，迹超前哲。遠崇古典，留意治方，革前王之弊法，申當今之宜用。定貢賦之輕重，均品秩之厚薄，庶令百辟足以代耕，編戶享其餘畜。巍乎煥焉，不可量也。臣竊尋居邊之民，蒙化日淺，戎馬之所，資計素微。小戶者一丁而已，計其徵調之費，終歲乃有七縑。去年徵責不備，或有貨易田宅，質妻賣子，呻吟道路，不可忍聞。今淮南之人，思慕聖化，延頸企足，十室而九。恐聞賦重，更懷進退。非惟損皇風之盛，慮傷慕義之心。且臣所居，與南連接，民情去就，實所諳知。特宜寬省，以招未至。其小郡太守，數戶而已。一請止六尺絹，歲不滿匹。既委邊捍，取其必死，邀之士重，何吝君輕。今班制已行，布之天下，不宜忤冒，以亂朝章。但猥藉恩私，備位蕃岳，憂責之地，敢不盡言。」書奏，文明太皇太后令曰：「俸制已行，不可以小有不平，便虧通式。」

在州戍兵，每歲交代，虎子必親自勞送。喪者給其斂帛。州內遭水，二麥不收，上表請貸民粟，民有車牛者，求詣東兗給之。並如所奏，民得安堵。高祖曾從容問祕書丞李彪曰：「卿頻使江南，徐州刺史政績何如？」彪曰：「綏邊布化，甚得其和。」高祖曰：「朕亦知之。」沛郡太守邵安、下邳太守張攀咸以贓污，虎子案之於法。安等遣子弟上書，誣虎子南通賊虜。高祖曰：「此其妄矣，朕度虎子必不然也。」推案果虛。乃下詔曰：「夫君臣體合，則功業可興；上下猜懼，則治道替矣。沛郡太守邵安、下邳太守張攀咸以貪惏獲罪，各遣子弟詣闕，告刺史虎子縱民通賊，妄稱無端。安宜賜死，攀及子僧保鞭一百，配敦煌。安息他生鞭一百。可集州官兵民等，宣告行決。塞彼輕狡之源，開此陳力之效。」在州十一載，太和十五年卒，年五十一。贈散騎常侍、鎭南將軍、相州刺史，謚曰文。有六子。

長子世遵，襲爵，例降爲侯。景明中，爲秦州刺史，稍遷左將軍。卒，年四十二。

長子忱，字安民。正光中，襲爵。稍遷鎭南將軍、鉅鹿太守、定州儀同開府諮議參軍、齊獻武王大行臺左丞、中外府司馬。出爲殷州驃騎府長史。武定五年，除鎭北將軍、北廣平太守。爲治暴虐，曾因公事，一家之內併殺數人。爲民所訟，將致之罪，遇患，卒於郡。贈征西將軍、西兗州刺史。

忱弟安顒，武定末，東豫州征西府長史。

世遵弟曇慶，少有度量。永平中，員外散騎常侍，遷尚書郎。年五十一，卒。子衍，字元孫，輕財慕義。熙平中，爲侍御史、奉朝請。永安中，尚書駕部郎中，行河陰縣事。卒於正平太守。贈征東將軍、徐州刺史。

曇慶弟曇寶，初補散騎。高祖詔曇寶採遺書於天下。歷侍御中散、直閤將軍、太子步兵校尉。世宗時，遣使巡行四方，以曇寶持節、兼散騎常侍、龍驤將軍、南道大使。曇寶違豫州，卒，年二十九。

曇寶弟曇尙，有容貌，性寬和。初辟御史，加奉朝請。熙平二年，除徐州穀陽戍主，行南陽平郡事。母憂去職。正光中，詔以陽平隣接蕭衍，綏捍須人，仰尙書舉才而遣。左僕射蕭寶夤舉曇尙應選，馳驛之郡。孝昌初，徐州刺史元法僧叛入蕭衍，曇尙斬其使人，送首於都督、安樂王鑒。鑒不能援，遂爲蕭衍將王希聃所陷，拘曇尙送蕭衍。衍以禮遇之，曇尙乞歸，衍乃聽還。肅宗復其本秩。武泰初，尒朱榮擅强幷肆，朝廷欲揣其情，除曇尙員外常侍，使於榮，託以慰喻，密以觀之。建義初，除司徒左長史、兼吏部尙書，授太原王尒朱榮官。還，賜爵永安侯。尋除後將軍、定州刺史。介朱榮之死，授持節、兼尚書北道行臺，代魏蘭根。後爲鎮東將軍、金紫光祿大夫。太昌初，加征東將軍，行兗州事。天平中，除驃騎大將軍、齊州刺史。曇尚凡歷三州，俱稱貪虐。還，除將作大匠，卒於官，年六十一。贈都督瀛滄二州諸軍事、本將軍、儀同三司、瀛州刺史。

子仲芬，武定中，齊文襄王中外府中兵參軍。

曇尚弟琡，字曇珍。武定末，儀同三司、尚書右僕射。

宇文福，河南洛陽人。其先南單于之遠屬，世爲擁部大人。祖活撥，仕慕容垂，爲唐郡內史、遼東公。太祖之平慕容寶，活撥入國，爲第一客。

福少驍果，有膂力。太和初，拜羽林郎將，遷建節將軍，賜爵新昌侯、南征都將。擊蕭賾有功，授顯武將軍。尋除恢武將軍、北征都將，特賜戎服。破蠕蠕別部，獲萬餘。還，除都牧給事。十七年，車駕南討，假冠軍將軍、後軍將軍。時仍遷洛，敕福檢行牧馬之所。福規石濟以西、河內以東，拒黃河南北千里爲牧地。事尋施行，今之馬場是也。及從代移雜畜於牧所，福善於將養，並無損耗，高祖嘉之。尋補司衞監。從駕豫州，加冠軍將軍、西道都將、假節、征虜將軍。領精騎一千，專殿駕後。未幾，轉驍騎將軍，仍領太僕、典牧令。從駕征南陽，兼武衞將軍。

二十二年，車駕南討，遣福與右衞將軍楊播爲前軍。至鄧城，福選兵簡將，爲攻圍之勢。高祖望福軍法齊整，將士閑習，大被褒歎。蕭鸞遣其尙書崔慧景、黃門郎蕭衍率衆十萬來救。高祖指麾將士，敕福領高車羽林五百騎出賊南面，奪其橋道，遏絕歸路。賊衆大恐，六道來戰。福據鞍誓衆，身先士卒，賊不得前，遂大奔潰。賜爵昌黎伯，正武衞，加征虜將軍。尋以高車叛，命加征北將軍、北征都將，追討之。軍敗被黜。

景明初，乃起拜平遠將軍、南征統軍。進計於都督彭城王勰曰：「建安是淮南重鎭，彼此要衝。得之則義陽易圖，不獲則壽春難保。」勰然之。及勰爲州，遂令福攻建安。建安降，以勳封襄樂縣開國男，邑二百戶。除太僕少卿。尋以衍將寇邊，假節、征虜將軍，領兵出三關討之。又詔福行豫州事，與東豫州刺史田益宗共相影援，綏遏蠻楚。還，爲光祿大夫，轉太僕卿。延昌中，以本官領左衞將軍，除散騎常侍、都官尙書，加安東將軍、營州大中正。

熙平初，除鎭北將軍、瀛州刺史。福性忠淸，在公嚴毅，以信御民，甚得聲譽。解任，復除太僕卿。又爲金紫光祿大夫。出除散騎常侍，都督懷朔、沃野、武川三鎭諸軍事，征北將軍，懷朔鎭將。至鎭，遇病卒。詔遣主書樂安嘉赴弔。贈車騎大將軍、定州刺史，開國如故，謚曰貞惠。

長子善，字慶孫，襲爵。自司空掾，稍遷平南將軍、光祿大夫。孝昌末，北征戰歿。贈車騎將軍、冀州刺史。

善弟延，字慶壽，體貌魁岸，眉目疎朗。永平中，釋褐奉朝請，直後、員外散騎常侍。以父老，詔聽隨侍在瀛州。屬大乘妖黨突入州城，延率奴客戰，死者數人，身被重創，賊乃小退，而縱火燒齋閣。福時在內，延突火而入，抱福出外，支體灼爛，髮盡爲燼。於是勒衆與賊苦戰，賊乃散走。以此見稱。孝昌中，授假節、建威將軍、西道別將，赴援關隴，有戰功。除員外散騎常侍，轉直寢。與万俟醜奴戰沒。贈冠軍將軍、豫州刺史。

子仲鸞，武定末，齊王丞相府長流參軍。

慶壽弟慶安，歷給事中、尚書殿中郎中。後加平北將軍、武衞將軍。河陰遇害，贈征東將軍、兗州刺史。長子仲融。融弟仲衍。

費于，代人也。祖峻，仕赫連昌，爲寧東將軍。泰常末，率衆來降，拜龍驤將軍，賜爵犍爲公。後遷征南將軍、廣阿鎭大將，徙爵下邳公。父郁，以隨父歸誠勳，賜五等男，除燕郡太守。卒，贈幽州刺史。

于少有節操，起家內三郎。世祖南伐，從駕至江。以宿衞之勤，除寧遠將軍，賜爵松楊男。遷商賈部二曹令，除平南將軍、懷州刺史。卒。

子萬，襲。太和初，除平南將軍、梁國鎭將。後高祖南伐，萬從駕渡淮，戰歿。贈鎭東將軍、冀州刺史。

子穆，字朗興。性剛烈，有壯氣，頗涉書史，好尙功名。世宗初，襲男爵。後除夏州別駕，尋加寧遠將軍，轉涇州平西府長史。時刺史皇甫集，靈太后之元舅，恃外戚之親，多爲非法。穆正色匡諫，集亦憚之。轉安定太守，仍爲長史。還朝，拜左軍將軍，轉河陰令，有嚴明之稱。

時蠕蠕主婆羅門自涼州歸降，其部衆因飢侵掠邊邑，詔穆銜命宣慰，便皆款附。明年復叛，入寇涼州。除穆輔國將軍、假征虜將軍、兼尙書左丞、西北道行臺，仍爲別將，往討之。穆至涼州，蠕蠕遁走。穆謂其所部曰：「夷狄獸心，唯利是視，見敵便走，乘虛復出。今王師來討，雖畏威逃跡，然軍還之後，必來侵暴。今欲羸師誘致，冀獲一戰，若不令其破膽，終恐疲於奔命。」衆咸然之。穆乃簡練精騎，伏於山谷，使羸步之衆爲外營以誘之。賊騎覘見，謂爲信弱，俄而競至。穆伏兵奔擊，大破之，斬其帥郁厥烏爾、倶斤十代等，獲生口雜畜甚衆。

及六鎭反叛，詔穆爲別將，隸都督李崇北伐。都督崔暹失利，崇將班師，會諸將議曰：「朔州是白道之衝，賊之咽喉，若此處不全，則幷肆危矣。今欲選諸將一人，留以鎭捍。不知誰堪此任？」僉曰：「無過穆者。」崇乃請爲朔州刺史，仍本將軍，尋改除雲州刺史。穆招離聚散，頗得人心。時北境州鎭，悉皆淪沒，唯穆獨據一城，四面抗拒。久之，援軍不至，兼行路阻塞，糧仗倶盡。穆知勢窮，乃棄城南走，投尒朱榮於秀容。旣而詣闕請罪，詔原之。孝昌中，二絳蜀反，以穆爲都督，討平之。拜前將軍、散騎常侍，遷平南將軍、光祿大夫。妖賊李洪於陽城起逆，連結蠻左，詔穆兼武衞將軍，率衆討擊，破於關口之南。遷金紫光祿大夫，正武衞將軍。

尒朱榮向洛，靈太后徵穆，令屯小平。及榮推奉莊帝，河梁不守，穆遂棄衆先降。穆素爲榮所知，見之甚悅。穆潛說榮曰：「公士馬不出萬人，今長驅向洛，前無橫陳者，正以推奉主上，順民心故耳。旣無戰勝之威，羣情素不厭伏。今以京師之衆，百官之盛，一知公之虛實，必有輕侮之心。若不大行誅罰，更樹親黨，公還北之日，恐不得度太行而內難作矣。」榮心然之。於是遂有河陰之事。天下聞之，莫不切齒。榮入洛，穆遷中軍將軍、吏部尚書，魯縣開國侯，食邑八百戶，又領夏州大中正。

蕭衍遣將軍曹義宗逼荆州，詔穆爲使持節、南征將軍、〔八〕都督南征諸軍事、大都督以援之。穆潛軍徑進，出其不意，至卽大破之，生擒義宗送闕。以功遷衞將軍，進封趙平郡開國公，增邑一千戶。遷使持節，加侍中、車騎將軍、假儀同三司、前鋒大都督。與大將軍元天穆東討邢杲，破平之。時元顥內逼，莊帝北幸，顥入京師。穆與天穆旣平齊地，回師將擊顥。穆先驅圍虎牢，盡銳攻之。將拔，屬天穆北渡，旣無後繼，人情離沮，穆遂降顥。以河陰酷濫事起於穆，引入詰讓，出而殺之，時年五十三。莊帝還宮，追贈侍中、司徒公，謚曰武宣。

長子慶遠，永安中，龍驤將軍、青州開府司馬。

第二子孝遠，襲。天平中，叛入關西。

孟威，字能重，河南洛陽人。頗有氣尙，尤曉北土風俗。歷東宮齋帥、〔九〕羽林監。時四鎭高車叛投蠕蠕，高祖詔威曉喩禍福，追還逃散，分配爲民。後以明解北人之語，敕在著作，以備推訪。永平中，自鎭遠將軍、前軍將軍、左右直長，加龍驤將軍，出使高昌。還，遷城門校尉、直閤將軍、沃野鎭將。正光初，蠕蠕主阿那瓌歸國，詔遣前郢州刺史陸希道兼侍中爲使主，以威兼散騎常侍爲副，遠幾迎接。阿那瓌之還國也，復以威爲平北將軍、光祿大夫，假員外常侍，爲使主護送之。前後頻使遠蕃，粗皆稱旨。復加撫軍將軍。普泰中，除大鴻臚卿，尋加驃騎大將軍、左光祿大夫。天平三年卒。贈使持節、侍中、本將軍、都督冀瀛滄三州諸軍事、司空公、冀州刺史。子恂嗣。

威弟季，稍遷鎭遠將軍、左中郎將、廷尉監。以本將軍除廣州刺史。預尒朱榮義舉，封鉅鹿縣開國公，食邑一千戶。除撫軍將軍、廷尉卿，轉司農卿。出爲平西將軍、華州刺史。卒，贈車騎大將軍、雍州刺史。

史臣曰：羅結枝附葉從，當舊之眷，子孫顯祿，俱至公王。伊馛以勇力見擢，而能贊伐姑臧之策，請參中祕之官，世祖嘉之於前，良有以也。乙瓌之驍猛，和奴之貞正，苟頹之剛直，虎子之威强，宇文之氣幹，咸亦有用之士。費穆出身致力，遂有功名，而末路一言，禍被簪帶。校之文和，異世同咎。其死也幸哉！孟威致力荒裔，其勤可錄矣。

校勘記

〔一〕子延天興中驃騎將軍左光祿大夫　諸本卷末有宋人校語云：「羅結孫拔，高祖時進爵濟南王，拔孫延，天興中驃騎將軍。按太祖初卽位，年號天興，拔仕高祖，其孫必非太祖時，蓋年號誤也。」按「天興」當是「天平」之訛，下面不書卒，是其人齊初尚存。

〔二〕進爵爲王又爲西道都將　諸本無「王又爲」三字，北史卷二五乙瓌傳有。李慈銘云：「元和姓纂五質乙弗氏下云：『乙瓌，定州刺史、西平王。』則此當爲『進爵爲西平王、征西道都將』，兩『西』字相涉而誤脫耳。」按「西道都將」不得云「進爵」，今據北史補。

〔三〕與行臺左丞宋顯戰　諸本「宋」作「宗」。按事見北齊書卷二〇宋顯傳。「宗」字訛，今據改。

〔四〕高宗初　諸本「高宗」作「高祖」，北史卷二五和其奴傳作「文成」。李慈銘、張森楷並云「高祖」當作「高宗」。按下文記「太安元年」，太安是拓跋濬高宗文成帝年號。「祖」字訛，今據北史改。

〔五〕人足委仗者　諸本「仗」訛「此」。今據册府卷四五七五四二七頁、御覽卷二二四一〇六五頁改。

〔六〕李訢李敷之誅也　北史卷二五苟頹傳「李訢、李敷」作「李惠、李訢」。按李敷爲拓跋弘顯祖所殺，見卷三六李順附李敷傳。李惠在卷八三上外戚傳上，則爲馮太后所殺。北史是。

〔七〕子景巒　墓誌集釋有苟景墓誌圖版二七一之二，卽此人，云「字景巒」，疑此「巒」字訛。

〔八〕南征將軍　按「南征」疑是「征南」誤倒。

〔九〕歷東宮齋帥　諸本「齋」作「齊」，北史卷五〇孟威傳作「齋」。按「齊帥」無此名號。「齋帥」及「東宮齋帥」見卷二一上咸陽王禧傳末、卷四九李靈傳附見李纂、卷九八蕭昭業傳。隋書卷二七百官志中北齊門下省有「齋帥局，齋帥四人，掌鋪設洒掃事」。北齊當因魏制。這裏「齊」字訛，今據北史改。

魏書卷四十五

列傳第三十三

韋閬　杜銓　裴駿　辛紹先　柳崇

韋閬，字友觀，京兆杜陵人。世爲三輔冠族。祖楷，晉建威將軍、長樂清河二郡太守。父逵，慕容垂吏部郎、大長秋卿。閬少有器望，值慕容氏政亂，避地於薊城。世祖徵拜咸陽太守，轉武都太守。屬杏城鎭將郝溫及蓋吳反，關中擾亂，閬盡心撫納，所部獨全。在郡十六年，卒。

子範，歷鎭西大將軍府司馬，試守華山郡。高宗時，賜爵興平男。卒。

子儁，字穎超，早有學識。少孤，事祖母以孝聞。性溫和廉讓，爲州里所稱。太和中，襲爵。除荆州治中，轉梁州寧朔府長史。還，爲太尉外兵參軍、本州中正，遷都水使者。所在有聲。世宗崩，領軍于忠矯擅威刑，與左僕射郭祚、尙書裴植同時遇害，語在植傳。時年五十七。儁與祚婚家，爲忠所惡，故及於難。臨終，儁訴枉於尚書元欽，欽知而不敢申理。儁歎曰：「吾一生爲善，未蒙善報；常不爲惡，今爲惡終。悠悠蒼天，抱直無訴！」時人咸怨傷焉。熙平元年，追贈中壘將軍、洛州刺史，謚曰貞。有子十三人。

長子棨緒，字子光，頗涉文史。襲爵，除員外散騎侍郎、齊王蕭寶夤儀同開府屬，因戰敗歿。

棨緒弟棨茂，字子曄。以幹局知名。歷侍御史、尚書考功郎中。出爲征虜將軍、東秦州刺史。永熙末，兄弟並歿關西。

棨茂弟子粲，爲寶炬南汾州刺史。

子粲少弟道諧，爲南汾州鎭城都督。齊獻武王命將出討，陷城克之。武定末，子粲官至南兗州刺史。

閶兄子眞喜，起家中書博士，遷中書侍郎、馮翊太守。

子祉，卒於太府少卿。

祉子義遠，出帝時，爲岐州刺史，沒關西。

祉弟禎，有識幹。起家奉朝請。尚書郎中、司徒主簿、太子中舍人、廷尉少卿、給事黃門侍郎、光祿大夫。卒，贈安西將軍、秦州刺史。

子文殊，員外散騎侍郎，早卒。

閬從叔道福。父羆，爲苻堅丞相王猛所器重，以女妻焉。爲堅東海太守。堅滅，奔江左，仕劉裕爲輔國將軍、秦州刺史。道福有志略，歷劉駿盱眙、南沛二郡太守，領鎮北府錄事參軍。時徐州刺史薛安都謀欲擁州內附，道福參贊其事。以功除安遠將軍，賜爵高密侯，因此仍家於彭城。卒，贈征虜將軍、兗州刺史，謚曰簡。

子欣宗，以歸國勳，別賜爵杜縣侯。高祖初，拜彭城內史，遷大將軍、宋王劉昶諮議參軍。廣陵侯元衍爲徐州刺史，又請爲長史，帶彭城內史。撫綏內外，甚得民和。世宗初，除通直散騎常侍，出爲河北太守，不行。尋轉太中大夫、行幽州事。卒，贈龍驤將軍、南兗州刺史，謚曰簡。

子元叡，武定中，潁州驃騎府長史。

欣宗從父弟合宗，卒於東海太守。

子元恢，有氣幹。孝昌初，值刺史元法僧據州外叛，元恢招聚同志，潛規克復，事泄，爲法僧所害。時人傷惜之。

闡從子崇，字洪基。父肅，字道壽。劉義眞鎭關中，辟爲主簿，仍隨義眞度江，歷魏郡弋陽二郡太守、豫州刺史。崇年十歲，父卒，母鄭氏以入國，因寓居河洛。少爲舅兗州刺史鄭羲所器賞。〔一〕解褐中書博士，轉司徒從事中郎。高祖納其女爲充華嬪。除南潁川太守，不好發擿細事，常云：「何用小察，以傷大道。」吏民感之，郡中大治。高祖聞而嘉賞，賜帛二百匹。遷洛，以崇爲司州中正，尋除右將軍，咸陽王禧開府從事中郎，復爲河南邑中正。崇頻居衡品，以平直見稱。出爲鄉郡太守，更滿應代，吏民詣闕乞留，復延三年。在郡九年，轉司徒諮議。久之，除華山太守，卒。

子猷之，釋褐奉朝請，轉給事中、步兵校尉，稍遷前將軍、太中大夫。卒。

猷之弟休之，起家安州左將軍府城局參軍，轉給事中、河南邑中正，稍遷安西將軍、光祿大夫。休之貞和自守，未嘗以言行忤物。卒。

子道建，武定末，定州儀同開府長史，帶中山太守。

道建弟道儒，齊文襄王大將軍府東閤祭酒。

闡族弟珍，字靈智，高祖賜名焉。父尙，字文叔，樂安王良安西府從事中郎。卒，贈安遠將軍、雍州刺史。珍少有志操。解褐京兆王子推常侍，轉尙書南部郎。

高祖初，蠻首桓誕歸款，朝廷思安邊之略，以誕爲東荆州刺史。令珍爲使，與誕招慰蠻左。珍自懸瓠西入三百餘里，至桐栢山，窮淮源，宣揚恩澤，莫不降附。淮源舊有祠堂，蠻俗恒用人祭之。珍乃曉告曰：「天地明靈，卽是民之父母，豈有父母甘子肉味！自今已後，悉宜以酒脯代用。」羣蠻從約，至今行之。凡所招降七萬餘戶，置郡縣而還。以奉使稱旨，除左將軍、樂陵鎭將，賜爵霸城子。

蕭道成司州民謝天蓋自署司州刺史，規欲以州內附。事泄，爲道成將崔慧景攻圍。詔珍率在鎭士馬渡淮援接。時道成聞珍將至，遣將荀元賓據淮逆拒。珍乃分遣鐵馬，於上流潛渡，親率步士與賊對接。旗鼓始交，甲騎奄至，腹背奮擊，破之。天蓋尋爲左右所殺，降於慧景。珍乘勝馳進，又破慧景，擁降民七千餘戶內徙，表置城陽、剛陵、義陽三郡以處之。高祖詔珍移鎭比陽，〔三〕蕭賾遣其雍州刺史陳顯達率衆來寇。城中將士咸欲出戰，珍曰：「彼初至氣銳，未可便挫，且共堅守，待其攻我疲弊，擊之未晚。」於是憑城拒戰，殺傷甚衆。相持旬有二日，夜開城門掩擊之，賊遂奔潰。以功進爵爲侯。

車駕南討，珍上便宜，幷自陳在邊歲久，悉其要害，願爲前驅。詔珍爲隴西公源懷衞大將軍府長史，轉太保、齊郡王長史。遷顯武將軍、郢州刺史，在州有聲績，朝庭嘉之。遷龍驤將軍，賜驊騮二匹、帛五十匹、穀三百斛。珍乃召集州內孤貧者，謂曰：「天子以我能綏撫卿等，故賜以穀帛，吾何敢獨當。」遂以所賜悉分與之。尋加平南將軍、荆州刺史，與尙書盧淵征赭陽，爲蕭鸞將垣歷生、蔡道貴所敗，免歸鄉里。臨別謂淵曰：「主上聖明，志吞吳會，用兵機要，在於上流。若有事荆楚，恐老夫復不得停耳。」後車駕征樊鄧，復起珍爲中軍大將軍、彭城王勰長史。沔北旣平，以珍爲建威將軍，試守魯陽郡。

高祖復南伐，路經珍郡，加中壘將軍，正太守。珍從至濟水，〔三〕高祖曰：「朕頃戎車再駕，卿常翼務中軍，今日之舉，亦欲與卿同行。但三鵶險惡，非卿無以守也。」因敕珍辭還。及高祖崩於行宮，祕匿而還，至珍郡始發大諱。還，除中散大夫，尋加鎭遠將軍、太尉諮議參軍。永平元年卒，時年七十四。贈本將軍、南青州刺史，謚曰懿。

長子纘，字遵彥。年十三，補中書學生，聰敏明辯，爲博士李彪所稱。除祕書中散，遷侍御中散。高祖每與名德沙門談論往復，纘掌綴錄，無所遺漏，頗見知賞。轉散騎侍郎，徙太子中舍人，仍兼黃門，又兼司徒右長史，尋轉長兼尙書左丞。壽春內附，尙書令王肅出鎭揚州，請纘爲長史，加平遠將軍，帶梁郡太守。肅薨，敕纘行州事。任城王澄代肅爲州，復啓纘爲長史。澄出征之後，蕭衍將姜慶眞乘虛攻襲，遂據外郭，雖尋克復，纘坐免官。永平三年卒，年四十五。

纘弟彧，字遵慶，亦有學識。解褐奉朝請，遷太尉騎兵參軍。出爲雍州治中，轉別駕。入爲司徒掾，尋轉散騎侍郎。稍遷平遠將軍、東豫州刺史。彧綏懷蠻左，頗得其心。蠻首田益宗子魯生、魯賢先叛父南入，數爲寇掠。自彧至州，魯生等咸啓修敬，不復爲害。彧以蠻俗荒梗，不識禮儀，乃表立太學，選諸郡生徒於州總教。又於城北置宗武館以習武焉。境內清肅。還，遇大將軍、京兆王繼西征，請爲長史，拜通直散騎常侍。尋以本官兼尚書，爲豳夏行臺。以功封陰盤縣開國男，邑二百戶。孝昌元年秋，卒於長安。贈撫軍將軍、雍州刺史，謚曰文。

子彪，襲。歷本州治中、轉別駕。孝莊末，藍田太守。沒於關西。

彪弟融，解褐員外散騎侍郎。以軍功賜爵長安伯。稍遷大司馬開府司馬。融娶司農卿趙郡李瑾女，天平中，疑其妻與章武王景哲姦通，乃刺殺之。懼不免，仍亦自害。

彧弟朏，字遵顯，少有志業。年十八，辟州主簿。時屬歲儉，朏以家粟造粥，以飼飢人，所活甚衆。解褐太學博士，遷祕書郎中，稍遷左軍將軍，爲荆郢和糴大使。南郢州刺史田夷啓稱朏父珍往任荆州，恩洽夷夏，乞朏充南道別將，領荆州驍勇，共爲腹背。詔從之。未幾，行南荆州事。肅宗末，除征虜將軍、東徐州刺史，尋遷安東將軍，加散騎常侍。蕭衍遣其郢州刺史田龘愭率衆來寇，朏於石羊崗破斬之，以功封杜縣開國子，邑二百戶。永安三年，卒於州。贈侍中、車騎將軍、雍州刺史，謚曰宣。

長子鴻，字道衍，頗有幹用。解褐奉朝請，遷尚書令吏部郎中、〔四〕中書舍人。天平三年，坐漏泄，賜死於家，時年三十二。

鴻弟道植，武定末，儀同開府中兵參軍。

太祖時，有安定梁潁，先仕慕容寶，歷黄門郎。入國，拜建德太守，賜爵朝那男。孫景儁，起家趙郡王幹行參軍。稍遷治書侍御史、司徒中兵參軍。卒。子師禮，早卒。

師禮族弟嵩遵，少有氣俠。起家奉朝請，歷司空外兵參軍。後蕭寶夤爲雍州刺史，引爲中兵參軍，深見信任。寶夤反，令嵩遵率衆出征。嵩遵僞受其署，既行之後，遂與侯終德等還來襲城。以功封烏氏縣開國伯，邑五百戶。後除光州平東府長史，轉荆州驃騎府司馬。卒官，年四十四。

嵩遵弟嵩景，武定中，燕郡太守。

又有武功蘇湛，字景儁，魏侍中則之後也。晉亂，避地河右。世祖平涼州，還鄉里。父擁，字天祐，秦州撫軍府司馬。湛少有器行，頗涉羣書。年二十餘，舉秀才。除奉朝請，領侍御史，轉員外散騎侍郎。

蕭寶夤之討關西，以湛爲行臺郎中，深見委任。孝昌中，寶夤大敗東還，朝廷以爲雍州刺史。後自猜懼，害中尉酈道元，乃稱兵反。時湛臥疾於家，寶夤令姜儉報湛云：「元略受蕭衍意旨，乃欲見除。酈道元之來，事不可測。吾不能坐受死亡，今便爲身計，不復作魏臣也。與卿契闊，故以相報，死生榮辱，與君共之。」湛聞之，舉聲大哭。儉遽止之曰：「何得便爾？」湛曰：「百口居家，即時屠滅，云何不哭！」哭數十聲，徐謂儉曰：「爲我白齊王，王本以窮鳥投人，賴朝廷假王羽翼，榮寵至此。屬國步多虞，不能竭忠報德，乃欲乘人間隙，有不臧之心。信惑行路無識之語，欲以羸敗之兵，守關問鼎。今魏德雖衰，天命未改。且王之恩義，未洽於民，但見其敗，未見有成。蘇湛不能以百口居家，爲王族滅。」寶夤復報曰：「此自救命之計，不得不爾。所以不先相白者，恐沮吾計故爾。」湛復曰：「凡爲大事，當得天下奇士。今但共長安博徒小兒輩計校，辦有成理不？湛恐荆棘必生庭閤。願乞骸骨還鄉里，脫得因此病死，可以下見先人。」寶夤素重之，以湛病，且知不爲己用，聽還武功。

寶夤敗，莊帝卽位，徵補尚書郎。旣至，莊帝曰：「前聞卿答蕭寶夤，甚有美辭，爲我說也。」湛頓首謝曰：「臣雖言辭不如伍被，始終不易，自謂過之。然臣與寶夤周遊契闊，言得盡心，而不能令其不反，臣之罪也。」莊帝悅，拜散騎都尉，仍領郎。尋遷中書侍郎。出帝初，病還鄉里，終於家。贈散騎常侍、鎭西將軍、雍州刺史。

湛從母弟天水姜儉，字文簡。父昭，自平憲司直，出爲兗州安東長史，帶高平太守，卒於營構都將。儉少有幹用，勤濟過人。起家徐州車騎府田曹參軍，轉太尉外兵參軍。蕭寶夤出討關西，引爲開府屬，軍機謀略，多所參預。儉亦自謂遭逢知己，遂竭誠委託。寶夤爲雍州，仍請爲開府從事中郎，帶長安令。及寶夤反，以爲左丞，尤見信任，爲羣下所讎疾。寶夤敗，城人殺之，時年三十九。蘇湛每謂人曰：「以姜儉才志，堪致富貴。惜其不遇，命也如何！」

儉弟素，武定末，中散大夫。

杜銓，字士衡，京兆人。晉征南將軍預五世孫也。祖胄，苻堅太尉長史。父嶷，慕容垂祕書監，仍僑居趙郡。銓學涉有長者風，與盧玄、高允等同被徵爲中書博士。初，密太后父豹喪在濮陽，世祖欲命迎葬於鄴，謂司徒崔浩曰：「天下諸杜，何處望高？」浩對京兆爲美。世祖曰：「朕今方改葬外祖，意欲取京兆中長老一人，〔五〕以爲宗正，命營護凶事。」浩曰：「中書博士杜銓，其家今在趙郡，是杜預之後，於今爲諸杜之最，卽可取之。」詔召見。銓器貌瓌雅，世祖感悅，謂浩曰：「此眞吾所欲也。」以爲宗正，令與杜超子道生迎豹喪柩，致葬鄴南。銓遂與超如親。超謂銓曰：「既是宗近，何緣復僑居趙郡？」乃迎引同屬魏郡焉。遷散騎侍郎，轉中書侍郎，賜爵新豐侯。卒，贈平南將軍、相州刺史，魏縣侯，謚曰宣。

子振，字季元。太和初，舉秀才，卒於中書博士。

子遇，字慶期。起家奉朝請。轉員外散騎侍郎、尙書起部郎中。竊官材瓦起立私宅，清論鄙之。遷龍驤將軍、中散大夫。出爲河東太守。卒，贈中軍將軍、都官尙書、豫州刺史，謚曰惠。

子鴻，永熙中，司徒倉曹參軍。

銓族子洪太，字道廓。延興中爲中書博士。後使高麗，除安遠將軍、下邳太守，轉梁郡太守。太和中，除鷹揚將軍、絳城鎭將，帶新昌、陽平二郡太守。卒，年五十二。

子祖悅，字士豁，頗有識尙。大將軍劉昶參軍事，稍遷天水、仇池二郡太守，行南秦州事。正光中，入爲太尉、汝南王悅諮議參軍。出除高陽太守，卒於郡。

子長文，字子儒。肅宗挽郎、員外散騎侍郎，稍遷尙書郎。以隨叔顒守岐州勳，賜爵始平伯，加平東將軍。天平末，卒於安西將軍、光祿大夫。贈中軍將軍、度支尚書、雍州刺史。

長文第四弟子達，武定中，齊文襄王大都督府戶曹參軍。

祖悅弟顒，字思顏，頗有幹用。解褐北中府錄事參軍。正光中，稍遷厲威將軍、盱眙太守，帶大徐戍主。元法僧之叛也，顒逃竄獲免。後爲諫議大夫。孝昌二年，爲西征軍司，行岐州事。蕭寶夤起逆，顒據州不從。還，除征虜將軍、東荆州刺史。以守岐州勳，封平陽縣開國伯，邑五百戶。武泰中，轉授岐州刺史。永安中，除涇州刺史。時万俟醜奴充斥關右，不行。乃爲都督，防守岐州。醜奴攻之，不克。事寧，除鎮西將軍、光祿大夫。以勳又賞安平縣開國伯，食邑五百戶。以平陽伯轉授弟二子景仲。後爲征西將軍、金紫光祿大夫，沒於關西。

裴駿，字神駒，小名皮，河東聞喜人。父雙碩，本縣令，假建威將軍、恒農太守，安邑子。卒，贈平南將軍、東雍州刺史、聞喜侯。駿幼而聰慧，親表異之，稱爲「神駒」，因以爲字。弱冠，通涉經史，好屬文，性方檢，有禮度，鄉里宗敬焉。

蓋吳作亂於關中，汾陰人薛永宗聚衆應之，屢殘破諸縣，來襲聞喜。〔六〕縣中先無兵仗，人情駭動，縣令憂惶，計無所出。駿在家聞之，便率厲鄉豪曰：「在禮，君父有危，臣子致命。府縣今爲賊所逼，是吾等徇節之秋。諸君可不勉乎！」諸豪皆奮激請行，駿乃簡騎驍勇數百人奔赴。賊聞救至，引兵退走。刺史嘉之，以狀表聞。會世祖親討蓋吳，引見駿，駿陳敍事宜，甚會機理。世祖大悅，顧謂崔浩曰：「裴駿有當世才具，且忠義可嘉。」補中書博士。浩亦深器駿，目爲三河領袖。轉中書侍郎。劉駿遣使明僧暠朝貢，以駿有才學，乃假給事中、散騎常侍，於境上勞接。皇興二年卒。贈平南將軍、秦州刺史、聞喜侯，謚曰康。

子修，字元寄，清辯好學。年十三，補中書學生，遷祕書中散，轉主客令。以婦父李訢事，出爲張掖子都大將。張掖境接胡夷，前後數致寇掠，修明設烽候，以方略禦之。在邊六年，關塞清靜。高祖嘉之，徵爲中部令。轉中大夫，兼祠部曹事，職主禮樂，每有疑議，修斟酌故實，咸有條貫。太和十六年卒，時年五十一。高祖悼惜之，賻帛一百匹，謚曰恭伯。世宗時，追贈輔國將軍、東秦州刺史。修早孤，居喪以孝聞。二弟三妹並在幼弱，撫養訓誨，甚有義方。次弟務早喪，修哀傷之，感於行路。愛育孤姪，同於己子。及將異居，奴婢田宅悉推與之，時人以此稱焉。

子詢，字敬叔。美儀貌，多藝能，音律博弈，咸所開解。起家奉朝請，太尉集曹參軍，轉長流尚書起部郎中、平昌太守。時太原長公主寡居，與詢私姦，肅宗仍詔詢尚焉。尋以主壻，特除散騎常侍。時本邑中正闕，司徒召詢爲之。詢族叔昞自陳情願此官，詢遂讓焉，時論善之。尋監起居事，遷祕書監。

出爲平南將軍、郢州刺史。詢以凡司戍主鑾會田朴特地居要險，〔七〕衆踰數萬，足爲邊捍，遂表朴特爲西郢州刺史。朝議許之。蕭衍遣將李國興寇邊，時四方多事，朝廷未遑外略，緣境城戍，多爲國興所陷。賊既乘勝，遂向州城。詢率厲固守，垂將百日，援軍既至，賊乃退走。加散騎常侍、安南將軍。朴特自國興來寇，便與詢掎角，爲表裏聲援，郢州獲全，朴特頗有力焉。

徵爲七兵尚書，至都未幾，除豫州刺史。尋進號撫軍將軍，加散騎常侍。未之州，還爲七兵尚書，常侍如故。武泰初，詔詢以本官兼侍中，爲關右大使，賞擢慕義之徒。未及發，會尒朱榮入洛，於河陰遇害，年五十一。贈侍中、車騎大將軍、司空公、雍州刺史，謚曰貞烈。無子。

修弟務，字陽仁，少而聰慧。舉秀才，州辟主簿。早卒。

子美，字師伯，少有美名。舉秀才，州主簿。太尉咸陽王雅相賞愛，欲以女妻之，美拒而不納。除奉朝請，亦早卒。無子。

務弟宣，字叔令，通辯博物，早有聲譽。少孤，事母兄以孝友稱。舉秀才，至都，見司空李訢，與言自旦及夕，訢嗟善不已。司空李沖有人倫鑒識，見而重之。轉都官郎，遷高祖初，徵爲尚書主客郎，與蕭賾使顏幼明、劉思效、蕭琛、范雲等對接。員外散騎侍郎。〔八〕舊令與吏部郎同班。闕 高祖曾集沙門講佛經，因命宣論難，甚有理詣，高祖稱善。遷都洛陽，以宣爲採材副將。奉使稱旨，遙除司空諮議參軍。府解，轉司州治中，兼司徒右長史，又轉別駕，仍長史。宣明敏有器幹，總攝州府，事無凝滯，遠近稱之。世宗初，除太中大夫，領本郡中正，仍別駕。又爲司州都督，遷太尉長史。宣上言曰：「自遷都已來，凡戰陳之處，及軍罷兵還之道，所有骸骼無人覆藏者，請悉令州郡戍邏檢行埋掩。并符出兵之鄉：其家有死於戎役者，使皆招魂復魄，祔祭先靈，復其年租調；身被傷痍者，免其兵役。」朝廷從之。

出爲征虜將軍、益州刺史。宣善於綏撫，甚得羌戎之心。復晉壽，更置益州，改宣所莅爲南秦州。先是，有陰平氐酋楊孟孫，擁戶數萬，自立爲王，通引蕭衍，數爲邊患。宣乃遣使招喻，曉以逆順，孟孫感恩，即遣子詣闕。武興氐姜讃等千餘人上書乞延更限。世宗嘉焉。

宣家世以儒學爲業，常慕廉退。每歎曰：「以賈誼之才，仕漢文之世，不歷公卿，將非運也！」乃謂親賓曰：「吾本閭閻之士，素無當世之志，直隨牒推移，遂至於此。祿後養親，道不光國，瞻言往哲，可以言歸矣。」因表求解。世宗不許，乃作懷田賦以敍心焉。永平四年，患篤，世宗遣太醫令馳驛就視，幷賜御藥。宣素明陰陽之書，自始患，便知不起，因自剋亡日，果如其言。時年五十八。世宗悼惜之。贈左將軍、豫州刺史，謚曰定。尋改爲穆。

子敬憲、莊伯，並在文苑傳。

第四子獻伯，武定末，廷尉卿。

駿從弟安祖，少而聰慧。年八九歲，就師講詩，至鹿鳴篇，語諸兄云：「鹿雖禽獸，得食相呼，而況人也？」自此之後，未曾獨食。弱冠，州辟主簿。民有兄弟爭財，詣州相訟。安祖召其兄弟，以禮義責讓之。此人兄弟，明日相率謝罪。內外欽服之。復有人勸其入仕，安祖曰：「高尚之事，非敢庶幾。且京師遼遠，實憚於栖屑耳。」於是閑居養志，不出城邑。安祖曾行值天熱，舍於樹下。鷙鳥逐雉，雉急投之，遂觸樹而死。安祖愍之，乃取置陰地，徐徐護視，良久得蘇。安祖喜而放之。後夜忽夢一丈夫，衣冠甚偉，著繡衣曲領，向安祖再拜。安祖怪而問之。此人云：「感君前日見放，故來謝德。」聞者異焉。後高祖幸長安，至河東，存訪故老。安祖朝於蒲坂，高祖與語甚悅，仍拜安邑令。安祖以老病固辭，詔給一時俸，以供湯藥焉。年八十三，卒於家。

子思濟，亦有志操，早卒。子宗賢。

思濟弟幼儁，卒於猗氏令。

辛紹先，隴西狄道人。五世祖怡，晉幽州刺史。父淵，私署涼王李暠驍騎將軍。暠子歆亦厚遇之。歆與沮渠蒙遜戰於蓼泉，軍敗失馬，淵以所乘馬援歆，而身死於難，以義烈見稱西土。世祖之平涼州，紹先內徙，家於晉陽。明敏有識量，與廣平游明根、范陽盧度世、同郡李承等甚相友善。有至性，丁父憂，三年口不甘味，頭不櫛沐，髮遂落盡，故常著垂裙皂帽。自中書博士，轉神部令。皇興中，薛安都以彭城歸國，時朝廷欲綏安初附，以紹先爲下邳太守，加寧朔將軍。爲政不苛激察，舉其大綱而已，唯敎民治產禦賊之備。及劉彧將陳顯達、蕭道成、蕭順之來寇，道成謂順之曰：「辛紹先未易侵也，宜共愼之。」於是不歷郡境，遂徑屯呂梁。太和十三年卒。贈冠軍將軍、幷州刺史、晉陽公，謚曰惠。

子鳳達，耽道樂古，有長者之名。卒於京兆王子推國常侍。

鳳達子祥，字萬福。舉司州秀才。司空行參軍，遷主簿。太傅元丕爲幷州刺史，祥爲丕府屬，敕行建興郡。咸陽王禧妃卽祥妻妹，及禧構逆，親知多罹塵謗，祥獨蕭然不預。轉幷州平北府司馬。會刺史喪，朝廷以其公淸，遂越長史，敕行州事。祥初在司馬，有白壁還兵藥道顯被誣爲賊，官屬推處，咸以爲然。祥曰：「道顯面有悲色，察獄以色，其此之謂乎？」苦執申之。月餘，別獲眞賊。

後除郢州龍驤府長史，帶義陽太守。白早生之反也，蕭衍遣衆來援，因此緣淮鎭戍，相繼降沒，唯祥堅城獨守。蕭衍遣將胡武城、陶平虜於州南金山之上連營侵逼，衆情大懼。祥從容曉喩，人心遂安。時出挑戰，僞退以驕賊。賊果日來攻逼，不復自備，乃夜出襲其營。將曉，矢刃交下，賊大崩散潰，擒平虜，斬武城，以送京師，州境獲全。論功方有賞授，而刺史婁悅耻勳出其下，聞之執政，事竟不行。

胡賊劉龍駒作逆華州，敕除祥華州安定王燮征虜府長史，仍爲別將，與討胡使薛和討滅之。神龜元年卒，時年五十五。永安二年，贈冠軍將軍、南靑州刺史。

長子琨，字懷玉，少聰敏。解褐相州倉曹參軍。稍遷陳郡太守、輕車將軍、濟州征虜府長史。卒，年四十六。

琨弟懷仁，武定末，長樂太守。

懷仁弟賁，字叔文。少有文學，識度沉雅。起家北中府中兵參軍、員外散騎侍郎。建義初，修起居注。除濟州撫軍府長史。出帝時，轉膠州車騎府長史，遷平東將軍，太師、咸陽王坦開府長史。武定中，中尉崔暹表薦賁，除闕太守。吏民懷其恩惠。還，卒於鄴。時年五十八。

賁弟烈，字季武。歷太傅東閤祭酒，卒於梁州鎮南府長史。

烈弟匡，字季政，頗有文學。永安初，釋褐封丘令，加威烈將軍。時經河陰之役，朝士多求出外，故匡爲之。後除平遠將軍、符璽郎中。卒於龍驤將軍、通直散騎侍郎，時年三十五。贈散騎常侍、前將軍、雍州刺史。

祥弟少雍，字季仲。少聰穎，有孝行，尤爲祖父紹先所愛。紹先性嗜羊肝，常呼少雍共食。及紹先卒，少雍終身不食肝。性仁厚，有禮義，門內之法，爲時所重。釋褐奉朝請，太學博士、員外散騎侍郎。司空、高陽王雍引爲田曹參軍。少雍性清正，不憚强禦，積年久訟，造次決之，請託路絕，時稱賢明。正始中，詔百官各舉所知，高陽王雍及吏部郎中李憲俱以少雍爲舉首。遷給事中。侍中游肇後亦薦之，會卒，年四十二。少雍妻王氏，有德義，與其從子懷仁兄弟同居，懷仁等事之甚謹，閨門禮讓，人無比焉。士大夫以此稱美。

子元植，武定中，儀同府司馬。

元植弟士遜，太師開府功曹參軍。

鳳達弟穆，字叔宗。舉茂才，東雍州別駕。初隨父在下邳，與彭城陳敬文友善。敬文弟敬武，少爲沙門，從師遠學，經久不反。敬文病臨卒，以雜綾二十匹，託穆與敬武。穆久訪不得。經二十餘年，始於洛陽見敬武，以物還之，封題如故，世稱其廉信。歷東荆州司馬，轉長史，帶義陽太守，領戍。雅有恤民之稱。轉汝陽太守，值水澇民飢，上表請輕租賦。帝從之，遂敕汝陽一郡，聽以小絹爲調。遷中散大夫，加龍驤將軍。正光四年，以老啓求致仕。詔引見，謂穆志力尚可，除平原相。穆善撫導，民吏懷之。孝昌二年，徵爲征虜將軍、太中大夫，未發，卒於郡，年七十七。贈後將軍、幽州刺史，謚曰貞。

長子子馥，字元穎，早有學行。孝昌初，釋褐南司州龍驤府錄事參軍。〔九〕丁父艱，居喪有禮。後除給事中、南冀州防城都督。素爲莊帝所知識，及即位，除宣威將軍、尚書右主客郎中，持節爲南濟、冀、濟、青四州慰勞使。尋除寧朔將軍、員外散騎常侍，仍領郎中。太宰元天穆征邢杲，引爲行臺郎中。尋除平原相。子馥父子並爲此郡，吏民懷安之。元顥入洛，子馥不受其赦。刺史元仲景附顥，拘子馥，并禁家口。莊帝反政，詔封三門縣開國男，食邑二百戶。天平中，爲東南道行臺左丞、徐州開府長史。入除太尉府司馬。長白山連接三齊，瑕丘數州之界，多有盜賊。子馥受使檢覆，因辨山谷要害，宜立鎭戍之所。又諸州豪右，在山鼓鑄，姦黨多依之，又得密造兵仗，亦請破罷諸冶。朝廷善而從之。還，除尚書右丞，出爲清河太守。武定八年卒於郡。子馥以三傳經同說異，遂總爲一部，傳注並出，校比短長，會亡未就。

子德維，武定末，司徒行參軍。

子馥弟子華，字仲夷。天平中，右光祿大夫。

柳崇，字僧生，河東解人也。七世祖軌，晉廷尉卿。崇方雅有器量，身長八尺，美鬚明目，兼有學行。舉秀才，射策高第。解褐太尉主簿、尚書右外兵郎中。于時河東、河北二郡爭境，其間有鹽池之饒，虞坂之便，守宰及民皆恐外割。公私朋競，紛囂臺府。高祖乃遣崇檢斷，民官息訟。屬荆郢新附，南寇窺擾，又詔崇持節與州郡經略，兼加慰喻。還，遷太子洗馬、本郡邑中正。轉中壘將軍、散騎侍郎。遷司空司馬、兼衞尉少卿，又領邑中正。出爲河北太守。崇初屆郡，郡民張明失馬，疑十餘人。崇見之，不問賊事，人人別借以溫顏，更問其親老存不，農桑多少，而微察其辭色。卽獲眞賊呂穆等二人，餘皆放遣。郡中畏服，境內帖然。卒於官，年五十六。贈輔國將軍、岐州刺史，謚曰穆。崇所製文章，寇亂遺失。

長子慶和，性沉靜，不競於時。起家奉朝請，稍遷輕車將軍、給事中、本郡邑中正。卒。

子德逸，武定末，齊王丞相府主簿。

慶和弟楷，字孝則。身長八尺，善草書，頗涉文史。解褐員外散騎侍郎。蕭闕西征，〔一〇〕引爲車騎主簿，仍爲行臺郎中。征還，以員外郎領殿中侍御史。轉太尉記室參軍，遷寧遠將軍、通直散騎侍郎、本郡邑中正。普泰初，簡定集書省官，出除征虜將軍、司徒從事、中書郎，轉儀同開府長史。天平中，爲肆州驃騎府長史，頗有聲譽。又加中軍將軍。興和中，撫軍司馬，遇病卒。

崇從父弟元章，姿貌魁偉。歷太尉中兵參軍、司空錄事、司徒從事中郎，遷相州平東府長史。屬刺史元熙起兵，欲除元乂。元章與魏郡太守李孝怡等執熙。賜爵猗氏伯，除正平太守。後靈太后反政，削除官爵，卒於家。

崇族弟敬起，字華之。起家中書博士，轉城陽王文學。除寧遠將軍、尚書儀曹郎中、龍驤將軍、平陽太守。卒。有五子。

長子永，字神護，性粗率。解褐奉朝請，轉員外散騎侍郎。除太尉記室參軍，遷諫議大夫，又轉征虜將軍、太中大夫、本郡邑中正。以母老解官歸養，卒於家。贈征西將軍、秦州刺史。

永弟暢，字叔智。自奉朝請，三遷伏波將軍、岐州征虜府長史。遷征虜將軍、魯陽太守。還，除左將軍、太中大夫，轉安東將軍、光祿大夫，卒。贈衞大將軍、雍州刺史，謚曰穆。

暢弟範，字洪禮。卒於前將軍、給事中、本州大中正。

範弟粹，字季義，出後叔仲起。武定末，平東、後軍，〔一〕遷遼西太守。

敬起弟仲起，字紹隆。舉秀才，咸陽王禧爲牧，辟西曹書佐。無子，兄子粹繼之。

崇族子儁起，少有志尚。解褐奉朝請，轉太尉默曹參軍、伏波將軍、司徒倉曹參軍。卒。

長子達摩，武定末，陽城太守。

儁起從父弟援，字乾護，身長八尺，儀望甚偉。解褐太尉鎧曹參軍，轉護軍司馬。稍遷冠軍將軍、司空長史，轉廷尉少卿。出除安西將軍、南秦州刺史。尋爲散騎常侍、鎮軍將軍，轉征西將軍、金紫光祿大夫。遷車騎將軍、右光祿大夫。卒，贈本將軍、秦州刺史。

子長粲，武定末，青州驃騎府中兵參軍。

援從父弟仲景，汝南王悅常侍。

史臣曰：韋杜舊族門風，名亦不殞。裴、辛、柳氏，素業有資，器行仍世。所以布於列位，不替其美。

校勘記

〔一〕少爲舅兗州刺史鄭羲所器賞　諸本「羲」作「義」，北史卷二六韋閬附韋崇傳作「羲」。殿本考證云：「本書鄭羲傳卷五六羲嘗出爲安東將軍、西兗州刺史。」按「義」字訛，今據北史改。

〔二〕高祖詔珍移鎮比陽　諸本「比」作「北」。按魏有比陽鎮，亦作「沘陽」，見墓誌集釋寇臻墓誌圖版二〇六。「北」乃「比」之形訛，今改正。參卷四二校記〔五〕。

〔三〕珍從至濟水　北史卷二六韋閬附韋珍傳「濟」作「清」。按這次魏軍南下攻取南陽、新野，和濟水遠不相及，「濟」字顯訛。魏書卷一〇六下地形志下荆州南陽郡宛縣有「清水」。太平寰宇記卷一四二鄧州南陽縣下清水條云：「隋圖經云：清水經獨山。史定伯碑云瓜里津，卽清水上三梁，謂之瓜里。」似作「清水」是。但地形志和寰宇記所載的「清水」，實際上就是水經注卷三一的「淯水」。水經注稱：「淯水又南逕預山東，山上有神廟，俗名之爲獨山也。」又云：「淯水又西南逕史定伯碑南。又西爲瓜里津，水上有三梁，謂之瓜里渡。」寰宇記引隋圖經所謂「清水」的幾句話，全見於水經淯水注。雖或許當時淯水又名清水，但也可能北史此條和地形志、寰宇記的「清水」皆「淯水」之訛。

〔四〕遷尚書令吏部郎中　張森楷云：「『令』字不當有。」按「令」字當衍。

〔五〕意欲取京兆中長老一人　册府卷六二〇七四五七頁、御覽卷二二〇一〇九二頁「京兆」下有「杜」字，當是傳本脫去，但無「杜」字亦通，今仍之。

〔六〕來襲聞喜　諸本脫「喜」字，今據册府卷七六一九〇五〇頁補。

〔七〕詢以凡司戍主蠻酋田朴特地居要險　諸本「主」訛「土」，今據北史卷三八裴駿附裴詢傳、册府卷四二九五一〇九頁改。

〔八〕遷員外散騎侍郎　諸本「遷」作「邊」，不可通。李慈銘、張森楷都以爲「『邊』當作『遷』」。今改正。

〔九〕孝昌初釋褐南司州龍驤府錄事參軍　錢氏考異卷二八云：「按地形志卷一〇六中南司州，正始元年爲郢州，孝昌三年陷，蕭衍改爲司州，武定七年復，乃有南司之名。辛子馥仕孝昌初，其時，無南司州也。」

〔一〇〕蕭闕西征　李慈銘云：「闕處當是『寶夤』二字。」

〔一一〕平東後軍　按「平東後軍」可能是「平東將軍、後軍將軍」之省，但「平東」品高於「後軍」，敍歷官應自卑至高，疑「後」字乃「將」之訛。

魏書卷四十六

列傳第三十四

竇瑾　許彥　李訢

竇瑾，字道瑜，頓丘衞國人也。自云漢司空融之後。高祖成爲頓丘太守，因家焉。瑾少以文學知名。自中書博士，爲中書侍郎，賜爵繁陽子，加寧遠將軍。參與軍國之謀，屢有軍功。遷祕書監，進爵衞國侯，加冠軍將軍，轉西部尙書。初定三秦，人猶去就，拜使持節、散騎常侍、都督秦雍二州諸軍事、寧西將軍、長安鎭將、毗陵公。在鎭八年，甚著威惠。徵爲殿中、都官尙書，仍散騎常侍。世祖親待之，賞賜甚厚。從征蓋吳，先驅慰諭，因平巴西氐、羌酋領，降下數千家，不下者誅之。又降蠻酋仇天爾等三千家於五將山。蓋吳平，瑾留鎭長安。還京，復爲殿中、都官，典左右執法。世祖歎曰：「古者右賢左戚，國之良翰，毗陵公之謂矣。」恭宗薨於東宮，瑾兼司徒，奉詔册謚。出爲鎭南將軍、冀州刺史。清約沖素，憂勤王事，著稱當時。還爲內都大官。興光初，瑾女壻鬱林公司馬彌陀以選尙臨涇公主，瑾教彌陀辭託，有誹謗呪詛之言，與彌陀同誅。瑾有四子，秉、持、依並爲中書學生，與父同時伏法。唯少子遵，逃匿得免。

遵善楷篆，北京諸碑及臺殿樓觀、宮門題署，多遵書也。官至尙書郎、濮陽太守，多所受納。其子僧演，姦通民婦，爲民賈邈所告，免官。後以善書，拜庫部令，卒官。

許彥，字道謨，小字嘉屯，高陽新城人也。祖茂，慕容氏高陽太守。彥少孤貧，好讀書，後從沙門法叡受易。世祖初，被徵，以卜筮頻驗，遂在左右，參與謀議。拜散騎常侍，賜爵博陵侯。彥質厚愼密，與人言不及內事。世祖以此益親待之。進爵武昌公，拜安東將軍、相州刺史。在州受納，多違法度，詔書切讓之。然以彥腹心近臣，弗之罪也。眞君二年，卒。謚曰宣公。

子宗之，初入爲中散，領內祕書。世祖臨江，賜爵高鄉侯。高宗踐阼，遷殿中尙書，出爲鎭東將軍、定州刺史，潁川公。受敕討丁零，丁零旣平，宗之因循郡縣，求取不節。深澤人馬超毀謗宗之，宗之怒，遂毆殺超。懼超家人告狀，上超謗訕朝政。高宗聞之，曰：「此必妄也。朕爲天下主，何惡於超，而超有此言。必是宗之懼罪誣超。」按驗果然。事下有司，司空伊馛等以宗之腹心近臣，出居方伯，不能宣揚本朝，盡心綏導，而侵損齊民，枉殺良善，妄列無辜，上塵朝廷，誣詐不道，理合極刑。太安二年冬，遂斬於都南。

宗之孫亮，字元規。正光中，盪寇將軍，稍遷冀州驃騎長史、司徒諮議參軍。年五十二，卒。

宗之長兄熙，字德融，襲爵武昌公。中書郎，早卒。

子安仁，襲。除中書郎。卒，贈安東將軍、冀州刺史，謚曰簡。

子元康，襲爵，後降爲侯。拜冠軍將軍、長安鎮副將。遷監河州諸軍事、河州刺史，將軍如故。入爲廷尉少卿。除魏郡太守，固辭不拜。尋卒，贈征虜將軍、營州刺史，謚曰肅。

子廓，字崇遠，襲爵。除奉朝請，累遷頓丘、東太原二郡太守。卒，年二十八。子子躬襲。

子躬，武定末，中外府水曹參軍。齊受禪，爵例降。

子躬弟子憲，太尉中兵參軍。

元康弟護，州主簿。

子瑞，字徵之，亦州主簿。卒。

瑞弟絢，字伯禮，頗有業尚。閨門雍睦，三世同居。吏部尚書李神儁常稱其家風。自侍御史，累遷尚書左民郎、司徒諮議參軍，修起居注。後拜太中大夫。興和初卒，年四十七。贈使持節、都督冀瀛二州諸軍事、征東將軍、吏部尚書、冀州刺史。

絢弟遜，武定末，東陽平太守。

遜弟曄，字叔明，性開率。州治中、別駕、西高陽太守、太中大夫。興和三年卒，年四十一。贈鎮東將軍、瀛州刺史。

曄弟惇，字季良。武定末，兼大司農卿。

熙弟龍，官至趙郡太守。

孫琰，字長琳，有幹用。初除太學博士，累遷尚書南主客郎、瀛州中正。孝昌中卒，年四十七。贈平東將軍、滄州刺史。永熙中，重贈散騎常侍、衞將軍、尚書右僕射、瀛州刺史。琰弟璣，字仲衡，有識尚。廣平王常侍、員外散騎侍郎、諫議大夫。遷通直散騎常侍、瀛州大中正、散騎常侍、滎陽太守、行南青州事。卒，年五十五。琰兄弟並通率，多與勝流交遊。

又有博陵許赤虎，涉獵經史，善嘲謔。延興中，著作佐郎，與慕容白曜南討。後使江南，應對敏捷，雖言不典故，而南人頗稱機辯滑稽焉。使還，爲東郡太守，卒官。

子陀，定州長史。

李訢，字元盛，小名眞奴，范陽人也。曾祖產，產子績，二世知名於慕容氏。父崇，馮跋吏部尙書、石城太守。延和初，車駕至和龍，崇率十餘郡歸降。世祖甚禮之，呼曰「李公」，以崇爲平西將軍、北幽州刺史、固安侯。卒，年八十一，謚曰襄侯。

訢母賤，爲諸兄所輕。崇曰：「此子之生，相者言貴，吾每觀察，或未可知。」遂使入都，爲中書學生。世祖幸中書學，見而異之，指謂從者曰：「此小兒終效用於朕之子孫矣。」因識眄之。世祖舅陽平王杜超有女，將許貴戚。世祖聞之，謂超曰：「李訢後必宦達，益人門戶，可以女妻之，勿許他貴也。」遂勸成婚。南人李哲嘗言訢必當貴達。杜超之死也，世祖親哭三日。訢以超壻，得在喪位出入。帝目而指之，謂左右曰：「觀此人舉動，豈不有異於衆？必爲朕家幹事之臣。」訢聰敏機辯，强記明察。初，李靈爲高宗博士、諮議，〔一〕詔崔浩選中書學生器業優者爲助教。浩舉其弟子箱子與盧度世、李敷三人應之。給事高讜子祐、尙書段霸兒姪等以爲浩阿其親戚，言於恭宗。恭宗以浩爲不平，聞之於世祖。世祖意在於訢，曰：「云何不取幽州刺史李崇老翁兒也？」浩對曰：「前亦言訢合選，但以其先行在外，故不取之。」世祖曰：「可待訢還，箱子等罷之。」訢爲世祖所識如此。遂除中書助教博士，稍見任用，入授高宗經。

高宗卽位，訢以舊恩親寵，遷儀曹尚書，領中祕書，賜爵扶風公，加安東將軍，贈其母孫氏爲容城君。高宗顧謂羣臣曰：「朕始學之歲，情未能專，旣總萬機，溫習靡暇，是故儒道實有闕焉。豈惟予咎，抑亦師傅之不勤。所以爵賞仍隆者，蓋不遺舊也。」訢免冠拜謝。出爲使持節、安南將軍、相州刺史。爲政清簡，明於折獄，姦盜止息，百姓稱之。訢上疏求立學校曰：「臣聞至治之隆，非文德無以經綸王道；太平之美，非良才無以光贊皇化。是以昔之明主，建庠序於京畿，立學官於郡邑，敎國子弟，習其道藝。然後選其俊異，以爲造士。今聖治欽明，道隆三五，九服之民，咸仰德化，而所在州土，學校未立。臣雖不敏，誠願備之，使後生聞雅頌之音，童幼覩經敎之本。臣昔蒙恩寵，長管中祕，時課修學有成立之人，髦俊之士，已蒙進用。臣今重荷榮遇，顯任方岳，思闡帝猷，光宣於外。自到以來，訪諸文學，舊德已老，後生未進。歲首所貢，雖依制遣，對問之日，懼不克堪。臣愚欲仰依先典，於州郡治所各立學官。使士望之流、冠冕之冑，就而受業，庶必有成。其經藝通明者貢之王府。則郁郁之文，於是不墜。」書奏，顯祖從之。

以訢治爲諸州之最，加賜衣服。自是遂有驕矜自得之志。乃受納民財及商胡珍寶。兵民告言，尚書李敷與訢少長相好，每左右之。或有勸以奏聞，敷不許。顯祖聞訢罪狀，檻車徵訢，拷劾抵罪。時敷兄弟將見疏斥，有司諷訢以中旨嫌敷兄弟之意，令訢告列敷等隱罪，可得自全。訢深所不欲，且弗之知也。乃謂其女壻裴攸曰：「吾宗與李敷族世雖遠，情如一家。在事既有此勸，竟如何也？昨來每欲爲此取死，引簪自刺，以帶自絞，而不能致絕。且亦不知其事。」攸曰：「何爲爲他死也？敷兄弟事釁可知。有馮闡者，先爲敷所敗，其家切恨之，但呼闡弟問之，足知委曲。」訢從其言。又趙郡范檦具條列敷兄弟事狀，有司以聞。敷坐得罪。詔列訢貪冒，罪應死。以糾李敷兄弟，故得降免，百鞭髡刑，配爲厮役。

訢之廢也，平壽侯張讜見訢，與語奇之，謂人曰：「此佳士也，終不久屈。」未幾而復爲太倉尚書，攝南部事。用范檦、陳端等計，令千里之外，戶別轉運，詣倉輸之。所在委滯，停延歲月，百姓競以貨賂各求在前，於是遠近大爲困弊。道路羣議曰：「畜聚斂之臣，未若盜臣。」訢弟左將軍璞謂訢曰：「范檦善能降人以色，假人以辭，未聞德義之言，但有勢利之說。聽其言也甘，察其行也賊，所謂諂諛、讒慝、貪冒、姦佞，不早絕之，後悔無及。」訢不從，彌信之，腹心之事，皆以告檦。

訢既寵於顯祖，參決軍國大議，兼典選舉，權傾內外，百僚莫不曲節以事之。檦以無功，起家拜盧奴令。延興末，詔曰：「尙書李訢著勳先朝，弼諧皇極，讜言嘉謀，旬日屢進，實國家之楨幹，當今之老成也。是以擢授南部，綜理煩務。自在厥位，夙夜惟夤，乃心匪懈，克己復禮，退食自公，利上之事，知無不爲，賞罰所加，不避疏戚。雖孝子之思慈母，鷹鸇之逐鳥雀，何以方之。若鄭之子產，魯之季文亦未加也。然惡直醜正，盜憎主人。自往年以來，羣姦不息，劫訢宗人李英等四家，焚燒舍宅，傷害良善。此而可忍，孰不可恕！有司可明加購募，必令擒殄。」

六月，顯祖崩。訢遷司空，進爵范陽公。七月，以訢爲侍中、鎭南大將軍、開府儀同三司、徐州刺史。范敶知文明太后忿訢也，又知內外疾之。太和元年二月，希旨告訢外叛。文明太后徵訢至京師，言其叛狀，訢曰無之。引敶證訢，訢言：「爾妄云知我，吾又何言！雖然，爾不顧余之厚德而忍爲此，不仁甚矣。」敶曰：「公德於敶，何若李敷之德於公？公昔忍於敷，敶今敢不忍於公乎？」訢慨然曰：「吾不用璞言，自貽伊戚，萬悔於心，何嗟及矣！」遂見誅。訢有三子。

長子邃，起家拜侍御中散、東宮門大夫。遷散騎常侍，加平東將軍。先訢卒。子晴，字誨明。逃竄，遇赦免。

晴子衡，字伯琳。武定中，中堅將軍、齊獻武王丞相府水曹參軍。

邃弟令和、令度，與訢同時死。

訢長兄恭，字元順。成周太守。卒，贈幽州刺史、容成侯，謚曰簡侯。

恭弟璀，字元衡。營丘太守，襲父爵固安侯，平西將軍。卒，贈兗州刺史，謚曰康侯。

子長生，襲。長生卒，子元宗襲。廣平郡丞，陳郡太守。

璞字季眞，性惇厚，多識人物。歷中書博士、侍郎、漁陽王尉眘傅、左將軍、長安副將，賜爵宜陽侯，太常卿。承明元年，年五十一，先訢卒。贈安西將軍、雍州刺史，謚曰穆。

子暉，中書議郎。

暉弟固，太學博士、高密太守。

固弟欽，州主簿。

欽子奭，字元熾。武定末，鎭西將軍、南營州別駕。

奭弟盛，字仲炎。安東將軍、開府諮議參軍。

盛弟叔樊，平西將軍、太中大夫。

欽弟蘊，字宗令，有器幹。中書學生、祕書中散、侍御中散。出爲燕郡、范陽二郡太守。入爲員外散騎常侍、尙書右丞、中堅將軍，遷左丞。延昌三年卒，贈平遠將軍、南靑州刺史，謚曰敬。

初，崇之歸魏也，與州里北平田彪俱降，而彪子孫遂微劣焉。

史臣曰：魏氏之有天下，百餘年中，任刑爲治，蹉跌之間，便至夷滅。竇瑾、李訢器識旣美，時曰良幹。瑾以片言疑似，訢以夙故猜嫌，而嬰合門之戮，悲夫！宗之不全，自貽伊戚矣。

校勘記

〔一〕爲高宗博士諮議　北史卷二七李訢傳無「諮議」二字。按卷四九李靈傳云：「拜中書博士，選授高宗經，」亦不云爲「諮議」。二字疑衍。

魏書卷四十七

列傳第三十五

盧玄

盧玄，字子眞，范陽涿人也。曾祖諶，晉司空劉琨從事中郎。祖偃，父邈，並仕慕容氏爲郡太守，皆以儒雅稱。神䴥四年，辟召儒儁，以玄爲首，授中書博士。司徒崔浩，玄之外兄，每與玄言，輒歎曰：「對子眞，使我懷古之情更深。」浩大欲齊整人倫，分明姓族。玄勸之曰：「夫創制立事，各有其時，樂爲此者，詎幾人也？宜其三思。」浩當時雖無異言，竟不納，浩敗頗亦由此。後轉寧朔將軍、兼散騎常侍，使劉義隆。義隆見之，與語良久，歎曰：「中郎，卿曾祖也。」既還，病卒。

子度世，字子遷。幼而聰達，有計數。爲中書學生，應選東宮。弱冠，與從兄遐俱以學行爲時流所重。

度世後以崔浩事，棄官逃於高陽鄭羆家，羆匿之。使者囚羆長子，將加捶楚。羆戒之曰：「君子殺身以成仁，汝雖死勿言。」子奉父命，遂被考掠，至乃火爇其體，因以物故，卒無所言。度世後令弟娶羆妹，以報其恩。世祖臨江，劉義隆使其殿中將軍黃延年朝貢。世祖問延年曰：「范陽盧度世坐與崔浩親通，逃命江表，應已至彼？」延對曰：「都下無聞，當必不至。」世祖詔東宮赦度世宗族逃亡及籍沒者。度世乃出。赴京，拜中書侍郎，襲爵。興安中，兼太常卿，立保太后父遼西獻王廟，加鎮遠將軍，進爵爲侯。後除散騎侍郎，使劉駿。遣其侍中柳元景與度世對接，度世應對失衷。還，被禁劾，經年乃釋。除假節、鎮遠將軍、齊州刺史。州接邊境，將士數相侵掠。度世乃禁勒所統，還其俘虜，二境以寧。後坐事囚繫，久之，還鄉里。尋徵赴京，除平東將軍、青州刺史，未拜，遇患。延興元年卒，年五十三。謚曰惠侯。四子，淵、敏、昶、尙。

初，玄有五子，嫡唯度世，餘皆別生。崔浩事難，其庶兄弟常欲危害之，度世常深忿恨。及度世有子，每誡約令絕妾孽，不得使長，以防後患。至淵兄弟，婢賤生子，雖形貌相類，皆不舉接。爲識者所非。

淵，字伯源，小名陽烏。性溫雅寡欲，有祖父之風，敦尚學業，閨門和睦。襲侯爵，拜主客令，典屬國。遷祕書令、始平王師。以例降爵爲伯。給事黄門侍郎，遷兼散騎常侍、祕書監、本州大中正。是時，高祖將立馮后，方集朝臣議之。高祖先謂淵曰：「卿意以爲何如？」對曰：「此自古所愼，如臣愚意，宜更簡卜。」高祖曰：「以先后之姪，朕意已定。」淵曰：「雖奉敕如此，然於臣心實有未盡。」及朝臣集議，執意如前。馮誕有盛寵，深以爲恨，淵不以介懷。

及高祖議伐蕭賾，淵表曰：

臣誠識不周覽，頗尋篇籍。自魏晉以前，承平之世，未有皇輿親御六軍，決勝行陳之間者。勝不足爲武，弗勝有虧威德，明千鈞之弩不爲鼷鼠發機故也。昔魏武以弊卒一萬而袁紹土崩，謝玄以步兵三千而苻堅瓦解。勝負不由衆寡，成敗在於須臾，若用田豐之謀，則坐制孟德矣。魏既并蜀，迄于晉世，吳介有江水，居其上流，大小勢殊，德政理絕。然猶君臣協謀，垂數十載。逮孫皓暴戾，上下攜爽，水陸俱進，一舉始克。今蕭氏以篡殺之燼，政虐役繁，又支屬相屠，人神同棄。吳會之民，延踵皇澤，正是齊軌之期，一同之會。若大駕南巡，必左衽革面，閩越倒戈，其猶運山壓卵，有征無戰。然愚謂萬乘親戎，轉漕難繼，千里饋糧，士有飢色，大軍之後，必有凶年。不若命將簡銳，盪滌江右，然後鳴鸞巡省，告成東岳，則天下幸甚，率土戴賴。

臣又聞流言，關右之民，自比年以來，競設齋會，假稱豪貴，以相扇惑。顯然於衆坐之中，以謗朝廷。無上之心，莫此之甚。愚謂宜速懲絕，戮其魁帥。不爾懼成黃巾、赤眉之禍。育其微萌，不芟之毫末，斧斤一加，恐蹈害者衆。臣世奉皇家，義均休戚，誠知干忤之愆實深，然不忠之罪莫大。

詔曰：

至德雖一，樹功多途。三聖殊文，五帝異律，或張或弛，豈必相因。遠惟承平之主，所以不親旆五戎者，蓋有由矣。英明之主，或以同軌無征；守庸之君，或緣志劣寢伐。今若喻之英皇，時非昔類；比之庸后，意有恧焉。脫元極之尊，本不宜駕，二公之徒，革輅之戎，寧非謬歟？尋夫昔人，若必須己而濟世，豈不克廣先業也。定火之雄，〔二〕未聞不武，世祖之行，匪皆疑懾。且曹操勝袁，蓋由德義內舉；苻堅瓦解，當緣立政未至。定非弊卒之力强，十萬之衆寡也。今則驅馳先天之術，駕用仁義之師，審觀成敗，庶免斯咎。長江之阻，未足可憚；踰紀之略，何必可師。洞庭、彭蠡，竟非殷固，奮臂一呼，或成漢業。經略之義，當付之臨機；足食之籌，望寄之蕭相。將希混一，豈好輕動，利見之事，何得委人也！

又水旱之運，未必由兵；堯湯之難，詎因興旅？頃豐之後，雖靜有之，關左小紛，已敕禁勒。流言之細，曷足以紓天功。深錄誠心，勿恨不相逐耳。

及車駕南伐，趙郡王幹督關右諸軍事，詔加淵使持節、安南將軍爲副，勒衆七萬將出子午。尋以蕭賾死，停師。是時涇州羌叛，殘破城邑，淵以步騎六千衆號三萬，徐行而進。未經三旬，賊衆逃散，降者數萬口，唯梟首惡，餘悉不問。詔兼侍中。初，淵年十四，嘗詣長安。將還，諸相餞送者五十餘人，別於渭北。有相者扶風人王伯達曰：「諸君皆不如此盧郎，雖位不副實，然德聲甚盛，望踰公輔。後二十餘年，當制命關右。願不相忘。」此行也，相者年過八十，詣軍門請見，言敍平生。未幾，拜儀曹尚書。高祖考課在位，降淵以王師守常侍、尚書，奪常侍祿一周。尋除豫州刺史，以母老固辭。

會蕭昭業雍州刺史曹虎遣使請降，乃以淵爲使持節、安南將軍，督前鋒諸軍徑赴樊鄧。淵面辭曰：「臣本儒生，頗聞俎豆，軍旅之事，未之學也。惟陛下裁之。」軍期已逼，高祖不許。淵曰：「但恐曹虎爲周魴耳，陛下宜審之。」虎果僞降。淵至葉，具曹虎譎詐之問，兼陳其利害。詔淵進取南陽。淵以兵少糧乏，表求先攻赭陽，以近葉倉故也。高祖許焉，乃進攻赭陽。蕭鸞遣將垣歷生來救，淵素無將略，爲賊所敗，坐免官爵爲民。

尋遭母憂，高祖遣謁者詣宅宣慰。服闋，兼太尉長史。高祖南討，又兼彭城王中軍府長史。尋爲徐州京兆王愉兼長史，賜絹百匹。愉既年少，事無巨細，多決於淵。淵以誠信御物，甚得東南民和。南徐州刺史沈陵密謀外叛，淵覺其萌漸，潛敕諸戍，微爲之備。屢有表聞，朝廷不納。陵果殺將佐，勒宿豫之衆逃叛。濱淮諸戍，由備得全。陵在邊歷年，陰結旣廣，二州人情，咸相扇惑。陵之餘黨，頗見執送，淵皆撫而赦之，惟歸罪於陵，由是衆心乃安。

景明初，除祕書監。二年卒官，年四十八。贈安北將軍、幽州刺史，復本爵固安伯，諡曰懿。

初，諶父志法鍾繇書，傳業累世，世有能名。至邈以上，兼善草迹。淵習家法，代京宮殿多淵所題。白馬公崔玄伯亦善書，世傳衞瓘體。魏初工書者，崔盧二門。淵與僕射李沖特相友善。沖重淵門風，而淵祇沖才官，故結爲婚姻，往來親密。至於淵荷高祖意遇，頗亦由沖。淵有八子。

長子道將，字祖業，應襲父爵，而讓其第八弟道舒。有司奏聞，詔曰：「長嫡承重，禮之大經，何得輒授也。」而道將引清河王國常侍韓子熙讓弟仲穆魯陽男之例，〔三〕尚書李平重申奏，詔乃聽許。道將涉獵經史，風氣謇諤，頗有文才，爲一家後來之冠，諸父並敬憚之。彭城王勰、任城王澄皆虛襟相待。勰爲中軍大將軍，辟行參軍。遷司徒東閤祭酒、尚書左外兵郎中，轉祕書丞。出爲燕郡太守。道將下車，表樂毅、霍原之墓，而爲之立祠。優禮儒生，勵勸學業，敦課農桑，墾田歲倍。入爲司徒司馬。卒，贈龍驤將軍、太常少卿，謚曰獻。所爲文筆數十篇。

子懷祖，太學博士、員外散騎侍郎。卒。

懷祖弟懷仁，武定中，太尉鎧曹參軍。

道將弟亮，字仁業。〔三〕不仕而終。子思道。

亮弟道裕，字寧祖，少以學尚知名，風儀兼美。尚顯祖女樂浪長公主，拜駙馬都尉、太子舍人，尋轉洗馬。遷散騎侍郎，轉安遠將軍、中書侍郎、兼祕書丞。尋以母憂去官。服終，復拜中書侍郎。遷龍驤將軍、太子中庶子，幽州大中正。轉長兼散騎侍郎，加左將軍。神龜二年，除左將軍、涇州刺史。其年七月卒官，年四十四。贈撫軍將軍、青州刺史，賜帛三百匹，謚曰文侯。

子景緒，武定中，儀同開府錄事參軍。

道裕弟道虔，字慶祖，粗閑經史，兼通算術。尚高祖女濟南長公主。公主驕淫，聲穢遐邇，先無疹患，倉卒暴薨。時云道虔所害。世宗祕其醜惡，不苦窮治。尚書嘗奏道虔爲國子博士。靈太后追主薨事，乃黜道虔爲民，終身不仕。孝昌末，臨淮王彧因將出征，啓除道虔奉車都尉。道虔外生李彧尚莊帝姊豐亭公主，因相藉託。永安中，除輔國將軍、通直常侍，尋加征虜將軍。以議曆勳，賜爵臨淄伯，遷散騎常侍。天平初，征南將軍，轉都官尚書、本州大中正。出除驃騎將軍、幽州刺史，尋加衞大將軍，卒於官。贈都督幽瀛二州諸軍事、驃騎大將軍、尚書右僕射、司空公、瀛州刺史，謚曰恭文公。主二子，昌宇、昌仁。昌宇不慧，昌仁早卒。道虔又娶司馬氏，有子昌裕。及司馬見出之後，更娉元氏，生二子昌期、昌衡。兄弟競父爵，至今未襲。

道虔弟道侃，字希祖。州主簿，沉雅有學尚。孝昌末卒。二子早夭，以弟道約子正達爲後。武定中，征虜將軍、太尉記室參軍。

道侃弟道和，字叔維。〔四〕兄弟之中，人望最下。冀州中軍府中兵參軍。卒。子景豫。景豫弟景熙，武定中，儀同開府諮議。

道和弟道約，字季恭。起家員外郎，累遷司空錄事參軍、司徒屬、幽州大中正、輔國將軍、光祿大夫。轉司徒右長史。太傅李延寔出除青州。延寔先被病，道約，延寔之妻弟，詔以道約爲延寔長史，加散騎常侍，寄以匡維也。永熙中，車騎將軍、左光祿大夫，領廣平王贊儀同開府長史。天平中，開府儀同高岳請爲長史。岳轉除青冀二州，道約仍爲長史，隨岳兩藩，有毗佐之稱。興和末，除衞大將軍、兗州刺史，在州頗得民和。武定元年卒，年五十八。贈使持節、驃騎大將軍、儀同三司、幽州刺史。

子正通，開府諮議。少有令譽，徵赴晉陽，遇患卒。妻鄭氏，與正通弟正思淫亂，武定中，爲御史所劾，人士疾之。

道約弟道舒，字幼安，襲父爵。自尚書左主客郎中爲冠軍將軍、中書侍郎。卒。

淵弟敏，字仲通，小字紅崖，少有大量。太和初，拜議郎，早卒。贈威遠將軍、范陽太守，謚曰靖。高祖納其女爲嬪。敏五子。

義僖，字遠慶，早有學尚，識度沉雅。年九歲，喪父，便有至性。少爲僕射李沖所歎美。起家祕書郎，歷太子舍人、司徒中郎。神龜初，任城王澄奏舉義僖，除散騎侍郎，轉冠軍將軍、中散大夫。以母憂去職。幽州刺史王誦與義僖交款，每與舊故李神儁等書曰：「盧冠軍在此，時復惠好，〔五〕輒留連數日，得諮詢政道。」其見重若此。齊王蕭寶夤啓爲開府諮議參軍，辭疾不赴。尋兼司空長史，拜征虜將軍、太中大夫。散秩多年，澹然自得。李神儁勸其干謁當途。義僖曰：「學先王之道，貴行先王之志，何能苟求富貴也。」

孝昌中，除散騎常侍。時靈太后臨朝，黄門侍郎李神軌勢傾朝野，求結婚姻。義僖慮其必敗，拒而不許。王誦謂義僖曰：「昔人不以一女易五男，卿豈易之也？」義僖曰：「所以不從，正爲此耳。從之恐禍大而速。」謫乃堅握義僖之手曰：「我聞有命，不敢以告人。」遂適他族。臨婚之夕，靈太后遣中常侍服景就家敕停。內外惶怖，義僖夷然自若。建義初，兼都官尚書，尋除安東將軍、衞尉卿。普泰中，除都官尚書，加驃騎大將軍、左光祿大夫。義僖少時，幽州頻遭水旱，先有穀數萬石貸民，義僖以年穀不熟，乃燔其契。州閭悅其恩德。性寬和畏愼，不妄交款，與魏子建情好尤篤，言無所隱。義僖性清儉，不營財利，雖居顯位，每至困乏，麥飯蔬食，忻然甘之。永熙中，風疾頓發。興和中卒，年六十四。贈本將軍、儀同三司、瀛州刺史，謚孝簡。

子遜之，武定中，太尉記室參軍。

遜之弟世猷，齊王開府集曹參軍。

義僖弟義悰，字叔預。司空行參軍、本州治中、散騎侍郎、司徒諮議參軍。

子孝章，儀同開府行參軍，早亡。

義悰弟義敦，字季和。征北府默曹參軍。

子景開，字子達。武定中，儀同開府屬。

義敦弟義安，字幼仁，不仕。義僖諸弟並遠不逮兄也。

敏弟昶，字叔達，小字師顏，學涉經史，早有時譽。太和初，爲太子中舍人、兼員外散騎常侍，使於蕭昭業。高祖詔昶曰：「卿便至彼，勿存彼我。密邇江揚，不早當晚，會是朕物。卿等欲，言便無相疑難。」又敕副使王清石曰：「卿莫以本是南人，言語致慮。若彼先有所知所識，欲見便見，須論卽論。盧昶正是寬柔君子，無多文才，或主客命卿作詩，可率卿所知，莫以昶不作，便復罷也。凡使人之體，以和爲貴，勿遞相矜誇，見於色貌，失將命之體。卿等各率所知，以相規誨。」及昶至彼，値蕭鸞僭立，於是高祖南討之，昶兄淵爲別道將。而蕭鸞以朝廷加兵，遂酷遇昶等。昶本非骨鯁，聞南人云兄旣作將，弟爲使者。乃大恐怖，淚汗交橫。鸞以腐米臭魚莝豆供之。而謁者張思寧辭氣謇諤，曾不屈撓，遂以壯烈死於館中。昶還，高祖責之曰：「銜命之禮，有死無辱，雖流放海隅，猶宜抱節致殞。卿不能長纓羈首，已是可恨。何乃俛眉飲啄，自同犬馬。有生必死，修短幾何。卿若殺身成名，貽之竹素，何如甘彼芻菽，以辱君父乎？縱不遠慚蘇武，寧不近愧思寧！」昶對曰：「臣器乏陸、隨，忝使閩越。屬蕭鸞昏狂，誅戮無道。恐不得仰奉明時，歸養老母，苟存尺蠖，屈以求伸。負辱朝命，罪宜萬死，乞歸司寇，伏聽斧鉞。」遂見罷黜。久之，復除彭城王友，轉祕書丞。景明初，除中書侍郎，遷給事黃門侍郎、本州大中正。昶請外祿，世宗不許。遷散騎常侍，兼尚書。

時洛陽縣獲白鼠。昶奏曰：

謹案瑞典，外鎮刺史、二千石、令長不祗上命，刻暴百姓，人民怨嗟，則白鼠至。臣聞禎不虛見，德合必符；妖不妄出，咎彰則至。是以古之人君，或怠瑞以失德，或祇變而立功，斯乃萬古之殷鑒，千齡之炯誡。比者，災氣作沴，恒陽虧度，陛下流如傷之慈，降納隍之旨，哀百姓之無辜，引在予之深責。舉賢黜佞之詔，道映於堯先；進思納諫之言，事光於舜右。伏讀明旨，俯觀徵譴，敢布庸瞽，以陳萬一。

竊惟一夫之耕，食裁充口；一婦之織，衣止蔽形。年租歲調，則惟常理，此外徵求，於何取足？然自比年以來，兵革屢動。荆揚二州，屯戍不息；鍾離、義陽，師旅相繼。兼荆蠻凶狡，王師薄伐，暴露原野，經秋淹夏。汝潁之地，率戶從戎；河冀之境，連丁轉運。又戰不必勝，加之退負，死喪離曠，十室而九。細役煩徭，日月滋甚；苛兵酷吏，因逞威福。至使通原遙畛，田蕪罕耘；連村接閈，蠶飢莫食。而監司因公以貪求，豪强恃私而逼掠。遂令鬻裋褐以益千金之資，制口腹而充一朝之急。此皆由牧守令長多失其人，郡闕黃霸之君，縣無魯恭之宰，不思所以安民，正思所以潤屋。故士女呼嗟，相望於道路；守宰暴貪，風聞於魏闕。往歲法官案驗，多挂刑網，謂必顯戮，以明勸誡。然後遣使覆訊，公違憲典。或承風挾請，輕樹私恩；或容情受賄，輒施己惠。御史所劾，皆言誣枉；申雪罪人，更云清白。長侮上之源，滋陵下之路。忠清之人，見之而自怠；犯暴之夫，聞之以益快。白鼠之至，信而有徵矣。

伏願陛下垂叡哲之鑒，察妖災之起。延對公卿，廣詢庶政；引見樞納，博求民隱。存問孤寡，去其苛碎；輕徭省賦，與民休息。貞良忠讜，置之於朝；姦回貪佞，棄之於市。則九官勿戒而恒敬，百縣不嚴而自肅，士女欣欣，人有望矣。

詔曰：「朕纂承鴻緒，伏膺寶曆，思靖八方，惠康四海。當必世之期，麟鳳不降；屬勝殘之會，白鼠告咎。萬邦有罪，實唯朕躬。尚書敷納機猷，獻替是寄，讜言有聞，朕實嘉美。」轉侍中，又兼吏部尚書，尋卽正，仍侍中。昶守職而已，無所激揚也。與侍中元暉等更相朋附，爲世宗所寵，時論鄙之。

出除鎭東將軍、徐州刺史。永平四年夏，昶表曰：「蕭衍琅邪郡民王萬壽等款誠內結，潛來詣臣，云朐山戍今將交換，有可圖之機。臣卽許以旌賞，遣其還入。至三月二十四夜，萬壽等獎率同盟，攻掩朐城，斬衍輔國將軍、琅邪、東莞二郡太守、帶朐山戍主劉晰并將士四十餘人，傳首至州。臣卽遣兼郯城戍副張天惠率驍勇二百，徑往赴之。琅邪諸戍絡繹繼援，而衍郁洲已遣二軍以拒天惠。天惠與萬壽等內外齊擊，俘斬數百，便卽據城。」詔昶曰：「彭宋地接邊疆，勢連淮海，威禦之術，功在不易。朐山險塞，寇之要防，水陸交湊，揚、郁路衝，畜聚凶徒，虔劉邊鄙，靑、光、齊、兗每罹其患。卿妙算旣敷，克城殄衆，展疆闢土，何善如之。庸勳之懋，朕用嘉止。故遣左右直長閻遵業具宣往懷。此戍郁洲之本，存亡所繫。今既失守，有不存之心，彼見扼喉，將圖救援之計。今水雨盛行，宜須防守。卿可深思擬捍之規，攘敵之略，使還具聞。」

昶又表：「蕭衍將張稷、馬仙琕、陰虔和等各領精兵，分屯諸堰；昌義之、張惠紹、王神念、王茂光承彼傳信，續發建鄴。自存之計，幷歸於此。量力準寇，事恐不輕。何者？此兵九千，賊衆四萬，名將健士，遠近畢集，邀憑雨熱，〔六〕決死來戰，藉衆乘凶，希固巢穴。所以傾國而舉，非為朐山，將恐王師固六里，據湖衝，南截淮浦，勢崩難測，海利鹽物，交闕常貢。所慮在大，有必爭之心。若皇家經略，方有所討，必須簡將增兵，加益糧仗，與之亢擬。相持至秋，天鏖一動，開拓為易。圖南之計，事本在今，請增兵六千、米十萬石；如其不也，伏聽朝議。」昶又表：「賊徒大集，衆旅强盛，置栅朐山，屯守門井，幷圍固城，晝夜連戰。恐狡勢既强，後難除揃。輒欲令征虜將軍趙遐率勤見兵，與之決勝。遐慮衆少不敵，若一舉失利，則衆心挫怯，求待大衆俱至，奮銳擊之。竊謂此謀，非為孟浪。且臣本奉朝規，令相拒守，以待涼月。今歲已云秋，高風漸舉，經算大圖，時事既至。且鮑口以東，陸運無閡，朐、固之間，本無停潦，宜時掩擊邊陲。而賊自夏以來，貫甲不歇，從六里以北，城栅相連，役使兵人，便已疲殆。若大衆臨之，必可禽捷。一城退潰，衆壘土崩，乘勝圖之，易於振朽。

脫兵不速至，長彼熾心，軍士憂惶，自生異議。請速簡配，以及事機。」詔曰：「克獲朐山，計本於昶，乘勝之規，終宜有寄。是以起兵之始，即委處分，前機經略，一以任之。今既請兵，理宜速遂。可遣冀、定、瀛、相四州中品羽林、虎賁四千人赴之。」

又詔昶曰：「朐山之克，實由於卿，開疆拓土，實爲長策。然經討未服，非卿而誰？而蟻徒送死，規侵王略，天亡小賊，數在無遠。故前者命卿親臨指授，尋以卿疾未瘳，且待消息。今既痊復，宜遵前旨，秉戈揮銳，殄寇爲懷。已發虎旅五萬，應機電赴，指辰而至，遂卿本請。截彼東南，亮委高算。」又詔昶曰：「取朐置戍，並是卿計，始終成敗，悉歸於卿。卿以兵少請益，今已遂卿本意。如聞東唐陸道甚狹，一軌之外，皆是大水。彼必據之，以斷軍路。若已如此，更設何策？其軍奇兵變，遽以表聞。又聞衎軍將帥，每有流言，云魏博淮陽、宿豫，乃是兩宜。若實有此，卿可量朐山薪水得支幾時。脫事容往返，馳驛速聞。如薪水少急，卽可量計。若理不可爾，亦將軍裁決。」

昶旣儒生，本少將略，又羊祉子燮爲昶司馬，專任戎事，掩昶耳目，將士怨之。朐山戍主傅文驥糧樵俱罄，以城降衎。昶見城降，於是先走退。諸軍相尋奔遁，遇大寒雪，軍人凍死及落手足者三分而二。自國家經略江左，唯有中山王英敗於鍾離，昶於朐山失利，最爲甚焉。世宗遣黃門甄琛馳驛鎖昶，窮其敗狀。詔曰：「朐山之敗，傷損實深，推始究末，罪鍾元帥。雖經大宥，輕重宜別，昶一人可以免官論坐，自餘將統以下悉聽依赦復任。」

未幾，拜太常卿，仍除安西將軍、雍州刺史，又進號鎭西將軍，加散騎常侍。熙平元年卒於官。贈征北將軍、冀州刺史，謚曰穆。

昶寬和矜恕，善於綏撫，其在徐州，戍兵疾，親自檢恤。至番兵年滿不歸，容充後役，終昶一政，然後始還。人庶稱之。

子元聿，字仲訓，無他才能。尚高祖女義陽長公主，拜駙馬都尉。位太尉司馬、光祿大夫。卒，贈中書監。

子士晟，儀同開府掾。

元聿第五弟元明，字幼章。涉歷羣書，兼有文義，風彩閑潤，進退可觀。永安初，長兼尚書令、臨淮王彧欽愛之。及彧開府，引爲兼屬，仍領部曲。出帝登阼，以郎任行禮，封城陽縣子，遷中書侍郎。永熙末，居洛東緱山，乃作幽居賦焉。於時元明友人王由居潁川，忽夢由攜酒就之言別，賦詩爲贈。及明，憶其詩十字云：「自茲一去後，市朝不復遊。」元明歎曰：「由性不狎俗，旅寄人間，乃今有夢，又復如此，〔七〕必有他故。」經三日，果聞由爲亂兵所害。尋其亡日，乃是得夢之夜。天平中，兼吏部郎中，副李諧使蕭衍，南人稱之。還，拜尚書右丞，轉散騎常侍，監起居。積年在史館，了不厝意。又兼黃門郎、本州大中正。元明善自標置，不妄交遊，飲酒賦詩，遇興忘返。性好玄理，作史子新論數十篇，文筆別有集錄。少時常從鄉還洛，途遇相州刺史、中山王熙。熙博識之士，見而歎曰：「盧郎有如此風神，唯須誦離騷，飲美酒，自爲佳器。」遂留之數日，贈帛及馬而別。元明凡三娶，次妻鄭氏與元明兄子士啓淫汙，元明不能離絕。又好以世地自矜，時論以此貶之。

元明弟元緝，字幼緒。凶率好酒，曾於婦氏飲宴，小有不平，手刃其客。起家祕書郎，轉司徒祭酒。稍遷輔國將軍、司徒司馬，卒於官。贈散騎常侍、都督幽瀛二州諸軍事、驃騎大將軍、吏部尚書、幽州刺史，謚曰宣。

子士深，開府行參軍。

昶弟尙之，字季儒，小字羨夏，亦以儒素見重。太和中，拜議郎，轉趙郡王征東諮議參軍。母憂去官。後爲太尉主簿、司徒屬、范陽太守、章武內史、兼司徒右長史，加冠軍將軍，轉左長史。出爲前將軍、濟州刺史。入除光祿大夫。正光五年卒，年六十二。贈散騎常侍、安東將軍、靑州刺史。

長子文甫，字元祐。少有器尙，涉歷文史，有譽於時。位司空參軍，年四十九卒。

子敬舒，有文學，早亡。

文甫弟文翼，字仲祐。少甚輕躁，晚頗改節。爲員外郎，因歸鄉里。永安中，爲都督，守范陽三城，拒賊帥韓婁有功，賜爵范陽子。永熙中，除右將軍、太中大夫。棲遲桑井而卒，年六十。

子士偉，興和中，中散大夫。

文翼弟文符，字叔僖，性通率。位員外郎、羽林監、尚書主客郎中，遷通直散騎侍郎。永安中卒，年四十。

子子潛，〔八〕武定中，齊文襄王中外府中兵參軍。

度世，李氏之甥。其爲濟州也，〔九〕國家初平升城。無鹽房崇吉母傅氏，度世繼外祖母兄之子婦也。兗州刺史申纂妻賈氏，崇吉之姑女也，皆亡破軍途，老病憔悴。而度世推計中表，致其恭恤。每覲見傅氏，跪問起居，隨時奉送衣被食物，亦存賑賈氏，供其服膳。青州既陷，諸崔墜落，多所收贖。及淵、昶等並循父風，遠親疏屬，敍爲尊行，長者莫不畢拜致敬。閨門之禮，爲世所推。謙退簡約，不與世競。父母亡，然同居共財，自祖至孫，家內百口。在洛時有飢年，無以自贍，然尊卑怡穆，豐儉同之。親從昆弟，常旦省謁諸父，出坐別室，至暮乃入。朝府之外，不妄交遊。其相勗以禮如此。又一門三主，當世以爲榮。淵兄弟亡，及道將卒後，家風衰損，子孫多非法，帷薄混穢，爲論者所鄙。

度世從祖弟神寶，中書博士。太和中，高祖爲高陽王雍納其女爲妃。

初，玄從祖兄溥，慕容寶之末，總攝鄉部，屯於海濱，遂殺其鄉姻諸祖十餘人，稱征北大將軍、幽州刺史，攻掠郡縣。天興中討禽之，事在帝紀。

溥玄孫洪，字曾孫。太和中，歷中書博士，稍遷高陽王雍鎭北府諮議參軍、幽州中正、樂陵陽平二郡太守。洪三子。

長子崇，字元禮。少立美名，有識者許之以遠大。景明中，驃騎府法曹參軍。早卒。子子剛，司空行參軍、荆州驃騎府主簿。沒於關中。

崇弟仲義，小名黑，知名於世。高陽王雍司空行參軍、員外散騎侍郎、幽州別駕。

弟三子叔矩，字子規。武定中，尚書郎。

子規弟子正，司徒法曹參軍。崇兄弟官雖不達，至於婚姻，常與玄家齊等。

仲義弟幹，字幼禎。州主簿。

子讓，儀同開府參軍。

洪弟光宗，子觀，觀弟仲宣，事在文苑傳。

仲宣弟叔虎，〔一〇〕武定初，司徒諮議參軍。

洪從弟附伯，附伯弟侍伯，並有學識。附伯位至滄州平東府長史。侍伯，永熙中衞大將軍、南岐州刺史。

侍伯從弟文偉，興和中，驃騎大將軍、青州刺史、大夏縣開國男。

史臣曰：盧玄緒業著聞，首應旌命，子孫繼迹，爲世盛門。其文武功烈，殆無足紀，而見重於時，聲高冠帶，蓋德業儒素有過人者。淵之兄弟亦有二方之風流。雅道家聲，諸子不逮，餘烈所被，弗及盈乎？

校勘記

〔一〕定火之雄　李慈銘云：「『火』字有誤，蓋謂太武親征赫連定事也。」

〔二〕而道將引清河王國常侍韓子熙讓弟仲穆魯陽男之例　諸本「王國」誤倒作「國王」，今據北史卷三〇盧玄附盧道將傳乙正。

〔三〕道將弟亮字仁業　北史卷三〇盧玄附盧淵傳「亮」上有「道」字，「仁業」作「仲業」。張森楷云：「道將兄弟八人並以『道』字爲次，不應亮獨無之，疑此當誤脫文。『仲』『仁』二字，未知孰是。」按北齊書卷四二盧潛傳、隋書卷五七盧思道傳並作「道亮」。這裏「亮」上當脫「道」字。下「亮弟道裕」同脫。

〔四〕道侃弟道和字叔維　北史卷三〇「維」作「雍」。張森楷云：「『雍』與『和』義洽，此形近而訛。」

〔五〕時復惠好　北史卷三〇盧玄附盧義僖傳「好」作「存」，册府卷六八七八一八八頁作「來」。疑作「存」是。

〔六〕邀憑雨熱　諸本「雨」作「兩」，獨局本作「雨」。按「兩熱」不可解。局本當是以意改。據上文詔書有「水雨盛行」語，局本改「雨」是，今從之。

〔七〕又復如此　北史卷三〇盧玄附盧元明傳「又」作「詩」。李慈銘云：「『又』上脫『詩』字。」

〔八〕子子潛　北史卷三〇盧玄附盧元明傳但云「子潛」。按盧潛，北齊書卷四二有傳。這裏「潛」上當衍一「子」字。

〔九〕其爲濟州也　按上度世傳說他曾除「齊州刺史」，而北史卷三〇度世傳却作「濟州」。北史前後一致，魏書前作「齊」，後作「濟」，似北史是。但這裏接着說「國家初平升城」云云，卽指皇興元年四六八慕容白曜攻取升城事。卷一〇六中地形志中齊州太原郡太原縣下云：「司馬德宗置，魏因之，治升城。」則慕容白曜取青齊後，升城宋僑置幷州太原郡屬齊州，不屬濟州。前文作「齊州」未必誤，北史和此作「濟州」未必是。今前後都不改。

〔一〇〕仲宣弟叔虎　諸本「虎」作「虔」，北史卷三〇作「彪」。按北齊書卷四二有盧叔武傳，卽此人。本是「虎」字，「彪」「武」都是避唐諱改，若本作「虔」，作「彪」作「武」便沒有理由。知「虔」是「虎」的形訛，今改正。

魏書卷四十八

列傳第三十六

高允

高允，字伯恭，勃海人也。祖泰，在叔父湖傳。父韜，少以英朗知名，同郡封懿雅相敬慕。爲慕容垂太尉從事中郎。太祖平中山，以韜爲丞相參軍。早卒。允少孤夙成，有奇度，清河崔玄伯見而異之，歎曰：「高子黃中內潤，文明外照，必爲一代偉器，但恐吾不見耳。」年十餘，奉祖父喪還本郡，推財與二弟而爲沙門，名法淨。未久而罷。性好文學，擔笈負書，千里就業。博通經史天文術數，尤好春秋公羊。郡召功曹。

神䴥三年，世祖舅陽平王杜超行征南大將軍，鎮鄴，以允爲從事中郎，年四十餘矣。超以方春而諸州囚多不決，乃表允與中郎呂熙等分詣諸州，共評獄事。熙等皆以貪穢得罪，唯允以清平獲賞。府解，還家教授，受業者千餘人。四年，與盧玄等俱被徵，拜中書博士。

遷侍郎，與太原張偉並以本官領衞大將軍、樂安王範從事中郎。範，世祖之寵弟，西鎮長安，允甚有匡益，秦人稱之。尋被徵還。允曾作塞上翁詩，有混欣戚，遺得喪之致。驃騎大將軍、樂平王丕西討上邽，復以本官參丕軍事。語在丕傳。涼州平，以參謀之勳，賜爵汶陽子，加建武將軍。

後詔允與司徒崔浩述成國記，以本官領著作郎。時浩集諸術士，考校漢元以來，日月薄蝕、五星行度，并識前史之失，別爲魏曆，以示允。允曰：「天文曆數不可空論。夫善言遠者必先驗於近。且漢元年冬十月，五星聚於東井，此乃曆術之淺。今譏漢史，而不覺此謬，恐後人譏今猶今之譏古。」浩曰：「所謬云何？」允曰：「案星傳，金水二星常附日而行。冬十月，日在尾箕，〔一〕昏沒於申南，而東井方出於寅北。二星何因背日而行？是史官欲神其事，不復推之於理。」浩曰：「欲爲變者何所不可，君獨不疑三星之聚，而怪二星之來？」允曰：「此不可以空言爭，宜更審之。」時坐者咸怪，唯東宮少傅游雅曰：「高君長於曆數，當不虛也。」後歲餘，浩謂允曰：「先所論者，本不注心，及更考究，果如君語，以前三月聚於東井，非十月也。」又謂雅曰：「高允之術，陽元之射也。」衆乃歎服。允雖明於曆數，初不推步，有所論說。唯游雅數以災異問允。允曰：「昔人有言，知之甚難，既知復恐漏泄，不如不知也。天下妙理至多，何遽問此。」雅乃止。

尋以本官爲秦王翰傅。後敕以經授恭宗，甚見禮待。又詔允與侍郎公孫質、李虛、〔二〕胡方回共定律令。世祖引允與論刑政，言甚稱旨。因問允曰：「萬機之務，何者爲先？」是時多禁封良田，又京師遊食者衆。允因言曰：「臣少也賤，所知唯田，請言農事。古人云：方一里則爲田三頃七十畝，百里則田三萬七千頃。若勤之，則畝益三斗，不勤則畝損三斗。〔三〕方百里損益之率，爲粟二百二十二萬斛，況以天下之廣乎？若公私有儲，雖遇飢年，復何憂哉？」世祖善之。遂除田禁，悉以授民。

初，崔浩薦冀、定、相、幽、并五州之士數十人，各起家郡守。恭宗謂浩曰：「先召之人，亦州郡選也，在職已久，勤勞未答。今可先補前召外任郡縣，以新召者代爲郎吏。又守令宰民，宜使更事者。」浩固爭而遣之。允聞之，謂東宮博士管恬曰：「崔公其不免乎！苟逞其非，而校勝於上，何以勝濟。」

遼東公翟黑子有寵於世祖，奉使并州，受布千匹，事尋發覺。黑子請計於允曰：「主上問我，爲首爲諱乎？」允曰：「公帷幄寵臣，答詔宜實。又自告忠誠，罪必無慮。」中書侍郎崔覽、公孫質等咸言首實罪不可測，宜諱之。黑子以覽等爲親己，而反怒允曰：「如君言，誘我死，何其不直！」遂與允絕。黑子以不實對，竟爲世祖所疏，終獲罪戮。

是時，著作令史閔湛、郄摽性巧佞，爲浩信待。見浩所注詩、論語、尚書、易，遂上疏，言馬、鄭、王、賈雖注述六經，並多疏謬，不如浩之精微。乞收境內諸書，藏之祕府。班浩所注，命天下習業。并求敕浩注禮傳，令後生得觀正義。浩亦表薦湛有著述之才。既而勸浩刊所撰國史于石，用垂不朽，欲以彰浩直筆之跡。允聞之，謂著作郎宗欽曰：「閔湛所營，分寸之間，恐爲崔門萬世之禍。吾徒無類矣。」未幾而難作。

初，浩之被收也，允直中書省。恭宗使東宮侍郎吳延召允，仍留宿宮內。翌日，恭宗入奏世祖，命允驂乘。至宮門，謂曰：「入當見至尊，吾自導卿。脫至尊有問，但依吾語。」允請曰：「爲何等事也？」恭宗曰：「入自知之。」既入見帝。恭宗曰：「中書侍郎高允自在臣宮，同處累年，小心密愼，臣所委悉。雖與浩同事，然允微賤，制由於浩。請赦其命。」世祖召允，謂曰：「國書皆崔浩作不？」允對曰：「太祖記，前著作郎鄧淵所撰。先帝記及今記，臣與浩同作。然浩綜務處多，總裁而已。至於注疏，臣多於浩。」世祖大怒曰：「此甚於浩，安有生路！」恭宗曰：「天威嚴重，允是小臣，迷亂失次耳。臣向備問，皆云浩作。」世祖問：「如東宮言不？」允曰：「臣以下才，謬參著作，犯逆天威，罪應滅族，今已分死，不敢虛妄。殿下以臣侍講日久，哀臣乞命耳。實不問臣，臣無此言。臣以實對，不敢迷亂。」世祖謂恭宗曰：「直哉！此亦人情所難，而能臨死不移，不亦難乎！且對君以實，貞臣也。如此言，寧失一有罪，宜宥之。」允竟得免。於是召浩前，使人詰浩。浩惶惑不能對。允事事申明，皆有條理。

時世祖怒甚，敕允爲詔，自浩已下、僮吏已上百二十八人皆夷五族。允持疑不爲，頻詔催切。允乞更一見，然後爲詔。詔引前，允曰：「浩之所坐，若更有餘釁，非臣敢知。直以犯觸，罪不至死。」世祖怒，命介士執允。恭宗拜請。世祖曰：「無此人忿朕，當有數千口死矣。」浩竟族滅，餘皆身死。宗欽臨刑，歎曰：「高允其殆聖乎！」

恭宗後讓允曰：「人當知機，不知機，學復何益？當爾之時，吾導卿端緖，何故不從人言，怒帝如此。每一念之，使人心悸。」允曰：「臣東野凡生，本無宦意。屬休延之會，應旌弓之舉，釋褐鳳池，仍參麟閣，尸素官榮，妨賢已久。夫史籍者，帝王之實錄，將來之炯戒，今之所以觀往，後之所以知今。是以言行舉動，莫不備載，故人君愼焉。然浩世受殊遇，榮曜當時，孤負聖恩，自貽灰滅。卽浩之跡，時有可論。浩以蓬蒿之才，荷棟梁之重，在朝無謇諤之節，退私無委蛇之稱，私欲沒其公廉，愛憎蔽其直理，此浩之責也。至於書朝廷起居之跡，言國家得失之事，此亦爲史之大體，未爲多違。然臣與浩實同其事，死生榮辱，義無獨殊。誠荷殿下大造之慈，違心苟免，非臣之意。」恭宗動容稱歎。允後與人言，我不奉東宮導旨者，恐負翟黑子。

恭宗季年，頗親近左右，營立田園，以取其利。允諫曰：「天地無私，故能覆載；王者無私，故能包養。昔之明王，以至公宰物，故藏金於山，藏珠於淵，示天下以無私，訓天下以至儉。故美聲盈溢，千載不衰。今殿下國之儲貳，四海屬心，言行舉動，萬方所則，而營立私田，畜養鷄犬，乃至販酤市鄽，與民爭利，議聲流布，不可追掩。夫天下者，殿下之天下，富有四海，何求而不獲，何欲而弗從，而與販夫販婦競此尺寸。昔虢之將亡，神乃下降，賜之土田，卒喪其國。漢之靈帝，不修人君之重，好與宮人列肆販賣，私立府藏，以營小利，卒有顚覆傾亂之禍。前鑒若此，甚可畏懼。夫爲人君者，必審於擇人。故稱知人則哲，惟帝難之。商書云『無邇小人』，孔父有云，小人近之則不遜，遠之則怨矣。武王愛周、邵、齊、畢，所以王天下。殷紂愛飛廉、惡來，所以喪其國。歷觀古今存亡之際，莫不由之。今東宮誠曰乏人，儁乂不少。頃來侍御左右者，恐非在朝之選。故願殿下少察愚言，斥出佞邪，親近忠良，所在田園，分給貧下，畜產販賣，以時收散。如此則休聲日至，謗議可除。」恭宗不納。

恭宗之崩也，允久不進見。後世祖召，允昇階歔欷，悲不能止。世祖流淚，命允使出。左右莫知其故，相謂曰：「高允無何悲泣，令至尊哀傷，何也？」世祖聞之，召而謂曰：「汝不知高允悲乎？」左右曰：「臣等見允無言而泣，陛下爲之悲傷，是以竊言耳。」世祖曰：「崔浩誅時，允亦應死，東宮苦諫，是以得免。今無東宮，允見朕因悲耳。」

允表曰：「往年被敕，令臣集天文災異，使事類相從，約而可觀。臣聞箕子陳謨而洪範作，宣尼述史而春秋著，皆所以章明列辟，景測皇天者也。故先其善惡而驗以災異，隨其失得而效以禍福，天人誠遠，而報速如響，甚可懼也。自古帝王莫不尊崇其道而稽其法數，以自修飭。厥後史官並載其事，以爲鑒誡。漢成帝時，光祿大夫劉向見漢祚將危，權歸外戚，屢陳妖眚而不見納。遂因洪範、春秋災異報應者而爲其傳，覬以感悟人主，而終不聽察，卒以危亡。豈不哀哉！伏惟陛下神武則天，叡鑒自遠，欽若稽古，率由舊章，前言往行，靡不究鑒，前皇所不逮也。臣學不洽聞，識見寡薄，懼無以裨廣聖聽，仰酬明旨。今謹依洪範傳、天文志撮其事要，略其文辭，凡爲八篇。」世祖覽而善之，曰：「高允之明災異，亦豈減崔浩乎？」及高宗即位，允頗有謀焉。司徒陸麗等皆受重賞，允既不蒙褒異，又終身不言。其忠而不伐，皆此類也。

給事中郭善明，性多機巧，欲逞其能，勸高宗大起宮室。允諫曰：「臣聞太祖道武皇帝既定天下，始建都邑。其所營立，非因農隙，不有所興。今建國已久，宮室已備，永安前殿足以朝會萬國，西堂溫室足以安御聖躬，紫樓臨望可以觀望遠近。若廣修壯麗爲異觀者，宜漸致之，不可倉卒。計斫材運土及諸雜役須二萬人，丁夫充作，老小供餉，合四萬人，半年可訖。古人有言：一夫不耕，或受其飢；一婦不織，或受其寒。況數萬之衆，其所損廢，亦以多矣。推之於古，驗之於今，必然之效也。誠聖主所宜思量。」高宗納之。

允以高宗纂承平之業，而風俗仍舊，婚娶喪葬，不依古式，允乃諫曰：

前朝之世，屢發明詔，禁諸婚娶不得作樂，及葬送之日歌謠、鼓舞、殺牲、燒葬，一切禁斷。雖條旨久頒，而俗不革變。將由居上者未能悛改，爲下者習以成俗，敎化陵遲，一至於斯。昔周文以百里之地，修德布政，先於寡妻，及於兄弟，以至家邦，三分天下而有其二。明爲政者先自近始。詩云：「爾之教矣，民胥效矣。」人君舉動，不可不愼。

禮云：嫁女之家，三日不息燭；娶婦之家，三日不舉樂。今諸王納室，皆樂部給伎以爲嬉戲，而獨禁細民，不得作樂，此一異也。

古之婚者，皆揀擇德義之門，妙選貞閑之女，先之以媒娉，繼之以禮物，集僚友以重其別，親御輪以崇其敬，婚姻之際，如此之難。今諸王十五，便賜妻別居。然所配者，或長少差舛，或罪入掖庭，而作合宗王，妃嬪藩懿。失禮之甚，無復此過。往年及今，頻有檢劾。誠是諸王過酒致責，跡其元起，亦由色衰相棄，致此紛紜。今皇子娶妻，多出宮掖，令天下小民，必依禮限，此二異也。

萬物之生，靡不有死，古先哲王，作爲禮制，所以養生送死，折諸人情。若毁生以奉死，則聖人所禁也。然葬者藏也，死者不可再見，故深藏之。昔堯葬穀林，農不易畝；舜葬蒼梧，市不改肆。秦始皇作爲地市，下固三泉，金玉寶貨不可計數，死不旋踵，尸焚墓掘。由此推之，堯舜之儉，始皇之奢，是非可見。今國家營葬，費損巨億，一旦焚之，以爲灰燼。苟靡費有益於亡者，古之臣奚獨不然。今上爲之不輟，而禁下民之必止，此三異也。

古者祭必立尸，序其昭穆，使亡者有憑，致食饗之禮。今已葬之魂，人直求貌類者事之如父母，燕好如夫妻，損敗風化，瀆亂情禮，莫此之甚。上未禁之，下不改絕，此四異也。

夫饗者，所以定禮儀，訓萬國，故聖王重之。至乃爵盈而不飲，肴乾而不食，樂非雅聲則不奏，物非正色則不列。今之大會，內外相混，酒醉喧譊，罔有儀式。又俳優鄙藝，〔四〕汚辱視聽。朝庭積習以爲美，而責風俗之淸純，此五異也。

今陛下當百王之末，踵晉亂之弊，而不矯然釐改，以厲頹俗，臣恐天下蒼生，永不聞見禮教矣。

允言如此非一，高宗從容聽之。或有觸迕，帝所不忍聞者，命左右扶出。事有不便，允輒求見，高宗知允意，逆屛左右以待之。禮敬甚重，晨入暮出，或積日居中，朝臣莫知所論。

或有上事陳得失者，高宗省而謂羣臣曰：「君父一也，父有是非，子何爲不作書於人中諫之，使人知惡，而於家內隱處也。豈不以父親，恐惡彰於外也。今國家善惡，不能面陳而上表顯諫，此豈不彰君之短，明己之美。至如高允者，眞忠臣矣。朕有是非，常正言面論，至朕所不樂聞者，皆侃侃言說，無所避就。朕聞其過，而天下不知其諫，豈不忠乎！汝等在左右，曾不聞一正言，但伺朕喜時求官乞職。汝等把弓刀侍朕左右，徒立勞耳，皆至公王。此人把筆匡我國家，不過作郎。汝等不自愧乎？」於是拜允中書令，著作如故。司徒陸麗曰：「高允雖蒙寵待，而家貧布衣，妻子不立。」高宗怒曰：「何不先言！今見朕用之，方言其貧。」是日幸允第，惟草屋數間，布被縕袍，厨中鹽菜而已。高宗歎息曰：「古人之淸貧豈有此乎！」卽賜帛五百匹、粟千斛，拜長子忱爲綏遠將軍、長樂太守。允頻表固讓，高宗不許。初與允同徵游雅等多至通官封侯，及允部下吏百數十人亦至刺史二千石，而允爲郎二十七年不徙官。時百官無祿，允常使諸子樵采自給。

初，尙書竇瑾坐事誅，瑾子遵亡在山澤，遵母焦沒入縣官。後焦以老得免，瑾之親故，莫有恤者。允愍焦年老，保護在家。積六年，遵始蒙赦。其篤行如此。轉太常卿，本官如故。允上代都賦，因以規諷，亦二京之流也。文多不載。時中書博士索敞與侍郎傅默、梁祚論名字貴賤，著議紛紜。允遂著名字論以釋其惑，甚有典證。復以本官領祕書監，解太常卿，進爵梁城侯，加左將軍。

初，允與游雅及太原張偉同業相友，雅嘗論允曰：「夫喜怒者，有生所不能無也。而前史載卓公寬中，文饒洪量，褊心者或之弗信。余與高子遊處四十年矣，未嘗見其是非慍喜之色，不亦信哉。高子內文明而外柔弱，其言吶吶不能出口，余常呼爲『文子』。崔公謂余云：『高生豐才博學，一代佳士，所乏者矯矯風節耳。』余亦然之。司徒之譴，起於纖微，及於詔責，崔公聲嘶股戰不能言，宗欽已下伏地流汗，都無人色。高子敷陳事理，申釋是非，辭義清辯，音韻高亮。明主爲之動容，聽者無不稱善。仁及僚友，保茲元吉，向之所謂矯矯者，更在斯乎？宗愛之任勢也，威振四海。嘗召百司於都坐，王公以下，望庭畢拜，高子獨昇階長揖。由此觀之，汲長孺可臥見衞青，何抗禮之有！向之所謂風節者，得不謂此乎？知人固不易，人亦不易知。吾既失之於心內，崔亦漏之於形外。鍾期止聽於伯牙，夷吾見明於鮑叔，良有以也。」其爲人物所推如此。

高宗重允，常不名之，恒呼爲「令公」。「令公」之號，播於四遠矣。高宗崩，顯祖居諒闇，乙渾專擅朝命，謀危社稷。文明太后誅之，引允禁中，參決大政。又詔允曰：「自頃以來，庠序不建，爲日久矣。道肆陵遲，學業遂廢，子衿之歎，復見于今。朕既纂統大業，八表晏寧，稽之舊典，欲置學官於郡國，使進修之業，有所津寄。卿儒宗元老，朝望舊德，宜與中、祕二省參議以聞。」允表曰：「臣聞經綸大業，必以教養爲先；咸秩九疇，亦由文德成務。故辟雍光於周詩，泮宮顯於魯頌。自永嘉以來，舊章殄滅。鄉閭蕪沒雅頌之聲，京邑杜絕釋奠之禮。

道業陵夷，百五十載。仰惟先朝每欲憲章昔典，經闡素風，方事尚殷，弗遑克復。陛下欽明文思，纂成洪烈，萬國咸寧，百揆時敍。申祖宗之遺志，興周禮之絕業，爰發德音，惟新文教。搢紳黎獻，莫不幸甚。臣承旨敕，並集二省，披覽史籍，備究典紀，靡不敦儒以勸其業，貴學以篤其道。伏思明詔，玄同古義。宜如聖旨，崇建學校以厲風俗。使先王之道，光演於明時；郁郁之音，流聞於四海。請制大郡立博士二人、助教四人、學生一百人，次郡立博士二人、助教二人、學生八十人，中郡立博士一人、助教二人、學生六十人，下郡立博士一人、助教一人、學生四十人。其博士取博關經典、世履忠清、堪爲人師者，年限四十以上。助教亦與博士同，年限三十以上。若道業夙成，才任教授，不拘年齒。學生取郡中清望，人行修謹，堪循名教者，先盡高門，次及中第。」顯祖從之。郡國立學，自此始也。

後允以老疾，頻上表乞骸骨，詔不許。於是乃著告老詩。又以昔歲同徵，零落將盡，感逝懷人，作徵士頌，蓋止於應命者，其有命而不至，則闕焉。羣賢之行，舉其梗概矣。今著之於左：

中書侍郎、固安伯范陽盧玄子眞

郡功曹史博陵崔綽茂祖

河內太守、下樂侯廣寧燕崇玄略

上黨太守、高邑侯廣寧常陟公山
征南大將軍從事中郎勃海高毗子翼
征南大將軍從事中郎勃海李欽道賜〔五〕
河西太守、饒陽子博陵許堪祖根
中書郎、新豐侯京兆杜銓士衡
征西大將軍從事中郎京兆韋閬友規
京兆太守趙郡李詵令孫
太常博士、鉅鹿公趙郡李靈虎符
中書郎中、卽丘子趙郡李遐仲熙〔六〕
營州刺史、建安公太原張偉仲業
輔國大將軍從事中郎范陽祖邁
征東大將軍從事中郎范陽祖侃士倫
東郡太守、蒲縣子中山劉策
濮陽太守、眞定子常山許琛
行司隸校尉、中都侯西河宋宣道茂

中書郎燕郡劉遐彥鑒
中書郎、武恒子河間邢穎宗敬〔七〕
滄水太守、浮陽侯勃海高濟叔民
太平太守、平原子鴈門李熙士元〔八〕
祕書監、梁郡公廣平游雅伯度
廷尉正、安平子博陵崔建興祖
廣平太守、列人侯西河宋愔
州主簿長樂潘天符
郡功曹長樂杜熙
征東大將軍從事中郎中山張綱
中書郎上谷張誕叔術
祕書郎鴈門王道雅
祕書郎鴈門閔弼
衞大將軍從事中郎中山郎苗
大司馬從事中郎上谷侯辯

陳留郡太守、高邑子趙郡呂季才

夫百王之御士也，莫不資伏羣才，以隆治道。故周文以多士克寧，漢武以得賢爲盛。此載籍之所記，由來之常義。魏自神麍已後，宇內平定，誅赫連積世之僭，掃窮髮不羈之寇，南摧江楚，西盪涼域，殊方之外，慕義而至。於是偃兵息甲，修立文學，登延儁造，酬諮政事。夢想賢哲，思遇其人，訪諸有司，以求名士。咸稱范陽盧玄等四十二人，皆冠冕之胄，著問州邦，有羽儀之用。親發明詔，以徵玄等。乃曠官以待之，懸爵以縻之。其就命三十五人，自餘依例州郡所遣者不可稱記。爾乃髦士盈朝，而濟濟之美興焉。昔與之俱蒙斯舉，或從容廊廟，或游集私門，上談公務，下盡忻娛，以爲千載一時，始於此矣。日月推移，吉凶代謝，同徵之人，凋殲殆盡。在者數子，然復分張。往昔之忻，變爲悲戚。張仲業東臨營州，遲其還返，一敍于懷，齊衿于垂歿之年，寫情於桑楡之末。其人不幸，復至殞歿。在朝者皆後進之士，居里者非疇昔之人，進涉無寄心之所，出入無解顏之地。顧省形骸，所以永歎而不已。夫頌者美盛德之形容，亦可以長言寄意。不爲文二十年矣，然事切於心，豈可默乎？遂爲之頌，詞曰：

紫氣干霄，羣雄亂夏，王襲徂征，戎車屢駕。掃盪游氛，克剪妖霸，四海從風，八垠漸化。政敎無外，既寧且一，偃武櫜兵，唯文是恤。帝乃旁求，搜賢舉逸，巖隱投竿，異人並出。

亹亹盧生，量遠思純，鑽道據德，遊藝依仁。旌弓既招，釋褐投巾，攝齊升堂，嘉謀日陳。自東徂南，躍馬馳輪，僭馮影附，〔九〕劉以和親。

茂祖煢單，夙離不造，克己勉躬，聿隆家道。敦心六經，遊思文藻，終辭寵命，以之自保。

燕、常篤信，百行靡遺，位不苟進，任理栖遲。居沖守約，好讓善推，思賢樂古，如渴如飢。

子翼致遠，道賜悟深，相期以義，相和若琴。並參幕府，俱發德音，優遊卒歲，聊以寄心。

祖根運會，克光厥猷，仰緣朝恩，俯因德友。功雖後建，祿實先受，班同舊臣，位並羣后。

士衡孤立，内省靡疚，言不崇華，交不遺舊。以產則貧，論道則富，所謂伊人，實邦之秀。

卓矣友規，稟茲淑亮，存彼大方，擯此細讓。神與理冥，形隨流浪，雖屈王侯，莫廢其尚。

趙實名區，世多奇士，山岳所鍾，挺生三李。矯矯清風，抑抑容止，初九而潛，望雲而起。詵尹西都，靈惟作傳，垂訓皇宮，載理雲霧。熙雖中夭，迹階郎署，餘塵可挹，終亦顯著。

仲業淵長，雅性清到，憲章古式，綢繆典誥。時值險難，常一其操。納衆以仁，訓下以孝，化被龍川，民歸其敎。

邁則英賢，侃亦稱選，聞達邦家，名行素顯。志在兼濟，豈伊獨善，繩匠弗顧，功不獲展。

劉、許履忠，竭力致躬，出能騁說，入獻其功。輶軒一舉，撓燕下崇，名彰魏世，享業亦隆。

道茂夙成，弱冠播名，與朋以信，行物以誠。怡怡昆弟，穆穆家庭，發響九皐，翰飛紫冥。頻在省闥，亦司于京，刑以之中，政以之平。

猗歟彥鑒，思參文雅，率性任眞，器成非假。靡矜于高，莫耻于下，乃謝朱門，歸迹林野。

宗敬延譽，號爲四儁，華藻雲飛，金聲夙振。中遇沈痾，賦詩以訊，忠顯于辭，理出于韻。

高滄朗達，默識淵通，領新悟異，發自心胸。質侔和璧，文炳雕龍，燿姿天邑，衣錦舊邦。

士元先覺，介焉不惑，振袂來庭，始賓王國。蹈方履正，好是繩墨，淑人君子，其儀不忒。

孔稱游夏，漢美淵雲，越哉伯度，出類踰羣。司言祕閣，作牧河汾，移風易俗，理亂解紛。融彼滯義，渙此潛文，儒道以析，九流以分。

崔、宋二賢，誕性英偉，擢穎閭閻，聞名象魏。謇謇儀形，邈邈風氣，達而不矜，素而能貴。

潘符摽尙，杜熙好和，清不潔流，渾不同波。絕希龍津，止分常科，幽而逾顯，損而逾多。

張綱柔謙，叔術正直，道雅洽聞，弼爲兼識。拔萃衡門，俱漸鴻翼，發憤忘餐，豈要斗食。率禮從仁，罔愆于式，失不繫心，得不形色。

郎苗始舉，用均已試，智足周身，言足爲治。性協於時，情敏於事，與今而同，與古曷異。

物以利移，人以酒昏，侯生潔己，唯義是敦。日縱醇醪，逾敬逾溫，其在私室，如涉公門。

季才之性，柔而執競，屆彼南秦，申威致命。誘之以權，矯之以正，帝道用光，邊土納慶。

羣賢遭世，顯名有代，志竭其忠，才盡其概。體襲朱裳，腰紐雙佩，榮曜當時，風高千載。君臣相遇，理實難偕，昔因朝命，舉之克諧。〔一〇〕披衿散想，解帶舒懷，此忻如昨，存亡奄乖。靜言思之，中心九摧，揮毫頌德，漼爾增哀。

皇興中，詔允兼太常，至兗州祭孔子廟，謂允曰：「此簡德而行，勿有辭也。」後允從顯祖北伐，大捷而還，至武川鎮，上北伐頌，其詞曰：「皇矣上天，降鑒惟德，眷命有魏，照臨萬國。禮化丕融，王猷允塞，靜亂以威，穆民以則。北虜舊隸，禀政在蕃，往因時□，逃命北轅。世襲凶軌，背忠食言，招亡聚盜，醜類實繁。敢率犬羊，圖縱猖蹶，乃詔訓師，興戈北伐。躍馬裹糧，星馳電發，撲討虔劉，肆陳斧鉞。斧鉞暫陳，馘翦厥旅，積骸塡谷，流血成浦。元兇狐奔，假息窮墅，爪牙既摧，腹心亦阻。周之忠厚，存及行葦，翼翼聖明，有兼斯美。澤被京觀，垂此仁旨，封尸野獲，惠加生死。生死蒙惠，人欣覆育，理貫幽冥，澤漸殊域。物歸其誠，神獻其福，遐邇斯懷，無思不服。古稱善兵，歷時始捷，今也用師，辰不及浹。六軍克合，萬邦以協，義著春秋，功銘玉牒，載興頌聲，播之來葉。」顯祖覽而善之。

又顯祖時有不豫，以高祖沖幼，欲立京兆王子推，集諸大臣以次召問。允進跪上前，涕泣曰：「臣不敢多言，以勞神聽，願陛下上思宗廟託付之重，追念周公抱成王之事。」顯祖於是傳位於高祖，賜帛千匹，以標忠亮。又遷中書監，加散騎常侍。雖久典史事，然而不能專勤屬述，時與校書郎劉模有所緝綴，大較續崔浩故事，準春秋之體，而時有刊正。自高宗迄于顯祖，軍國書檄，多允文也。末年乃薦高閭以自代。以定議之勳，進爵咸陽公，加鎮東將軍。

尋授使持節、散騎常侍、征西將軍、懷州刺史。允秋月巡境，問民疾苦。至邵縣，見邵公廟廢毀不立，乃曰：「邵公之德，闕而不禮，爲善者何望。」乃表聞修葺之。允於時年將九十矣，勸民學業，風化頗行。然儒者優遊，不以斷決爲事。後正光中，中散大夫、中書舍人河內常景追思允，帥郡中故老，爲允立祠於野王之南，樹碑紀德焉。

太和二年，又以老乞還鄉里，十餘章，上卒不聽許，遂以疾告歸。其年，詔以安車徵允，敕州郡發遣。至都，拜鎮軍大將軍，領中書監。固辭不許。又扶引就內，改定皇誥。允上酒訓曰：

臣被敕論集往世酒之敗德，以爲酒訓。臣以朽邁，人倫所棄，而殊恩過隆，錄臣於將殁之年，勗臣於已墜之地。奉命驚惶，喜懼兼甚，不知何事可以上答。伏惟陛下以叡哲之姿，撫臨萬國，太皇太后以聖德之廣，濟育羣生。普天之下，罔不稱賴。然日昃憂勤，虛求不已，思監往事，以爲警戒。此之至誠，悟通百靈，而況於百官士民。不勝踴躍，謹竭其所見，作酒訓一篇。但臣愚短，加以荒廢，辭義鄙拙，不足觀採。伏願聖慈，體臣悾悾之情，恕臣狂瞽之意。其詞曰：

自古聖王，其爲饗也，玄酒在堂而醴酒在下，所以崇本重原，降於滋味。雖汎爵旅行，不及於亂。故能禮章而敬不虧，事畢而儀不忒。非由斯致，是失其道。將何以範時軌物，垂之於世？歷觀往代成敗之效，吉凶由人，不在數也。商辛耽酒，殷道以之亡；公旦陳誥，周德以之昌。子反昏酣而致斃，穆生不飲而身光。或長世而爲戒，或百代而流芳。酒之爲狀，變惑情性，雖曰哲人，孰能自競。在官者殆於政也，爲下者慢於令也，聰達之士荒於聽也，柔順之倫興於諍也，久而不悛，致於病也。豈止於病，乃損其命。諺亦有云：其益如毫，其損如刀。言所益者止於一味之益，不亦寡乎。言所損者夭年亂志，夭亂之損，不亦夥乎。無以酒荒而陷其身，無以酒狂而喪其倫。迷邦失道，流浪漂津。不師不遵，反將何因。詩不言乎，「如切如瑳，如琢如磨」，朋友之義也。作官以箴之，申謨以禁之，君臣之道也。其言也善，則三覆而佩之；言之不善，則哀矜而貸之。此實先王納規之意。往者有晉，士多失度，肆散誕以爲不羈，縱長酣以爲高達，調酒之頌，〔一〕以相眩曜。稱堯舜有千鍾百觚之飲，著非法之言，引大聖爲譬，以則天之明，豈其然乎？且子思有云，夫子之飲，不能一升。以此推之，千鍾百觚皆爲妄也。

今大魏應圖，重明御世，化之所曁，無思不服，仁風敦洽於四海。太皇太后以至德之隆，誨而不倦，憂勤備於皇情，誥訓行於無外。故能道協兩儀，功同覆載。仁恩下逮，罔有不遵，普天率土，靡不蒙賴。在朝之士，有志之人，宜克己從善，履正存貞。節酒以爲度，順德以爲經。悟昏飲之美疾，審敬愼之彌榮。遵孝道以致養，顯父母而揚名。蹈閔曾之前軌，遺仁風於後生。仰以答所授，俯以保其成。可不勉歟！可不勉歟！

高祖悅之，常置左右。

詔允乘車入殿，朝賀不拜。明年，詔允議定律令。雖年漸期頤，而志識無損，猶心存舊職，披考史書。又詔曰：「允年涉危境，而家貧養薄。可令樂部絲竹十人，五日一詣允，以娛其志。」特賜允蜀牛一頭，四望蜀車一乘，素几杖各一，蜀刀一口。又賜珍味，每春秋常致之。尋詔朝晡給膳，朔望致牛酒，衣服綿絹，每月送給。允皆分之親故。是時貴臣之門，皆羅列顯官，而允子弟皆無官爵。其廉退若此。遷尚書、散騎常侍，時延入，備几杖，問以政治。十年，加光祿大夫、金章紫綬。朝之大議，皆咨訪焉。魏初法嚴，朝士多見杖罰。允歷事五帝，出入三省，五十餘年，初無譴咎。初，眞君中以獄訟留滯，始令中書以經義斷諸疑事。允據律評刑，三十餘載，內外稱平。允以獄者民之命也，常歎曰：「皐陶至德也，其後英蓼先亡，劉項之際，英布黥而王。經世雖久，猶有刑之餘釁。況凡人能無咎乎？」

其年四月，有事西郊，詔以御馬車迎允就郊所板殿觀矚。馬忽驚奔，車覆，傷眉三處。高祖、文明太后遣醫藥護治，存問相望。司駕將處重坐，允啓陳無恙，乞免其罪。先是，命中黃門蘇興壽扶持允，曾雪中遇犬驚倒，扶者大懼。允慰勉之，不令聞徹。興壽稱共允接事三年，未嘗見其忿色。恂恂善誘，誨人不倦。晝夜手常執書，吟詠尋覽。篤親念故，虛己存納。雖處貴重，志同貧素。性好音樂，每至伶人弦歌鼓舞，常擊節稱善。又雅信佛道，時設齋講，好生惡殺。性又簡至，不妄交遊。顯祖平青齊，徙其族望於代。時諸士人流移遠至，率皆飢寒。徙人之中，多允姻媾，皆徒步造門。允散財竭產，以相贍賑，慰問周至。無不感其仁厚。收其才能，表奏申用。時議者皆以新附致異，允謂取材任能，無宜抑屈。先是，允被召在方山作頌，志氣猶不多損，談說舊事，了無所遺。十一年正月卒，年九十八。

初，允每謂人曰：「吾在中書時有陰德，濟救民命。若陽報不差，吾壽應享百年矣。」先卒旬外，微有不適。猶不寢臥，呼醫請藥，出入行止，吟詠如常。高祖、文明太后聞而遣醫李脩往脉視之，告以無恙。脩入，密陳允榮衞有異，懼其不久。於是遣使備賜御膳珍羞，自酒米至於鹽醢百有餘品，皆盡時味，及牀帳、衣服、茵被、几杖，羅列於庭。王官往還，慰問相屬。允喜形於色，語人曰：「天恩以我篤老，大有所賚，得以贍客矣。」表謝而已，不有他慮。如是數日，夜中卒，家人莫覺。詔給絹一千匹、布二千匹、綿五百斤、錦五十匹、雜綵百匹、穀千斛以周喪用。魏初以來，存亡蒙賚者莫及焉，朝庭榮之。將葬，贈侍中、司空公、冀州刺史，將軍、公如故，謚曰文，賜命服一襲。允所製詩賦誄頌箴論表讚，左氏、公羊釋，毛詩拾遺，論雜解，〔三〕議何鄭膏肓事，凡百餘篇，別有集行於世。允明算法，爲算術三卷。子忱襲。

忱，字士和。以父任除綏遠將軍、長樂太守。爲政寬惠，民庶安之。後例降爵爲侯。尋卒。

孫貴賓，襲。除州治中，卒官。

忱弟懷，字士仁。任城王雲郎中令、大將軍從事中郎，授中散。恬淡退靜，不競世利，在散輩十八年不易官。太和中，除太尉東陽王諮議參軍而卒。

子綽，字僧裕。少孤，恭敏自立。身長八尺，腰帶十圍，沉雅有度量，博涉經史。太和十五年拜奉朝請、太尉法曹行參軍，尋兼尚書祠部郎。以母憂去職。久之，除治書侍御史，轉洛陽令。綽爲政强直，不避豪貴，邑人憚之。又詔參議律令。遷長兼國子博士，行潁川郡事。詔假節，行涇州刺史。延昌初，遷尚書右丞，參議壬子曆。肅宗初，司徒清河王懌司馬、冠軍，又隨懌遷太尉司馬。其年秋，大乘賊起於冀州，都督元遙率衆討之，詔綽兼散騎常侍，持節，以白虎幡軍前招慰。綽信著州里，降者相尋。軍還，除汲郡太守，固辭不拜。御史中尉元匡奏高聰及綽等朋附高肇，詔並原罪。俄行滎陽郡事，以本將軍出除豫州刺史。爲政清平，抑强扶弱，百姓愛之，流民歸附者二千餘戶。遷後將軍、并州刺史。正光三年冬，暴疾卒，年四十八。四年九月，詔贈安東將軍、冀州刺史，謚曰簡。

子炳，字仲彰。太尉行參軍，稍遷征虜將軍、開府掾。早卒。

允弟推，字仲讓，小名檀越，早有名譽。太延中，以前後南使不稱，妙簡行人。游雅薦推應選。詔兼散騎常侍使劉義隆，南人稱其才辯。遇疾卒於建業。朝廷悼惜之。喪還，贈輔國將軍、臨邑子，謚曰恭，賜命服衣冠。允爲之作誄。

推弟燮，字季和，小字淳于，亦有文才。世祖每詔徵，辭疾不應。恒譏笑允屈折久宦，栖泊京邑。常從容於家。州辟主簿。卒。

孫市賓，奉朝請、冀州京兆王愉城局參軍。愉構逆，市賓逃歸京。後除青州安南府司馬。永熙中，冠軍將軍、開府從事中郎。

始神䴥中，允與從叔濟、族兄毗及同郡李金俱被徵。

濟，字叔民。初補中書博士，又爲楚王傅。眞君中，假員外常侍，賜爵浮陽子，使於劉義隆。世祖臨江，於行所除盱眙太守，後超授游擊將軍。尋出除滄水太守。卒，年六十七。贈鎭遠將軍、冀州刺史，謚曰宣。

子矯，襲。卒，子師襲。

師，字孝則，有學識。歷詹事丞、太子舍人、尚書主客郎。轉通直散騎侍郎、從事正員郎。累遷光祿少卿，行涇州事。卒，贈龍驤將軍、河州刺史。

子和仁，字德舒，襲。釋褐員外散騎侍郎，領殿中御史。少淸簡，有文才，曾爲五言詩贈太尉屬盧仲宣，仲宣甚歎重之。常有高尙之志。後爲洛州錄事參軍，不赴，服餌於汲郡白鹿山。未幾卒，時人悼惜之。

和仁弟德偉，武定末，東宮齋帥。

矯弟遵，自有傳。

毗，字子翼，鄉邑稱爲長者。官至從事中郎。

孫當，尚書郎。卒，贈樂陵太守，謚曰恭。

初，允所引劉模者，長樂信都人也。少時竊遊河表，遂至河南，尋復潛歸。頗涉經籍，微有注疏之用。允領祕書、典著作，選爲校書郎。允修撰國記，與俱緝著。常令模持管籥，每日同入史閣，接膝對筵，屬述時事。允年已九十，〔一三〕目手稍衰，多遣模執筆而指授裁斷之。如此者五六歲。允所成篇卷，著論上下，模預有功焉。太和初，模遷中書博士，與李彪爲僚友，並相愛好。至於訓導國胄，甄明風範，遠不及彪也。出除潁州刺史。〔一四〕王肅之歸闕，路經懸瓠，羇旅窮悴，時人莫識。模獨給所須，弔待以禮。肅深感其意。及肅臨豫州，模猶在郡，微報復之，由是爲新蔡太守。在二郡積十年，寬猛相濟，頗有治稱。正始元年，復出爲陳留太守。時年七十餘矣，而飾老隱年，昧禁自效。遂家於南潁川，不復歸其舊鄉矣。

子懷恕，聰率多□。甚收潁川情和。至襄威將軍、本州冠軍府功曹參軍。

懷恕弟懷遜，頗解醫術。歷位給事中。卒於左軍將軍、鎮遠將軍。

史臣曰：依仁遊藝，執義守哲，其司空高允乎？蹈危禍之機，抗雷電之氣，處死夷然，忘身濟物，卒悟明主，保己全身。自非體隣知命，鑒照窮達，亦何能以若此？宜其光寵四世，終享百齡，有魏以來，斯人而已。僧裕學治有聞，聿修之義也。

校勘記

〔一〕冬十月日在尾箕　北史卷三一高允傳「日」下有「旦」字。按下云「昏沒於申南」，則這裏當有「旦」字。

〔二〕李虛　北史卷三一「虛」作「靈」。按卷四九李靈傳不載此事。卷五二胡方回傳、卷五四游雅傳、卷一一一刑罰志都不載李靈或李虛參加這次律令的修定。但李靈這時是中書侍郎，同時未見有侍郎「李虛」其人，疑「虛」是「靈」之訛。

〔三〕若勤之則畝益三斗不勤則畝損三斗　諸本及北史「斗」並作「升」，御覽卷四五四二〇八七頁作「斗」。按漢書卷二四食貨志引李悝說「畝益三升」，臣瓚和顏師古都說「升」當作「斗」。這裏稱「百里則田三萬七千頃」，又說「方百里損益之率爲粟二百二十二萬斛」。每畝損益共六斗，三萬七千頃正得二百二十二萬斛。知作「斗」是，今據御覽改。

〔四〕又俳優鄙藝　北史卷三一「藝」作「褻」。「藝」字當是形訛，但也可通，今不改。

〔五〕征南大將軍從事中郎勃海李欽道賜　北史卷三三「欽」作「金」。按下文說允與「同郡李金同被徵」，卷七二李叔虎傳也說「從祖金，世祖神䴥中與高允俱被徵」，疑作「金」是。

〔六〕中書郎中卽丘子趙郡李遐仲熙　張森楷云：「李順傳卷三六有族弟熙，字仲熙，神䴥中，與高允同被徵，拜中書博士，轉侍郎，封元氏子。與此不同。以下文徵士頌稱『熙雖中夭』觀之，則『熙』是而『遐』非。」按「中書郎中」下「中」字當是衍文。

〔七〕中書郎武恒子河間邢穎宗敬　張森楷北史校勘記云：「邢巒傳卷六五稱穎假平城子使宋，不云封『武恒子』，且地志亦無武恒縣，或『武垣』誤也。」

〔八〕太平太守平原子雁門李熙士元　北史卷三三「平原」作「原平」。按當時封邑，往往取本郡地名，雁門有原平縣，疑作「原平」是。

〔九〕僭馮影附　諸本「馮」作「憑」，北史卷三三作「馮」。按這幾句是說盧玄出使事。玄出使劉宋，見本書卷四七、北史卷三〇盧玄傳，又曾出使北燕馮弘，則魏書不載，只見北史玄傳。「僭馮」指馮弘，與下「劉以和親」句相對。「憑」字訛，今據北史改。

〔一〇〕舉之克諧　諸本及北史「舉」作「與」，獨百衲本作「舉」。按李慈銘云：「『與』，宋本作『舉』。」則李所見宋本同百衲本。這句上文云「君臣相遇，理實難偕」，接以「昔因朝命，舉之克諧」，「舉」卽指徵舉，不誤。今從百衲本。

〔一一〕調酒之頌　册府卷五二三六二四七頁「調」作「諷」，「酒」下有「德」字。疑是。

〔一二〕論雜解　按「論雜解」不可解，北史卷三一無「論」字，當連上文作「毛詩拾遺雜解」。但也可能「論」下脫「語」字。

〔一三〕允年已九十　張森楷云：「允以太和十一年卒，年九十八。此敍在太和前，則未及九十也。疑『九』當爲『八』，或『已』是『近』之誤。」按傳稱允自中書監出任懷州刺史時，「年將九十」。他典史事在官中書監時，下文又說「如此者五六歲」。若允出任懷州時「年將九十」，則遷中書監時，必不及九十。「九」疑是「八」之訛。

〔一四〕出除潁州刺史　汲本「州」作「川」，北史卷三一「潁州刺史」作「南潁川太守」。李慈銘、張森楷都以爲當作「潁川太守」。按下文說王肅「臨豫州，模猶在郡」，又說：「由是爲新蔡太守。在二郡，積十年。」二郡卽指新蔡和潁川或南潁川，分明是官潁川或南潁川太守，不是刺史。又潁川、新蔡屬豫州卷一〇六中地形志中，王肅是豫州刺史，才和劉模相關，若模作潁州刺史，王肅又如何能要他當新蔡太守。而且潁州於天平初置，武定七年改鄭州見地形志中，太和年間地屬司州，根本沒有潁州。這裏汲本作「潁川」是，「刺史」也當作「太守」。又當時司州也有潁川，是漢魏舊郡，豫州的潁川後置，相對於司州的潁川，故也稱「南潁川」。

魏書卷四十九

列傳第三十七

李靈　崔鑒

李靈，字虎符，趙郡人，高平公順從父兄也。父勰，字小同，恬靜好學，有聲趙魏。太祖平中原，聞勰已亡，哀惜之，贈宣威將軍、蘭陵太守。神䴥中，世祖徵天下才儁，靈至，拜中書博士，轉侍郎。從駕臨江，除淮陽太守。靈以學優溫謹，選授高宗經。後加建威將軍、中散、內博士，賜爵高邑子。高宗踐受，除平南將軍、洛州刺史而卒，時年六十三。帝追悼之，贈散騎常侍、平東將軍、定州刺史、鉅鹿公，謚曰簡。

子恢，襲子爵。高宗以恢師傅之子，拜員外散騎常侍、安西將軍、長安鎮副將，進爵爲侯，假鉅鹿公。皇興元年，鎮軍大將軍、東平王道符謀反，殺恢及雍州刺史魚玄明、雍州別駕李允等。恢時年四十八。顯祖愍之，追贈恢散騎常侍、鎮西將軍、定州刺史、鉅鹿公，謚曰貞。

恢長子悅祖，襲爵高邑侯，例降爲伯。卒。

子瑾，字伯瓊。太和中，拜奉朝請，後襲爵。轉司徒、廣陽王嘉集曹參軍，太尉、高陽王雍長流參軍，太尉、清河王懌記室參軍。後除中堅將軍、步兵校尉。葛榮反於河北，所在殘害，詔瑾持節兼吏部郎中、東北道弔慰大使。至冀州，值葛榮圍逼，敕授瑾防城都督。時瑾以二子自隨，次子戰死，瑾恐動人情，忍哀輟哭。城陷沒賊，既而走免。永安初，拜左將軍、太中大夫、殷州大中正，累遷衞將軍、右光祿大夫、太尉諮議參軍。天平初，除車騎將軍、大司農卿，中正如故。瑾淳謹好學，老而不倦。元象元年秋卒，年六十五。贈使持節、都督定瀛殷三州諸軍事、驃騎大將軍、司徒公、定州刺史。

子景威，襲。武定末，西汝陰太守。齊受禪，爵例降。

悅祖弟顯甫，本州別駕，遷步兵校尉。從駕南討，以功賜爵平棘子，行幷州事。尋除河北太守。卒，贈顯武將軍、安州刺史，謚曰威。

子元忠，武定中，驃騎大將軍、儀同三司、晉陽縣開國伯。

子播，武定末，河內太守。

顯甫次弟華，字寧夏。初爲羽林中郎、武騎侍郎、步兵校尉，轉直閤將軍、武衞將軍。華膂力過人，頗有將略，每從征伐，頻著軍功。賜爵欒城子，定州驃騎長史、輔國將軍、中山太守。卒，贈前將軍、幽州刺史。有八子。

長子構，襲爵，至通直散騎常侍。卒，贈殷州刺史。

次敬義，司徒長流參軍、兼光祿少卿、平北將軍、光祿大夫。卒，贈本將軍、殷州刺史。

次叔向，爲徐州鎧曹參軍，帶郭浦戍主。值刺史元法僧叛，逼入蕭衍。

次幼緒，早亡。

次季脩，博陵、常山二郡太守。

次世幹，次稚明，兄弟並不修名行，險暴無禮，爲時所賤。

華弟憑，字青龍。祕書主文中散，累遷冀州征東長史、太子中舍人。阿附趙脩，超遷司空長史、給事黃門侍郎、武衞將軍、定州大中正。坐脩黨免官。後除趙郡太守。卒。子道嘉，字同吉。豫州外兵參軍、汝陽太守。

同吉弟文衡，開府行參軍。

恢弟綜，行河間郡，早卒。

綜子遵，〔一〕字良軌，有業尚。初拜奉朝請、尚書度支郎。遷洛，爲營構將。高祖南伐，爲行臺郎。車駕還，拜太子步兵校尉。世宗初，轉步兵校尉，兼散騎侍郎副盧昶東北道使。

拜司空諮議，加中壘將軍。京兆王愉以征東將軍爲冀州刺史，遵爲愉府司馬。愉反，召集州府以告之，遵不從，爲愉所害。時年四十四。事平，詔賜帛二百匹，贈征虜將軍、幽州刺史，謚曰簡，拜子渾給事中。

渾，字季初。武定末，大司農卿。

渾弟繪，字敬文。齊王丞相府司馬。

繪弟系，〔三〕字乾經。少聰惠，有才學，與舅子河間邢昕少相倫輩，晚不逮之。初爲征東法曹參軍，後除奉車都尉，加寧遠將軍。尋拜大司馬廣陵王錄事參軍。府解，還鄉里。徵拜冠軍將軍、中散大夫。齊獻武王從子永樂爲濟州刺史，聞而請與相見，待以賓交之禮。及永樂薨，系送葬還都。蕭衍遣使朝貢，侍中李神儁舉系爲尙書南主客郎。系前後接對凡十八人，頗爲稱職。齊文襄王攝選，以系爲司徒諮議參軍，因謂之曰：「自郎署至此，所謂不次，以卿人才，故有此舉耳。」尋加征虜將軍。武定五年，兼散騎常侍使蕭衍，與其二兄前後將命，時人稱之。太尉高岳出討，以系爲大都督司馬。師還，拜太子家令。七年八月卒，時年四十六，時人傷惜之。齊初，贈平東將軍、北徐州刺史，謚曰文。

靈弟均，趙郡太守。

均子璨，字世顯。身長八尺五寸，衣貌魁偉。受學於梁祚。興安中，爲祕書中散、本州別駕，轉趙郡、常山二郡太守。遷中書郎，雅爲高允所知。天安初，劉彧徐州刺史薛安都舉彭城降，詔鎮南大將軍、博陵公尉元，鎮東將軍、城陽公孔伯恭等率衆迎之。〔三〕顯祖復以璨參二府軍事。軍達九里山，安都率文武出迎，元不加禮接。安都還城，使遂不至。時劉彧將張永、沈攸之等率衆先屯下礚，元令璨與中書郎高閭入彭城說安都，安都卽與俱載赴軍。元等入城，收管籥。其夜，永攻南門不克，退還。時永輜重在武原，璨勸元乘永之失據，攻永米船，大破之，斬首數千級。時大雪寒，永軍凍死者萬計，於是遂定淮北。加璨寧朔將軍，與張讜對爲兗州刺史，綏安初附。以參定徐州之功，賜爵始豐侯，加建武將軍。延興元年，年四十，卒，謚曰懿。

子元茂，太和八年襲爵。加建武將軍。以寬雅著稱。闕又例降。拜司徒司馬，尋除振威將軍、南征別將、彭城鎮副將，民吏安之。賞帛百匹、穀二百斛。太和二十年，年四十四，卒，贈顯武將軍、徐州刺史，謚曰順。

子秀之，字鳳起。初除京兆王參軍，轉員外散騎侍郎。襲爵，拜尙書都官郎。

秀之弟子雲，字鳳昇。司空參軍，轉外兵參軍、本州治中。

子雲弟子羽，字鳳降。征南法曹參軍。

子羽弟子岳，字鳳跱。員外郎、大司馬祭酒。秀之等早孤，事母孝謹，兄弟並容貌魁偉，風度審正，而皆早卒。

鳳昇子道宗，武定末，直閤將軍。

道宗弟道林，司徒中兵參軍。

元茂弟宣茂，太和初，拜中書博士。稍遷司空諮議，轉司馬，監營構事。出除寧朔將軍，試守正平郡，不拜。兼定州大中正。坐受鄉人財貨，爲御史所劾，除名爲民。從駕征新野，又從討樊鄧。持節、兼散騎常侍、東南二道使。景明中，除平陽太守，以罪左遷步兵校尉。正始初，除太中大夫，遷光祿大夫。宣茂議明堂之制，以五室爲長，與游肇往復，肇善之。遷平東將軍、幽州刺史。延昌二年卒，年五十九。遺言薄葬。贈本將軍、齊州刺史，謚曰惠。

子藉之，字脩遠。性謹正，粗涉書史。歷員外郎、給事中、司徒諮議參軍、前將軍、太中大夫。著忠誥一篇，文多不載。永熙初卒，年五十四。贈中軍將軍、定州刺史。

子徹，字伯倫。武定末，司空主簿。

藉之弟志，字敬遠，有氣尙。州主簿。

子長瑜，郡功曹。

敬遠弟幼遠，性粗暴，每爲劫盜，刺史錄殺之。

宣茂弟叔胤，舉秀才，著作佐郎。歷廣陵王諮議、南趙郡太守。在位九載，有政績。景明三年卒，年三十六。謚曰惠。

子弼，字延軌。位至相州錄事參軍。

弼弟翼，字景業。初爲盪寇將軍、齋帥。又除員外郎，遷尚書郎，仍齋帥。建義初，遇害河陰。贈平北將軍、定州刺史。

叔胤弟仲胤，自中書學生，歷公府主簿、從事中郎、諫議大夫、尚書左丞。卒，賜帛一百四、布五十四、綿五十斤，贈鎮遠將軍、光州刺史，謚曰恭。

少子子仁，尚書主客郎。

崔鑒，字神具，博陵安平人。父綽，少孤，學行修明，有名於世。與盧玄、高允、李靈等俱被徵，語在允傳。尋以母老固辭，後爲郡功曹而卒。鑒頗有文學，自中書博士轉侍郎。延興中受詔使齊州，觀省風俗，行兗州事。以功賜爵桐廬縣子。出爲奮威將軍、東徐州刺史。鑒欲安悅新附，民有年老者，表求假以守、令，詔從之。又於州內冶銅以爲農具，兵民獲利。卒，贈冠軍將軍、靑州刺史、安平侯，謚曰康。

子合，字貴和，少有時譽。襲爵桐廬子，爲中書學生、主文中散、太尉諮議參軍、本州大中正。出爲常山太守，卒於郡，時年二十七。

長子脩義，有風望，襲爵。自司徒默曹參軍再遷寧遠將軍、新野太守。還，除太尉掾，出爲冀州征東府長史。卒，年四十五。

長子放寬，襲爵。齊受禪，例降。

合弟秉，少有志氣。太和中，爲中書學生，拜奉朝請，轉徐州安東府錄事參軍。陽平王頤之爲定州，〔四〕秉復爲衞軍府錄事參軍，帶毋極令。時甄琛爲長史，因公事言競之間，秉以拳擊琛，墜於牀下。琛以本縣長，笑而不論。其豪率若此。

彭城王勰征壽春，秉從行，招致壯俠，以爲部卒。勰目之，謂左右曰：「吾當寄膽氣於此人。」後爲司空主簿，轉掾、城門校尉、長兼司空司馬。遷長史，加輔國將軍。出除左將軍、廣平內史，大納財貨，爲淸論所鄙。入爲司徒左長史。未幾，除平東將軍、光祿大夫。尋加安西將軍，出除燕州刺史。時天下多事，遂爲杜洛周攻圍。秉堅守歷年，朝庭遣都督元譚與秉第二子仲哲赴救。譚敗，仲哲死之。秉遂率城民奔定州，坐免官。尋除撫軍將軍，行相州事，轉征東將軍、金紫光祿大夫。

孝昌末，冀州流民聚於河外，因立東冀州，除秉爲刺史，加征東將軍。不之任。永安二年，遷衞將軍、右光祿大夫。秉年老被疾，上表辭事，詔不許。元顥入洛，秉避居陽武。二年，除散騎常侍、車騎將軍、左光祿大夫。太昌中，除驃騎大將軍、〔五〕儀同三司，常侍、左光祿如故。頻以老病乞解。永熙三年去職。天平四年薨，年七十八。贈使持節、侍中、都督定瀛滄三州諸軍事、本將軍、尚書令、司徒公、定州刺史，謚曰靖穆。

長子忻，字伯悅，有世幹。爲荆州平南府外兵參軍。北道行臺常景引爲行臺郎，又啓除員外郎，復爲安遠將軍、尚書左中兵郎中。以鄭儼之甥，兼尚書左丞。莊帝初，遇害於河陰，年四十二。贈鎭軍將軍、殿中尚書、冀州刺史。

忻弟仲哲。生爲祖母宋氏所養，早有知識，六歲宋亡，啼慕不止，見者悲之。性恢達，常以將略自許。辟司徒行參軍。假寧朔將軍、統軍，從廣陽王淵北討，擊柔玄賊，破之，賜爵安平縣男。及父秉於燕州被圍，泣訴朝庭，遂除別將，與都督元譚赴援。到下口，遇賊，仲哲戰歿，時年三十五。

長子長瑜，武定中，儀同開府中兵參軍。

長瑜弟叔瓚，司徒田曹參軍。

仲哲弟叔彥，撫軍將軍。

叔彥弟季通，武定中，兼司農少卿。

季通小弟季良，風望閑雅。自太學博士從都督李神軌征討有功，賜爵蒲陰縣男。尋除著作佐郎、通直散騎侍郎，轉征虜將軍、員外散騎常侍、太尉長史。及秉還鄉，季良亦去職歸養。後除中軍將軍、光祿大夫。先秉卒於家，時年三十六。贈車騎將軍、尚書右僕射、定州刺史，謚曰簡。

秉弟習，字貴禮，有世譽。歷司徒主簿、彭城王勰開府屬。遷幽州長史、博陵太守，吏民愛敬之。在郡九年，轉河東太守，卒於郡，年五十一。贈中山太守。孝昌三年，重贈後將軍、幷州刺史。

長子世儒，字希業。卒於大司馬從事中郎。

世儒第三弟叔業，武定中，南兗州別駕。

秉從父弟廣，字仲慶，有議幹。初爲中書學生。高祖時，殿中郎中，歷通直散騎侍郎、太子步兵校尉。詔守尚書左丞，父憂去職。後任城王澄爲揚州，引廣爲鎭南府長史，以母老辭。景明末，卒於家。贈安遠將軍、光州刺史。

子元獻，字世儁，頗有學識。舉秀才，不行。後卒於鄉里。

廣弟文業，爲中書博士，轉司徒主簿。城陽王鸞爲定州刺史，引爲治中。年四十九卒。子伯謙，武定末，司空諮議參軍。

史臣曰：李以儒俊之風，當旌帛之舉；崔以文雅之烈，應利用之科。世家有業，餘慶不已，人位繼軌，亦爲盛哉。

校勘記

〔一〕綜子遵 諸本「遵」作「道」。北史卷三三李靈附李渾傳作「遵」。張森楷云：「京兆王愉傳卷二二『道』作『遵』，北齊書卷二九李渾傳同。疑此『道』字誤。」按唐書卷七二上宰相世系表趙郡李氏東祖房下也作「遵」。張說是，今據北史改。

〔二〕繪弟系 北史卷三三「系」作「緯」。按本名「緯」，魏收避北齊後主諱改作「系」。北齊書卷二九李渾傳作「偉」，是「緯」的形訛。

〔三〕鎮東將軍城陽公孔伯恭等率衆迎之 諸本「城陽」作「陽城」，北史卷三三作「城陽」。按卷五一孔伯恭傳、卷六顯祖紀天安元年九月、卷五〇尉元傳並作「城陽」，這裏「陽城」乃誤倒，今據乙。

〔四〕陽平王頣之爲定州　諸本「頣」作「顯」，北史卷三二崔鑒傳作「順」。按元顯是陽平王熙孫，但其祖他已改封淮南王，墓誌集釋圖版六七有元顯墓誌，父、祖都稱淮南王，顯所襲自然也是淮南王。元順有三：一見卷一五昭成子孫傳，封毗陵王；一見卷一九中任城王雲傳，封東阿公；又一見北史卷一五宗室傳，封濮陽王。別無陽平王順其人。據卷六八甄琛傳稱琛「後爲本州陽平王頣衞軍府長史」。琛爲定州毋極人，本州卽指定州，與此傳下文崔秉拳擊甄琛墜牀事相合。知「顯」「順」都是「頣」的形訛，今改正。

〔五〕太昌中除驃騎大將軍　諸本「驃」作「驍」，北史卷三二崔鑒附崔秉傳作「驃」。按「驍騎」罕見加「大」之例。卷一一出帝紀太昌元年九月記「以車騎將軍左光祿大夫崔秉爲驃騎大將軍」。「驍」字訛，今據改。

魏書卷五十

列傳第三十八

尉元　慕容白曜

尉元，字苟仁，代人也。世爲豪宗。父目斤，勇略聞於當時。泰常中，爲前將軍，從平虎牢，頗有軍功，拜中山太守。元年十九，以善射稱。神䴥中，爲虎賁中郎將，轉羽林中郎，小心恭肅，以匪懈見知。世祖嘉其寬雅有風貌，稍遷駕部給事中。從幸海隅，賜爵富城男，加寧遠將軍。和平中，遷北部尚書，加散騎常侍，進爵太昌侯，拜冠軍將軍。

天安元年，薛安都以徐州內附，請師救援。顯祖以元爲使持節、都督東道諸軍事、鎮南大將軍、博陵公，與城陽公孔伯恭赴之。劉彧東平太守、無鹽戍主申纂詐降。元知非誠款，外示容納，而密備焉。劉彧兗州刺史畢衆敬遣東平太守章仇㩲詣軍歸款，元並納之。遂長驅而進，賊將周凱望聲遁走。彧遣將張永、沈攸之等率衆討安都，屯于下磕。永乃分遣羽林監王穆之領卒五千，守輜重於武原，龍驤將軍謝善居領卒二千據呂梁，散騎侍郎張引領卒二千守茱萸，督上租糧，供其軍實。安都出城見元，元依朝旨，授其徐州刺史。遣中書侍郎高閭、李璨等與安都俱還入城，別令孔伯恭精甲二千，撫安內外，然後元入彭城。元以張永仍據險要，攻守勢倍，懼傷士卒。乃命安都與璨等固守，身率精銳，揚兵於外，分擊呂梁，絕其糧運。善居遁奔茱萸，仍與張引東走武原。馳騎追擊，斬首八百餘級。武原窮寇八千餘人，拒戰不下。元親擐甲冑，四面攻之，破穆之外營，殺傷太半，獲其輜重五百餘乘，以給彭城諸軍。然後收師緩戰，開其走路。穆之率餘燼奔于永軍。永勢挫力屈，元乘勝圍之，攻其南門，永遂捐城夜遁。伯恭、安都乘勢追擊，時大雨雪，泗水冰合，永棄船而走。元豫測永必將奔亡，身率衆軍，邀其走路，南北奮擊，大破於呂梁之東。斬首數萬級，追北六十餘里，死者相枕，手足凍斷者十八九。生擒劉或使持節、都督梁、南、北秦三州諸軍事、梁、秦二州刺史，寧朔將軍，益陽縣開國侯垣恭祖；龍驤將軍、羽林監沈承伯等。永、攸之輕騎走免。收其船車軍資器械不可勝數。劉或東徐州刺史張讜據團城，徐州刺史王玄載守下邳，輔國將軍、兗州刺史樊昌侯王整，龍驤將軍、蘭陵太守桓忻驅掠近民，保險自固。元遣慰喻，張讜及青州刺史沈文秀等皆遣使通誠，王整、桓忻相與歸命。

元表曰：「彭城倉廩虛罄，人有飢色，求運冀、相、濟、兗四州粟，取張永所棄船九百艘，沿清運致，可以濟救新民。」顯祖從之。又表分兵置戍，進定靑冀。復表曰：「彭城賊之要蕃，不有積粟强守，不可以固。若儲糧廣戍，雖劉彧師徒悉動，不敢窺覦淮北之地。此自然之勢也。」詔曰：「待後軍到，量宜守防。其靑冀已遣軍援，須待克定，更運軍糧。」元又表曰：「臣受命出疆，再離寒暑，〔一〕進無鄧艾一舉之功，退無羊祜保境之略，雖淮岱獲振，而民情未安。臣以愚智，屬當偏任，苟事宜宣徹，敢不以聞。臣前表以下邳水陸所湊，先規殄滅，遣兵屢討，猶未擒定。然彭城、下邳信命未斷，而此城之人，元居賊界，心尙戀土。輒相誑惑，希幸非望，南來息耗，壅塞不達，雖至窮迫，仍不肯降。彭城民任玄朗從淮南到鎭，稱劉彧將任農夫、陳顯達領兵三千，來循宿豫。臣卽以其日，密遣覘使，驗其虛實，如朗所言。臣欲自出擊之，以運糧未接，又恐新民生變，遣子都將于沓千、劉龍駒等步騎五千，將往赴擊。但征人淹久，逃亡者多，迭相扇動，莫有固志，器仗敗毁，無一可用。臣聞伐國事重，古人所難，功雖可立，必須經略而舉。若賊向彭城，必由清泗過宿豫，歷下邳；趨靑州，路亦由下邳入沂水，經東安。卽爲賊用師之要。今若先定下邳，平宿豫，鎭淮陽，戍東安，則靑冀諸鎭可不攻而克。若四處不服，靑冀雖拔，百姓狼顧，猶懷僥倖之心。臣愚以爲宜釋靑冀之師，先定東南之地，斷劉彧北顧之意，絶愚民南望之心。夏水雖盛，無津途可因；冬路雖通，無高城可固。如此，則淮北自舉，暫勞永逸。今雖向熱，猶可行師，兵尙神速，久則生變。若天雨既降，或因水通，運糧益衆，規爲進取。恐近淮民庶，翻然改圖，青冀二州，卒未可拔。臣輒與僚佐共議，咸謂可然。若隱而不陳，懼有損敗之責；陳而無驗，恐成誣罔之罪。惟天鑒懸量，照臣愚款。」

或復遣沈攸之、吳憘公領卒數萬，從沂清而進，欲援下邳。元遣孔伯恭率步騎一萬以拒之。幷以攸之前敗軍人傷殘手足、瘃凡膝行者，〔三〕盡送令還，以沮其衆。又表求濟師。詔遣征南大將軍慕容白曜赴之。白曜到瑕丘，遇患。會泗水暴竭，賊軍不得前進，白曜遂不行。伯恭大破賊軍，攸之、憘公等輕騎遁走。元書與劉彧徐州刺史王玄載，示其禍福。玄載狼狽夜走，宿豫、淮陽皆棄城而遁。於是遣南中郎將、中書侍郎高閭領騎一千，與張讜對爲東徐州刺史；中書侍郎李璨與畢衆敬對爲東兗州刺史。以安初附。拜元都督徐、南、北兗州諸軍事，鎮東大將軍，開府，徐州刺史，淮陽公，持節、散騎常侍、尚書如故。詔元曰：「賊將沈攸之、吳憘公等驅率蟻衆，進寇下邳，卿戎昭果毅，智勇奮發，水陸邀絕，應時摧殄，自淮以北，蕩然清定。皆是元帥經略，將士效力之所致也，朕用嘉焉。所獲諸城要害之處，分兵置戍，以帖民情。今方欲清蕩吳會，懸旌秣陵，至於用兵所宜，形勢進止，善加量度，動靜以聞。」

是時徐州妖人假姓司馬，字休符，自稱晉王，扇惑百姓。元遣將追斬之。四年，詔徵元還京赴西郊，尋還所鎭。延興元年五月，假元淮陽王。三年，劉昱將蕭順之、王敕懃等領衆三萬，入寇淮北諸城，元分遣諸將，逆擊走之。元表：「淮陽郡上黨令韓念祖始臨之初，舊民南叛，全無一人。令撫綏招集，愛民如子，南來民費係先等前後歸附，戶至二百有餘。南濟陰郡睢陵縣人趙憐等辭稱念祖善於綏撫，清身潔己，請乞念祖爲睢陵令。若得其人，必能招集離叛，成立一縣。」顯祖詔曰：「樹君爲民，民情如此，可聽如請。」元好申下人之善，皆此類也。太和初，徵爲內都大官。既而出爲使持節、鎭西大將軍、開府、統萬鎭都將，甚得夷民之心。三年，進爵淮陽王，以舊老見禮，聽乘步挽，杖於朝。

蕭道成既自立，多遣間諜，扇動新民，不逞之徒，所在蜂起。以元威名夙振，徵爲使持節、侍中、都督南征諸軍事、征西大將軍、大都將，餘官如故，總率諸軍以討之。元討五固賊桓和等，皆平之。東南清晏，遠近帖然。入爲侍中、都曹尙書，遷尙書令。十三年，進位司徒。十六年，例降庶姓王爵，封山陽郡開國公，食邑六百戶。元表曰：「臣以天安之初，奉律總戎，廓寧淮右，海內既平，仍忝徐岳。〔三〕素餐尸祿，積有年歲，彼土安危，竊所具悉。每惟彭城水陸之要，江南用兵，莫不因之威陵諸夏。夫國之大計，豫備爲先。且臣初克徐方，青齊未定，從河以南，猶懷彼此。時劉彧遣張永、沈攸之、陳顯達、蕭順之等前後數度，規取彭城，勢連青兗。唯以彭城既固，而永等摧屈。今計彼戍兵，多是胡人，臣前鎭徐州之日，胡人子都將呼延籠達因於負罪，便爾叛亂，鳩引胡類，一時扇動。賴威靈遐被，罪人斯戮。又圍城子都將胡人王敕懃負釁南叛，每懼姦圖，狡誘同黨。愚誠所見，〔四〕宜以彭城胡軍換取南豫州徙民之兵，轉戍彭城；又以中州鮮卑增實兵數。於事爲宜。」詔曰：「公之所陳，甚合事機。」

其年，頻表以老乞身。八月，詔曰：「元年尊識遠，屢表告退。朕以公秉德淸挹，體懷平隱，仁雅淵廣，謀猷是仗，方委之民政，用康億兆，故頻文累札，仍違沖志。而謙光逾固，三請彌切，若不屈從高謨，復何以成其美德也。已許其致仕，主者可出表付外，如禮申遂。」元詣闕謝老，引見於庭，命升殿勞宴，賜玄冠素服。又詔曰：「夫大道凝虛，至德沖挹，故后王法玄猷以御世，〔五〕聖人崇謙光而降美。是以天子父事三老，兄事五更，所以明孝悌於萬國，垂教本于天下。自非道高識博，孰能處之？是故五帝憲德，三王乞言，若求備一人，同之古哲，叔世之老，孰能克堪？師上聖則難爲其舉，傅中庸則易爲其選。朕既虛寡，德謝曩哲，更、老之選，差可有之。前司徒、山陽郡開國公尉元，前大鴻臚卿、新泰伯游明根並元亨利貞，明允誠素，少著英風，老敷雅迹，位顯台宿，歸終私第。可謂知始知卒，希世之賢也。公以八十之年，宜處三老之重；卿以七十之齡，可充五更之選。」於是養三老五更於明堂，國老庶老於階下。高祖再拜三老，親袒割牲，執爵而饋；於五更行肅拜之禮，賜國老、庶老衣服有差。既而元言曰：「自天地分判，五行施則，人之所崇，莫重於孝順。然五孝六順，天下之所先，願陛下重之，以化四方。臣既衰老，不究遠趣，心耳所及，敢不盡誠。」高祖曰：「孝順之道，天地之經，今承三老明言，銘之于懷。」明根言曰：「夫至孝通靈，至順感幽，故詩云：孝悌之至，通於神明，光於四海。〔六〕如此則孝順之道，無所不格。願陛下念之，以濟黎庶。臣年志朽弊，識見昧然，在於心慮，不敢不盡。」高祖曰：「五更助三老以言至範，敷展德音，當克己復禮，以行來授。」禮畢，乃賜步挽一乘。詔曰：「夫尊老尚更，列聖同致；欽年敬德，綿哲齊軌。朕雖道謝玄風，識昧叡則，仰稟先誨，企遵猷旨。故推老以德，立更以元，父焉斯彰，兄焉斯顯矣。前司徒公元、前鴻臚卿明根並以沖德懸車，懿量歸老，故尊公以三，〔七〕事更以五。雖更、老非官，耄耋罔祿，然況事既高，宜加殊養。三老可給上公之祿，五更可食元卿之俸，供食之味，亦同其例。」

十七年七月，元疾篤，高祖親幸省疾。八月，元薨，時年八十一。詔曰：「元至行寬純，仁風美富，內秉越羣之武，外挺溫懿之容。自少暨長，勳勤備至，歷奉五朝，美隆四葉，南曜河淮之功，北光燕然之効，魯宋懷仁，中鉉載德。所謂立身備於本末，行道著於終始，勳書玉牒，惠結民志者也。爰及五福攸集，懸車歸老。謙損既彰，遠近流詠，陟兹父事，儀我萬方。謂極眉壽，彌贊王業。天不遺老，奄爾薨逝。念功惟善，抽怛于懷。〔八〕但戎事致奪，恨不盡禮耳。可賜布帛綵物二千匹、溫明祕器、朝衣一襲，幷爲營造墳域。」謚曰景桓公。葬以殊禮，給羽葆鼓吹、假黃鉞、班劍四十人，賜帛一千匹。

子羽，名犯肅宗廟諱，頗有器望。起家祕書中散，駕部令，轉主客給事，加通直散騎常侍，守殿中尙書，兼侍中。以父憂去職。又起復本官，詔襲爵，加平南將軍。高祖親考百司，以羽怠惰，降常侍爲長兼，仍守尙書，奪祿一周。遷洛，以山陽在畿內，改爲博陵郡開國公。後爲征虜將軍、恒州刺史。卒，仍以爲贈，謚曰順。

子景興，襲。正始元年卒，贈兗州刺史。無子。

景興弟景儁，襲爵。員外散騎常侍。延昌中，坐杖國吏死，降封深澤縣開國公。

子伯永，襲。無子，爵除。

羽弟靜，寬雅有才識。世宗時，爲尙書左民郎中。卒，贈博陵太守，重贈鎭軍將軍、洛州刺史，謚曰敬。

子祐之，通直散騎常侍、護軍長史。卒。

慕容白曜，慕容元眞之玄孫。父琚，歷官以廉淸著稱，賜爵高都侯。卒於冠軍將軍、尙書左丞，贈安南將軍、幷州刺史、高都公，謚曰簡。白曜少爲中書吏，以敦直給事東宮。高宗卽位，拜北部下大夫。襲爵，遷北部尙書。在職，執法無所阿縱，高宗厚待之。高宗崩，與乙渾共秉朝政，遷尙書右僕射，進爵南鄉公，加安南將軍。

劉彧徐州刺史薛安都、兗州刺史畢衆敬並以城內附，詔鎭南大將軍尉元、鎭東將軍孔伯恭率師赴之。而彧東平太守申纂屯無鹽，并州刺史房崇吉屯升城，遏絕王使。皇興初，加白曜使持節、都督諸軍事、征南大將軍、上黨公，屯於碻磝，以爲諸軍後繼。白曜攻纂於無鹽城，拔其東郭。其夜纂遁，遣兵追執之，獲其男女數千口。先是，劉彧青州刺史沈文秀、冀州刺史崔道固並遣使內附，既而彧遣招慰，復歸於彧。白曜既拔無鹽，回攻升城。肥城戍主聞軍至，棄城遁走，獲粟三十萬斛。既至升城，垣苗、麋溝二戍拒守不下。白曜以千餘騎襲麋溝，麋溝潰，自投濟水死者千餘人。擊垣苗，又破之，得粟十餘萬斛，由是軍糧充足。先是，淮陽公皮豹子等再征垣苗不克，白曜以一旬之內，頻拔四城，威震齊土。顯祖嘉焉，詔曰：「卿總率戎旅，討除不賓，霜戈所向，無不摧靡，旬日之內，克拔四城，韓白之功，何以加此？雖升城戍將房崇吉守遠不順，危亡已形，潰在旦夕。宜勉崇威略，務存長轡，不必窮兵極武，以爲勞頓。且伐罪弔民，國之令典，當招懷以德，使來蘇之澤，加於百姓。」升城不降，白曜忿之，縱兵陵城，殺數百人，崇吉夜遁。白曜撫慰其民，無所殺戮，百姓懷之。獲崇吉母妻，待之以禮。

劉彧遣其將吳憘公率衆數萬，欲寇彭城。鎭南大將軍尉元表請濟師。顯祖詔白曜赴之。白曜到瑕丘，遇患。時泗水暴竭，船不得進。憘公退，白曜因停瑕丘。會崇吉與從弟法壽盜彧盤陽城以贖母妻。白曜自瑕丘遣將軍長孫觀等率騎入自馬耳關赴之。觀至盤陽，諸縣悉降。

平東將軍長孫陵、寧東將軍尉眷東討青州，白曜自瑕丘進攻歷城。白曜乃爲書以喻之曰：「天棄劉彧，禍難滋興，骨肉兄弟，自相誅戮，君臣上下，靡復紀綱。徐州刺史薛安都、豫州刺史常珍奇、兗州刺史畢衆敬等深覩存亡，翻然歸義。故朝廷納其誠欵，委以南蕃。皆目前之見事，東西所備聞也。彼無鹽戍主申纂敢縱姦慝，劫奪行人，官軍始臨，一時授首。房崇吉固守升城，尋卽潰散。自襄陽以東，至于淮海，莫不風靡，服從正化。謂東陽、歷城有識之士，上思安都之榮顯，下念申纂之死亡，追悔前惑，改圖後悟。然執守愚迷，不能自革。猥總戎旅，掃定北方。濟黃河知十二之虛說，臨齊境想一變之淸風，踟蹰周覽，依然何極。故先馳書，以喻成敗。夫見機而動，周易所稱；去危就安，人事常理。若以一介爲高，不悛爲美，則微子負嫌於時，紀季受譏於世。我皇魏重光累葉，德懷無外，軍威所拂，無不披靡。固非三吳弱卒所能擬抗。況於今者，勢已土崩。劉彧威不制秣陵，政不出閫外，豈復能浮江越海，赴危救急。恃此爲援，何異於蹄涔之魚，冀拯江海。夫蝮蛇螫手則斷手，螫足則斷足，誠忍肌體以救性命。若推義而行之，無割身之痛也，而可以保家寧宗，長守安樂。此智士所宜深思重慮，自求多福。」

道固固守不降，白曜築長圍以攻之。長孫陵等既至青州，沈文秀遣使請降。軍人入其西郛，頗有採掠，文秀悔之，遂嬰城拒守。二年，崔道固及兗州刺史梁鄒守將劉休賓並面縛而降。白曜皆釋而禮之。送道固、休賓及其僚屬于京師。後乃徙二城民望於下館，朝廷置平齊郡，懷寧、歸安二縣以居之。自餘悉爲奴婢，分賜百官。白曜雖在軍旅，而接待人物，寬和有禮。獲崇吉母妻、申纂婦女，皆別營安置，不令士卒諠雜。

乃進討東陽。冬，入其西郭。三年春，克東陽，擒沈文秀。凡獲倉粟八十五萬斛，米三千斛，弓九千張，箭十八萬八千，刀二萬二千四百，甲冑各三千三百，銅五千斤，錢十五萬；城內戶八千六百，口四萬一千，吳蠻戶三百餘。始末三年，築圍攻擊，日日交兵，雖士卒死傷，無多怨叛。督上土人租絹，以爲軍資，不至侵苦。三齊欣然，安堵樂業。克城之日，以沈文秀抗倨不爲之拜，忿而箠撻，唯以此見譏。以功拜使持節、都督青齊東徐州諸軍事、開府儀同三司、青州刺史、濟南王，將軍如故。

四年冬見誅。初乙渾專權，白曜頗所俠附，緣此追以爲責。及將誅也，云謀反叛，時論冤之。

白曜少子眞安，年十一，聞父被執，將自殺。家人止之，曰：「輕重未可知。」眞安曰：「王位高功重，若有小罪，終不至此。我何忍見父之死。」遂自縊焉。

白曜弟如意，亦從白曜平歷下，與白曜同誅。

太和中，著作佐郎成淹上表理白曜曰：

臣聞經疆啓宇，實良將之功；褒德酬庸，乃聖王之務。昔姜公杖鉞，開隆周之基；韓生秉旄，興鴻漢之業。故能賞超當時，名垂前史。若闔外功成，而流言內作，人主猜疑，良將懷懼，樂毅所以背燕，章邯所以奔楚。至如鄧艾懷忠，矯命寧國，赤心皎然，幽顯同見，而橫受屠戮，良可悲哀。及士治伐吳，〔九〕奮不顧命，萬里浮江，應機直指，使孫皓君臣，輿櫬入洛。大功亦擧，讒書驟至，內外唱和，貝錦將成，微晉武之鑒，亦幾於顚沛矣。每覽其事，常爲痛心，聖主明王，固宜深察。

臣伏見故征南大將軍、開府儀同三司、青州刺史、濟南王慕容白曜，祖父相資，世酋東裔，値皇運廓被，委節臣妾。白曜生長王國，飮服道敎，爵列上階，位登帝伯。〔一〇〕去天安初，江陰夷楚，敢拒王命，三方阻兵，連城岳峙。海岱蒼生，翹首拯援。聖朝乃眷南顧，思救荒黎，大議廟堂，顯擧元將，百僚同音，僉曰惟允。遂推轂委誠，授以專征之任，握兵十萬，杖鉞一方。威陵河濟則淮徐震懼，師出無鹽而申纂授首。濟北、太原，同時消潰；麋溝、垣苗，相尋奔走。及回麾東掃，道固銜璧，盤陽、梁鄒，肉袒請命。于時東陽未平，人懷去就。沈文靜、高崇仁擁衆不朝，扇擾邊服。崔僧祐、蓋次陽、陳顯達連兵淮海，水陸鋒起，揚旌而至，規援青齊。士民洶洶，莫不南顧。時兵役既久，咸有歸心，而白曜外宣皇風，內盡方略，身擐甲冑，與士卒同，安撫初附，示以恩厚。三軍懷挾纊之溫，新民欣來蘇之澤。遂使僧祐擁徒弭旆，効順軍門；文靜、崇仁棄城竄海；次陽、顯達望塵南奔。聲震江吳，風偃荆漢。及青州克平，文秀面縛，海波清靜，三齊克定，遡彼東南，永爲國有。使天府納六州之貢，濟泗息烽警之虞，開岱宗封禪之略，闢山川望秩之序。斯誠宗廟之靈，神算所授，然抑亦白曜與有力矣。

及氛翳既靜，爵命亦隆，榮燭當時，聲譽日遠。而民惡其上，妄生尤隙，因其功高，流言惑聽。巧僞亂眞，朱紫難辨，傷夷未瘳，合門屠戮。鴻勳盛德，蔑爾無聞。有識之徒，能不悽愴。

臣謂白曜策名王庭，累荷榮授，歷司出內，世載忠美。秉鉞啓蕃，折衝敵國，開疆千里，拔城十二，辛勤於戎旅之際，契闊於矢石之間，登鋒履危，志存靜亂。及方難既夷，身膺高賞，受胙河山，與國昇降，六十之年，寵靈已極。覲其立功，足明機運，豈容僥倖，更邀非望者乎？且於時，國家士馬，屯積京南，跨州連鎮，勢侔雲岳。主將驍雄，按鉀在所，莫不殉忠死難，効節奉時。此之不可生心，白曜足知之矣。況潛逆阻兵，營岱厭亂，加以王師仍舉，州郡屠裂，齊民勞止，神膽俱喪，亡燼之衆不可與圖存，離敗之民不可與語勇哉！白曜果毅習戎，體閑兵勢，寧不知士民之不可藉，將士之不同己，據强兵之勢，因塗炭之民，而欲立非常之事，此愚夫之所弗爲也。料此推之，事可知矣。

伏惟陛下聖鑒自天，仁孝宰世，風冠宇宙，道超百王。開國以來，諸有罪犯極刑，不得骸骨者，悉聽收葬。大造之恩，振古未有。而白曜人舊功高，嬰禍淪覆，名滅國除，爵命無紹。天下衆庶，咸共哀憐，方之餘流，應有差異。願陛下揚日月之光，明勳臣之績，垂天地之施，慰僵屍之魂。使合棺定諡，殁有餘稱。選其宗近，才堪驅策，錫以微爵，繼其絕世。進可以奬勸將來，退可以顯國恩澤。使存者荷莫大之恩，死者受骨肉之惠，豈不美哉！仰惟聖明，霈然昭覽，狂瞽之言，伏待刑憲。

高祖覽表，嘉愍之。

白曜弟子契，輕薄無檢。太和初，以名家子擢爲中散，遷宰官。南安王楨有貪暴之響，遣中散閭文祖詣長安察之。文祖受楨金寶之賂，爲楨隱而不言。事發，坐之。文明太后引見羣臣，謂之曰：「前論貪清，皆云克修，文祖時亦在中，後竟犯法。以此言之，人心信不可知。」高祖曰：「古有待放之臣，亦有離俗之士，卿等自審不勝貪心者，聽辭位歸第。」契進曰：「臣卑微小人，聞識不遠，過蒙曲照，虛忝令職。小人之心無定，帝王之法有常。以無恒之心，奉有常之法，非所克堪。乞垂退免。」高祖曰：「昔鄭相嗜魚，人有獻魚者，相曰『若取此魚，恐削名祿』，遂不肯受。契若知心不可常，卽知貪之惡矣，何爲求退？」遷宰官令，微好碎事，頗曉工作，主司厨宰，稍以見知。及營洛陽基構，征新野、南陽起諸攻具，契皆參典。太和末，以功遷太中大夫、光祿少卿、營州大中正，賜爵定陶男。正始初，除征虜將軍、營州刺史。徙都督沃野、薄骨律二鎭諸軍事，沃野鎭將，轉都督禦夷、懷荒二鎭諸軍事，平城鎭將，將軍並如故。轉都督朔州、沃野懷朔武川三鎭三道諸軍事，後將軍，朔州刺史。熙平元年卒，贈鎭北將軍、幷州刺史，謚曰克。

初，慕容破後，種族仍繁。天賜末，頗忌而誅之。時有遺免，不敢復姓，皆以「輿」爲氏。延昌末，詔復舊姓，而其子女先入掖庭者，猶號慕容，特多於他族。

契長子昇，字僧度。建興太守，遷鎭遠將軍、沃野鎭將，進號征虜將軍。甚得邊民情。和第二子僧濟，〔二〕自奉朝請稍轉至五校。耽淫酒色，不事名行。

契弟暉，歷涇州長史、新平太守，有惠政。景明中，大使于忠賞粟二百石。卒，贈幽州刺史。

孫善，儀同開府主簿。

史臣曰：魏之諸將，罕立方面之功。尉元以寬雅之風，受將帥之任，取瑕丘如覆掌，克彭城猶拾遺，擒將馘醜，威名遠被。位極公老，聖主乞言。無乃近世之一人歟？白曜有敦正之風，出當薄伐，席卷三齊，如風靡草，接物有禮，海垂欣慰。其勞固不細矣。功名難處，追猜嬰戮，宥賢議勤，未聞於斯日也。

校勘記

〔一〕再離寒暑　通鑑卷一三二四一三六頁考異云：「蓋『再』當作『載』，是語助辭，非謂再經寒暑也。」

〔二〕瘃瓦膝行者　汲、殿、局三本「瓦」作「瓦」，百衲本、南本、北本作「瓦」。李慈銘所見宋本也作「瓦」，云：「蓋當作『尢』，即『尪』字，俗作『尫』。」

〔三〕海內既平仍忝徐岳　冊府卷三六四四三三六頁「內」作「岱」。按二句是說魏佔青齊後，尉元任徐州刺史。「海岱」指今山東一帶，作「岱」是。

〔四〕愚誠所見　諸本「愚」字缺，今據冊府卷三六四四三三六頁補。

〔五〕故后王法玄猷以御世　諸本「后」訛「尹」，今據冊府卷五五六一四頁改。

〔六〕故詩云孝悌之至通於神明光於四海　按「孝悌之至」三句是孝經感應章文，疑「詩」字誤，或「詩云」下本引詩，然後引孝經，傳本「云」下有脫文。

〔七〕故尊公以三　北史卷二五尉元傳「公」作「老」。按這裏是說「三老五更」，下云：「事更以五」，則上自應作「尊老以三。」「公」字當誤。

〔八〕抽恒於懷　李慈銘云：「『抽』當作『妯』，用詩『憂心且妯』也。本字作『怞』。」

〔九〕及士治伐吳　諸本「治」作「治」。李慈銘云：「『治』當作『治』，王濬字士治。」按李說是，「治」字訛，今改正。

〔一〇〕位登帝伯　册府卷八七五一〇三七二頁「帝」作「嘗」，卽「常」，明本避諱改。按「帝伯」罕見。嚴可均全後魏文卷三四錄此文，也作「常」，當是以意改。「常伯」一般指侍中，初學記卷一二侍中條、御覽卷二一九侍中下引漢書典職、環濟要略，通典卷二一侍中條引干寶注漢官，都以爲見於尚書立政篇的常伯相當於漢以後的侍中。疑作「常伯」是，但此傳不言白曜曾爲侍中，今不改。

〔一一〕和第二子僧濟　北、殿、局三本「和」作「契」，百衲、南、汲三本作「和」。按上不出「和」名，不知「和」是誰，似作「契」是。但若是契次子，按傳例應云：「昇或僧度弟僧濟。」或上有脫文。北本以下當是以意改，今從百衲本。